临床医学专业"十三五"规划教材/多媒体融合创新教材

供临床医学类、护理学类、相关医学技术类等专业使用

卫生法规

WEISHENG FAGUI

主编 ⊙ 杜建芳

郑州大学出版社

图书在版编目(CIP)数据

卫生法规/杜建芳主编. —郑州:郑州大学出版社,
2018.6
ISBN 978-7-5645-5099-8

Ⅰ.①卫… Ⅱ.①杜… Ⅲ.①卫生法-中国
Ⅳ.①D922.16

中国版本图书馆 CIP 数据核字(2018)第 008379 号

郑州大学出版社出版发行
郑州市大学路 40 号   邮政编码:450052
出版人:张功员   发行电话:0371-66966070
全国新华书店经销
河南龙华印务有限公司印制
开本:850 mm×1 168 mm 1/16
印张:13.25
字数:323 千字
版次:2018 年 6 月第 1 版   印次:2018 年 6 月第 1 次印刷

书号:ISBN 978-7-5645-5099-8   定价:33.00 元
本书如有印装质量问题,由本社负责调换

作者名单

主　编　杜建芳

编　委　（按姓氏笔画排序）

　　　　　陈可吟　杜建芳　张　珊

　　　　　宫鲜静　崔　岚

"十三五"高等教育医药院校规划教材/ 多媒体融合创新教材

建设单位

(以单位名称首字拼音排序)

安徽医学高等专科学校	漯河医学高等专科学校
安徽中医药高等专科学校	南阳医学高等专科学校
安阳职业技术学院	平顶山学院
宝鸡职业技术学院	濮阳医学高等专科学校
达州职业技术学院	三门峡职业技术学院
广东嘉应学院	山东医学高等专科学校
汉中职业技术学院	山西老区职业技术学院
河南护理职业学院	邵阳学院
河南医学高等专科学校	渭南职业技术学院
鹤壁职业技术学院	襄阳职业技术学院
湖北职业技术学院	新乡学院
湖南环境生物职业技术学院	新乡医学院三全学院
湖南医药学院	信阳职业技术学院
黄河科技学院	邢台医学高等专科学校
黄淮学院	许昌学院
吉林医药学院	雅安职业技术学院
济源职业技术学院	永州职业技术学院
金华职业技术学院	运城护理职业学院
开封大学	郑州工业应用技术学院
乐山职业技术学院	郑州澍青医学高等专科学校
临汾职业技术学院	郑州铁路职业技术学院
洛阳职业技术学院	周口职业技术学院

前言

目前,涉及卫生法规的教材有《卫生法规》《护理伦理与法规》,没有专门供高职高专临床医学专业学习的卫生法规教材。高职高专临床医学专业以培养面向基层社区医院的临床执业助理医师为主要目标。面对基层卫生服务中"公共卫生+基本医疗"的新要求,临床医师承担着常见病、多发病的治疗,社区健康教育,传染病防治,特殊人群保健,计划生育咨询指导,突发公共卫生事件处置等服务工作。在这些医疗工作中要求落实卫生行政管理规定,保障群众健康权益,维护自身工作中的权益。本书编写组针对高职高专临床医学专业的卫生法规学习需要,编写本书。

本书编写时坚持以教育部高等职业教育临床医学专业设置和人才培养为依据,结合执业助理医师资格考试要求,构建实用的卫生法规知识体系。在教材内容上,分为卫生法律法规概述、医务人员与医疗卫生机构管理法律制度、药品管理法、献血与血液管理法律制度、传染病防治法律制度、突发公共卫生事件应急条例、医疗事故处理法律法规、侵权责任法与医疗纠纷、妇幼卫生与计划生育保健法律制度,突出了卫生法律法规相关文件的紧密联系,具有实用性。在章节内容上,补充卫生立法的新内容、相关司法解释、公报案例、卫计委批文,如《医疗技术临床应用管理办法》《侵权责任法》《最高人民法院关于审理非法行医刑事案件具体应用法律若干问题的解释》《卫生部关于医师执业注册有关问题的批复》等。这些补充内容,突出司法实践特色,具有实用新颖的特点。在教材特色上,结合卫生职业教育和医学教育的教学需要,将理论阐述、问题思考与相关重要案例相结合,突出实用、简明、合理、新颖的特点。在每章都配套编写执业助理医师考试相关习题,供学生练习,也可以及时消化所学知识。

为了突出实用性,对教材原定编写分工时的章节顺序进行了调整。调整后的章节编写分工如下:杜建芳编写第一章,杜建芳、崔岚共同编写第二章(杜建芳编写第一节、第二节,崔岚编写第三节),崔岚编写第七章,张珊编写第三章、第六章,陈可吟编写第四章、第八章,宫鲜静编写第五章、第九章。

在编写过程中,各位参编老师充分查阅法律法规文献,收集执业助理医师考试辅导用题,认真严谨、保质保量完成了编写任务。全体编者共同的愿望是,给学生提供一本权威、实用、参考性强、参考价值大的教材,编写出一本适合高职高专临床专业学生学习需要的卫生法规教材。

本教材在编写过程中得到各参编老师所在学校领导的大力支持和热情指导,参阅了有关专家学者的论著、教材,在此表示由衷的感谢。

本教材在审定、出版过程中得到了郑州大学出版社编辑老师的指导和帮助,不胜感谢。

最后,因为我国卫生法规在不断修订完善的过程中,对有关法规及其实践不免有所疏漏,会出现不够详尽透彻之处,敬请专家、读者批评指正。

编者
2018 年 5 月

目录

第一章 卫生法律法规概述 ... 1
第一节 卫生法律法规 ... 1
一、卫生法的基本原则 ... 2
二、卫生法律关系与责任 ... 4
第二节 卫生立法与实施 ... 4
一、卫生立法的原则和程序 ... 4
二、卫生法的实施 ... 7
三、卫生行政执法 ... 7
第三节 卫生法律责任与法律救济 ... 8
一、卫生法律责任 ... 8
二、卫生法律救济 ... 10
三、卫生行政诉讼 ... 10
四、卫生行政赔偿 ... 11

第二章 医务人员与医疗卫生机构管理法律制度 ... 14
第一节 执业医师法律制度 ... 14
一、执业医师资格取得与注册 ... 15
二、执业医师的注册 ... 15
三、执业医师的权利和义务 ... 17
四、医师的执业规则 ... 17
五、医师的考核和培训 ... 18
六、相关法律责任 ... 19
第二节 护士法律制度 ... 22
一、概述 ... 22
二、护士执业资格考试和执业注册 ... 22
三、护士的权利义务 ... 24
四、护士的管理 ... 24
五、护理工作制度 ... 25
六、法律责任 ... 27
第三节 医疗卫生机构管理法律制度 ... 28

一、医疗机构的概念及类型 …………………………………… 28
　　二、医疗机构的规划布局与设置审批 …………………………… 29
　　三、医疗机构的执业登记与校验 ………………………………… 31
　　四、医疗机构的执业管理 ………………………………………… 32
　　五、处方管理制度 ………………………………………………… 34
　　六、病历管理制度 ………………………………………………… 37
　　七、医疗机构的名称管理制度 …………………………………… 40
　　八、医疗广告管理制度 …………………………………………… 41
　　九、医疗机构的监督管理 ………………………………………… 42
　　十、法律责任 ……………………………………………………… 43
　　十一、(院前)急救医疗机构 ……………………………………… 44
　　十二、康复医疗机构的概念 ……………………………………… 47
　　十三、社区卫生服务机构的概念与特征 ………………………… 47
　　十四、中外合资、合作医疗机构的管理 ………………………… 50

第三章　药品管理法 ……………………………………………… 56
第一节　概述 ……………………………………………………… 56
　　一、药品管理法的概念及立法目的 ……………………………… 56
　　二、药品的含义 …………………………………………………… 57
　　三、药品管理法规定的基本方针 ………………………………… 58
第二节　药品的生产和经营 ……………………………………… 58
　　一、药品生产、经营企业的管理 ………………………………… 58
　　二、医疗机构的药剂管理 ………………………………………… 59
第三节　药品管理 ………………………………………………… 60
　　一、药品标准 ……………………………………………………… 60
　　二、禁止生产和销售假药、劣药 ………………………………… 62
　　三、处方药和非处方药的分类管理 ……………………………… 63
　　四、特殊药品管理 ………………………………………………… 64
第四节　与药品相关的其他管理制度 …………………………… 67
　　一、药品价格管理 ………………………………………………… 67
　　二、药品广告管理 ………………………………………………… 68
　　三、药品进口管理 ………………………………………………… 68
　　四、药品储备管理和药品包装规范 ……………………………… 69
第五节　药品监督 ………………………………………………… 69
　　一、药品监督管理机构及职责 …………………………………… 69
　　二、药品检验机构及职责 ………………………………………… 70
　　三、药品不良反应报告制度 ……………………………………… 71
第六节　法律责任 ………………………………………………… 71
　　一、行政责任 ……………………………………………………… 71
　　二、民事、刑事责任 ……………………………………………… 74

第四章 献血与血液管理法律制度 ... 77
第一节 概述 ... 77
一、献血法的概念 ... 77
二、血液管理立法 ... 78
三、献血法的宗旨 ... 78
四、无偿献血的法律规定 ... 80
第二节 采血、供血和临床用血的管理 ... 82
一、采血与供血的管理 ... 82
二、临床用血的管理 ... 84
三、临床输血技术规范 ... 85
第三节 血液制品的管理 ... 86
一、血液制品的概念 ... 87
二、原料血浆的管理 ... 87
三、血液制品生产经营的管理 ... 88
第四节 法律责任 ... 89
一、行政责任 ... 89
二、民事责任 ... 91
三、刑事责任 ... 91

第五章 传染病防治法律制度 ... 94
第一节 概述 ... 94
一、传染病及传染病防治法 ... 94
二、法定传染病的分类 ... 100
三、传染病防治的管理体系和保障措施 ... 101
第二节 传染病的预防和疫情报告 ... 101
一、传染病预防 ... 101
二、传染病疫情的报告和公布 ... 102
第三节 传染病疫情的控制和监督 ... 103
一、医疗机构应采取的措施 ... 103
二、各级政府部门应采取的措施 ... 105
三、医疗救治 ... 105
四、尸体的处理 ... 107
五、我国卫生强制隔离中存在的问题 ... 107
六、重大传染病疫情控制、改进和完善的建议 ... 114
第四节 性病、艾滋病防治的法律规定 ... 119
一、性病防治的法律规定 ... 119
二、艾滋病防治的法律规定 ... 120
三、艾滋病对社会的危害 ... 122
四、艾滋病的处罚规定 ... 123

第六章 突发公共卫生事件应急条例 ... 126
第一节 概述 ... 126

一、突发公共卫生事件的概念 ……………………………………………… 126
　　二、突发公共卫生事件的分级 ……………………………………………… 127
　　三、突发公共卫生事件处理方针与原则 …………………………………… 129
　第二节　突发公共卫生事件处理中的主要制度 ………………………………… 129
　　一、预防与应急准备 ………………………………………………………… 130
　　二、报告与信息发布 ………………………………………………………… 132
　　三、应急处理 ………………………………………………………………… 135
　第三节　法律责任 …………………………………………………………………… 137
　　一、各级政府组织违反条例规定的法律责任 ……………………………… 137
　　二、医疗卫生机构违反条例规定的法律责任 ……………………………… 138
　　三、有关单位和个人违反职责的法律责任 ………………………………… 138
　　四、扰乱社会和市场秩序的法律责任 ……………………………………… 139

第七章　医疗事故处理法律法规 …………………………………………………… 141
　第一节　概述 ………………………………………………………………………… 141
　　一、医疗事故的概念及构成要件 …………………………………………… 142
　　二、医疗事故的处理原则和分级 …………………………………………… 143
　第二节　医疗事故的预防与处置 …………………………………………………… 147
　　一、医疗事故的预防 ………………………………………………………… 147
　　二、医疗事故预防与处置中患方的权利 …………………………………… 148
　　三、医疗事故报告制度 ……………………………………………………… 148
　第三节　医疗事故技术鉴定 ………………………………………………………… 149
　　一、医疗事故技术鉴定组织 ………………………………………………… 150
　　二、医疗事故技术鉴定程序 ………………………………………………… 151
　第四节　医疗事故的行政处理与监督 ……………………………………………… 152
　　一、医疗事故的行政处理 …………………………………………………… 152
　　二、医疗事故的监督 ………………………………………………………… 153
　　三、法律责任 ………………………………………………………………… 153
　第五节　医疗事故的赔偿 …………………………………………………………… 156
　　一、赔偿争议的解决途径 …………………………………………………… 156
　　二、医疗事故赔偿的原则 …………………………………………………… 156
　　三、医疗事故赔偿的范围 …………………………………………………… 156

第八章　侵权责任法与医疗纠纷 …………………………………………………… 160
　第一节　概述 ………………………………………………………………………… 160
　　一、概念 ……………………………………………………………………… 160
　　二、侵权责任的法律特征和适用 …………………………………………… 161
　　三、制定侵权责任法的宗旨 ………………………………………………… 161
　　四、侵权责任及构成要件 …………………………………………………… 162
　第二节　医疗损害责任 ……………………………………………………………… 164
　　一、医疗纠纷的法律适用 …………………………………………………… 165
　　二、医疗损害责任 …………………………………………………………… 165

第三节 侵权责任法与医疗机构 …… 169
一、医务人员的权利和义务 …… 169
二、医疗机构的免责条件 …… 171
三、法定过错推定标准 …… 173
四、医疗损害责任的赔偿 …… 174
五、与医疗损害责任相关的法律要求 …… 174
六、医疗产品责任 …… 174
七、医疗机构与过度医疗 …… 175
八、医疗机构与过错推定 …… 177

第九章 妇幼卫生与计划生育保健法律制度 …… 179
第一节 妇幼卫生法律制度 …… 179
一、概述 …… 179
二、妇幼卫生法制建设 …… 182
三、妇幼卫生保健服务内容 …… 182
第二节 母婴保健法 …… 183
一、指导思想 …… 183
二、基本原则 …… 183
三、母婴保健机构的法律规定 …… 183
四、婚前保健和孕产期保健的法律规定 …… 184
五、母婴保健医学技术鉴定 …… 186
六、法律责任 …… 186
第三节 人口与计划生育法 …… 187
一、概述 …… 187
二、法律责任 …… 190
第四节 疫苗接种的法律规定 …… 191
一、预防接种的概述 …… 191
二、接种单位的管理制度 …… 192
三、儿童预防接种证制度 …… 192
四、预防接种异常反应的处理 …… 193
五、处理办法 …… 193
六、法律责任 …… 194

参考文献 …… 198

第一章 卫生法律法规概述

学习要点

本章概述了卫生法律法规的基本概念、基本原则和特点,为运用卫生法律制度以及分析、解决卫生法律问题提供了基本原理和思维方法。本章还介绍了卫生法的概念、卫生法的制定与实施、卫生法律关系、卫生法律责任与法律救济等相关内容。

情境引入

20世纪80年代以来,我国相继出台了一系列医疗卫生管理法律、行政法规,医疗卫生管理工作逐步法治化,这些法规在促进医疗卫生事业健康发展,维护医疗卫生工作秩序,发挥着越来越重要的作用。作为各级医疗卫生机构的工作者,卫生法律意识的增强和法律素质的提高,是医疗卫生工作法治化的重要环节。认真学习卫生法律法规的内容,做到知法、守法、执法、遵法,是每个医疗卫生从业人员的重要工作。

第一节 卫生法律法规

卫生法是调整在卫生活动过程中所发生的社会关系的法律规范,维护和保障着人们的生命健康活动。

卫生法分为形式意义的卫生法和实质意义的卫生法。形式意义的卫生法是以卫生法冠名而制定的法典,是卫生法律体系中的母法,是规范各项卫生工作的基本法律;实质意义的卫生法是从规范总和上把握的一定的法域,既包括规范性卫生法律文件,也包括存在于其他部门法的规范性法律文件中的相关法律规定,即所有规范性法律文件中的全部卫生法律规范,统称为卫生法。

卫生法是行政法法律部门的组成部分,属于特殊行政法。卫生法是由主权国家的立法机关以宪法为依据所制定的适用于本国的法律规范,是国内法。卫生法以卫生行政关系为基本特征,卫生行政权力的行使是必要前提,卫生行政机关是行政活动的主体,其行为具有强制力,其他卫生行政关系主体的法律地位、活动的权利和方式都要符合国家意志和公益性的要求。

一、卫生法的基本原则

(一)卫生法的调整对象

卫生法的调整对象是卫生法律规范所调整的社会关系,即卫生关系。卫生关系是人们为了保护生命健康而进行实践活动所形成的社会关系。卫生法律规范所调整的社会关系包括3个方面。

1. **卫生组织关系** 为了有效地对人们保护生命健康的实践活动进行组织、领导,国家将卫生活动主体的设置、法律地位、组织形式、隶属关系、职权范围和权利义务等用法律确定下来,形成合理的卫生组织体系和体制,在卫生活动主体之间形成有序的组织、领导关系,以保证国家对卫生活动依法干预和调控。

2. **卫生管理关系** 国家各级卫生行政机关和卫生监督执法机构根据卫生法的规定,对卫生工作进行组织、计划、指挥、调节、监督等活动,在其过程中与其相对人形成的管理上的权利义务关系,即卫生管理关系。它主要表现为卫生行政许可关系、卫生行政复议关系、卫生行政赔偿关系等。

3. **卫生服务关系** 卫生机构为了保护、促进人们的生命健康,向社会、群体、个人提供医疗预防保健服务,健康教育咨询服务,医学技术检测服务时所形成的服务上的权利义务关系,即卫生服务关系,如医疗机构提供医疗服务时所产生的医疗关系。

(二)卫生法的基本原则

卫生法的基本原则,是人们在从事卫生活动过程中必须遵守的各种准则。卫生法的基本原则主要有以下5个方面。

1. **卫生保护原则** 卫生保护原则是实现人的健康权利的保证,也是卫生保健制度的重要基础。卫生保护原则有两方面的内容:第一,人人有获得卫生保护的权利;第二,人人有获得有质量的卫生保护的权利。

2. **预防为主原则** 卫生法实行预防为主原则,首先是由卫生工作的性质所决定的,其次是由我国经济发展水平所决定的。

预防为主原则有以下几个基本含义:①任何卫生工作都必须立足于防;②强调预防,并不是轻视医疗;③预防和医疗都是保护人体健康的方法和手段。无病防病,有病治病,防治结合,是预防为主原则总的要求。

3. **公平原则** 所谓公平原则,就是以利益均衡作为价值判断标准来配置卫生资源,协调卫生保健活动,以便每个社会成员普遍能得到卫生保健。公平原则的基本要求是合理配置可使用的卫生资源。公平不是一个单一的、有限的目标,而是一个逐步改善的过程。

4. **保护社会健康原则** 保护社会健康原则,本质上是协调个人与社会健康利益的关系,它是世界各国卫生法公认的目标。人具有社会性,要参与社会的分工和合作,所以,就要对社会承担一定的义务。这个义务就是个人在行使自己的权利时,不得损害社会健康利益。

保护社会健康原则:①卫生法的制定和实施都要从人民健康利益出发,把维护人体健康作为卫生法的根本宗旨。每个公民都能依法享有改善卫生条件,获得基本医疗保健的权利。②卫生行政执法过程中的卫生监督检查、行政处罚、强制执行及对非法行医的取缔,也是在维护人民的健康权及相关权益。

5. 患者自主原则　保护患者权利的观念是卫生法的基础,而患者的自主原则是患者权利的核心。所谓患者自主原则,是指患者经过深思熟虑就有关自己疾病的医疗问题做出合理的、理智的、表示并负责的自我决定权。

患者自主原则包括以下几方面:①有权自主选择医疗机构、医生及其医疗服务的方式;②除法律法规另有规定外,有权自主决定接受或者不接受某一项医疗服务;③有权拒绝非医疗性服务等。我国目前还没有专门的患者权利保护法,但我国现行的卫生法律、法规都从不同角度对患者权利(如医疗权、知情权、同意权、选择权、参与权、隐私权、申诉权、赔偿请求权等)做了明确、具体的规定。

(三)卫生法的特征

卫生法除了具有行政法所具有的性质外,还有其自己的特点。

1. 保护健康权　卫生法保护人们的生命健康权的机制,是通过确认、维护和救济卫生权益实现的,有别于民法、刑法、行政法保护生命健康权的方式。卫生权益是指公民依法享有相应的卫生条件、保障和促进生命健康安全及获得公共服务和医疗保健的权利和利益。在法律上,只有被法律确认的权利和利益才能得到法律的保障和救济。卫生法通过一系列卫生立法确认与健康相关的一系列卫生权利和利益,并采取安全性保障规范和预防性救济方式维护生命安全和身体健康,如职业病防治法确认职业卫生权,传染病防治法确认公共健康权,母婴保健法确认生殖健康权,执业医师法确认医疗保健权,食品安全法确认食品安全权,等等。可见,卫生法为卫生权益法,具有保护人们各项具体卫生权利和利益的功能,体现了卫生法保护健康权的法律价值。

2. 综合多样性　卫生法调整社会关系的广泛性,决定了其表现形式和调节手段的综合性、多样性。卫生法在表现形式上,既有单行的卫生法,又有大量来源于其他部门的法规。在卫生法律规范中,既有实体法规范,又有程序性规范;既有组织法规范,又有行为法规范;既有强制性规范,又有任意性规范;既有职务性规范,又有技术性规范。这些规范形式多样,综合保护公民健康。在调整方式上,既有"国家卫生监督"制度、"卫生许可"或"资格认证"制度及"报告"或"申报"制度等独特的调整方式,也有大量采用行政法、民法、刑法的调整手段。

3. 科学技术性　卫生法须保障生命健康,所以卫生立法须以医学及其他相关学科的技术成果为依据,符合医学科学的基本原理。并且,直接关系到公民健康的医学方法、程序、操作规范、卫生标准等大量的科学技术规范化、法律化,成为技术法规。卫生法的实施更需要大量的科学技术知识和手段的配合。随着医学的发展与进步,不断需要更多的立法,如器官移植、脑死亡、基因诊断与治疗、生殖技术等,以确保医疗技术为人类健康服务,体现人类尊严。

4. 社会公共性　卫生法的根本任务是预防和消灭疾病,改善人们劳动和生活环境的卫生条件,保护人体健康,维护全社会的卫生公共利益。疾病的流行没有地域、国界和人群的限制,疾病预防的措施、方法和手段也不会因国家社会制度的不同而不能相互学习。

二、卫生法律关系与责任

卫生法律关系是指卫生法所调整的具有卫生权利义务内容的社会关系。

卫生法律关系具有以下特征。首先,卫生法律关系参与人在法律地位上既有平等性,又存在不平等性。一方面,在除卫生管理以外的卫生法律关系中,主体双方法律地位平等,具有平等的权利、义务;另一方面,由于卫生活动的专业性,在意思表达上,即使是法律地位平等的双方主体也达不到完全的真实、一致,表现出不平等性。其次,卫生法律关系是卫生法对个人和社会健康利益的确认和保护,所体现的利益是个人和社会的健康利益。最后,卫生行政部门和卫生机构是卫生法律关系中的必然主体,其他各方参与人因卫生法律关系的具体内容而有所不同。

第二节 卫生立法与实施

卫生法的制定,又称卫生立法,有广义和狭义之分。广义上的卫生法的制定,是指享有卫生立法权的国家机关依照法定的权限和程序,运用立法技术,创制、修改、废止、认可和解释规范性卫生法律文件的专门活动。狭义上的卫生法的制定,是专指全国人民代表大会及其常务委员会制定卫生法律的立法活动。

卫生法的制定具有如下特点:①主体的法定性,卫生立法是国家的一项专门活动,只能依法由拥有卫生立法权的国家机关进行卫生立法;②职权的法定性,享有卫生立法权的国家机关只能在其特定的权限范围内进行卫生立法;③程序的法定性,卫生立法活动必须依照法定程序进行;④技术的综合性,卫生立法是一项社会技术很强的专门活动,不仅包括创制新的规范性卫生法律文件的活动,还包括修改、废止、认可和解释规范性卫生法律文件等一系列卫生立法活动。

一、卫生立法的原则和程序

(一)卫生法制定的依据

1. **宪法是卫生立法的法律依据** 宪法是国家的根本大法,具有最高法律效力,是其他普通法的立法依据。宪法中有关国家发展医疗卫生职业,保护人民健康和建立社会保障制度,尊重和保障人权的规定是卫生立法的渊源和依据。

2. **保护人体健康是卫生立法的思想依据** 健康权是一项基本人权。其中生命健康权是公民最根本的权益,是行使其他权利的前提和基础。以保障人体健康为根本任务的卫生立法,无论其表现形式和其调整对象,都必须坚持保护人体健康这一思想依据,贯彻这一宗旨目的。

3. **医药卫生科学是卫生立法的科学依据** 人类是自然界进化的最高形式,人的生命健康规律是自然规律的一部分。卫生法必然涉及人的生命健康相关的自然科学。因此,卫生立法工作在遵循法律科学的基础上,必须遵循生命健康规律,也就是把医学、卫生学、药学、生命科学等自然科学成果作为卫生立法的科学依据,遵循人与自然、社会相协调的规律。

4.社会经济条件是卫生立法的物质依据　社会经济条件是卫生立法的重要物质基础。卫生立法从我国现实的物质生活条件出发,正确处理好卫生立法与社会条件、经济发展之间的关系,可以适应社会主义市场经济和卫生事业发展的需要。

5.卫生政策是卫生立法的政策依据　卫生政策是国家管理卫生工作的基本方法和手段,反映了医疗卫生科学的客观规律和社会经济与卫生事业发展的客观要求,是维护人民群众卫生权益的重要举措。卫生政策对卫生立法有指导作用,卫生立法要体现国家政策的精神和内容。

(二)卫生法制定的基本原则

卫生法制定的基本原则是指享有卫生立法权的国家机关进行卫生立法活动所必须遵循的基本行为准则,是立法思想在立法实践中的重要体现。

1.遵循宪法的基本原则　宪法是人民意志和利益的集中体现,只有坚持和维护宪法原则,才能使卫生立法工作坚持正确的政治方向,反映人民群众在医疗卫生服务方面的愿望和要求,以保障和实现宪法所确定的公民的卫生权益。

2.依照法定的权限和程序的原则　社会主义法治要求国家机关的立法活动应当在宪法和法律的范围内行使职权。

3.维护社会主义法制的统一和尊严的原则　卫生立法活动应当从国家的整体利益和人民群众的根本利益出发,防止出现部门利益和地方保护主义的倾向,维护全局利益。卫生工作涉及面最广,内容具体而直接,卫生法律法规受到的关注度也最高,因而,卫生立法工作一定从社会主义法制的高度,维护社会主义法制的统一和尊严。

4.坚持民主立法的原则　卫生法的制定要坚持群众路线,采取各种行之有效的措施,广泛听取人民群众的意见,集思广益,在高度民主的基础上高度集中。这样有利于加强卫生立法的民主性、科学性。

5.从实际出发的原则　卫生法的制定,最根本的就是从我国的卫生国情出发,深入实际,调查研究,正确认识我国国情,充分考虑我国社会经济基础、生产力水平、各地的卫生条件、人员素质状况,科学、合理地规定公民、法人和其他组织的权利和义务、国家机关的权力和责任。

(三)卫生法制定的程序

卫生法制定的程序是指有卫生立法权的国家机关制定卫生法所必须遵循的方式和步骤。卫生法律、卫生法规、卫生规章的制定机关根据其法定程序来制定规范性卫生法律文件。根据我国《立法法》的规定,卫生法律的制定程序分为4个阶段。

1.卫生法律案的提出　国务院有卫生法律案的提案权。卫生法律案的提出,需要经历卫生部法律草案起草小组的调查研究和起草、国务院讨论通过两个环节。经过表决通过的法律案,才可以由国务院向全国人民代表大会常务委员会提出。

2.卫生法律案的审议　列入全国人民代表大会常务委员会会议议程的法律案,一般应当经过3次常务委员会会议审议。第一次审议法律案,在全体会议上听取提案人的说明,由分组会议初步审议;第二次审议法律案,在全体会议上听取法律委员关于法律草案修改的情况和主要问题的汇报,由分组会议进一步审议;第三次审议法律案,在全体会议上听取法律委员会关于法律草案审议结果的报告,由分组会议对法律草案修改稿进行审议。

3. 卫生法律案的表决 法律草案修改稿经全国人民代表大会常务委员会会议审议,由法律委员会根据常务委员会组成人员的审议意见进行修改,提出法律草案表决稿,由委员长会议提请常务委员会全体会议表决,常务委员会全体组成人员的表决,过半数通过。

4. 卫生法律的公布 全国人民代表大会常务委员会通过的卫生法律由国家主席以主席令的形式予以公布。

(四)卫生法的形式

卫生法的形式,是指按照制定卫生法的国家机关不同,因而具有不同法律效力和法律地位的规范性卫生法律文件的种类。我国卫生法的形式有以下几种。

1. 宪法 宪法是国家的根本大法,具有最高的法律效力,是普通法制定的依据。我国现行宪法中有关医药卫生方面的规定:"国家发展医疗卫生事业,发展现代医药和我国传统医药,鼓励和支持农村集体经济组织,国家企业事业组织和街道组织举办各种医疗卫生设施,开展群众性的卫生活动,保护人民健康。国家尊重和保障人权。国家推行计划生育,使人口的增长同经济和社会发展计划相适应。中华人民共和国公民在年老、疾病或者丧失劳动能力的情况下,有从国家和社会获得物质帮助的权利。国家发展为公民享受这些权利所需要的社会保险,社会救济和医疗卫生事业。"这些规定是我国卫生法最重要的渊源和立法依据。

2. 卫生法律 卫生法律是全国人民代表大会和全国人民代表大会常务委员会制定的关于医药卫生方面的规范性法律文件,其效力次于宪法。我国现行的单行卫生法有《中华人民共和国药品管理法》《中华人民共和国国境卫生检疫法》《中华人民共和国传染病防治法》《中华人民共和国红十字会法》《中华人民共和国母婴保健法》《中华人民共和国献血法》《中华人民共和国执业医师法》《中华人民共和国职业病防治法》《中华人民共和国人口与计划生育法》《中华人民共和国食品安全法》10部。另外,在其他部门法的法律中有关医药卫生方面的条款,如《刑法》中规定的危害公共卫生罪,《侵权责任法》中规定的医疗损害责任,也是卫生法律的组成部分。

3. 卫生法规 卫生法规分为卫生行政法规和地方性卫生法规。

卫生行政法规是国务院根据宪法、法律所规定的关于医药卫生方面的规范性法律文件。例如《医疗机构管理条例》《艾滋病防治条例》,其效力次于宪法和卫生法律。

地方性卫生法规包括:省、自治区、直辖市的人民代表大会及其常务委员会根据本行政区域的具体情况和实际需要,制定的医药卫生方面的规范性法律文件。如《河南省母婴保健条例》。

4. 卫生规章 卫生规章分为部门卫生规章和地方政府卫生规章。部门卫生规章是指国务院卫生行政部门等,根据卫生法律、卫生行政法规、决定、命令,依法定职权所指定的医药卫生方面的规范性法律文件。地方政府卫生规章是指省、自治区、直辖市和较大的市级人民政府,根据卫生法律、卫生法规,所规定的医药卫生方面的规范性法律文件。

5. 法律解释 有权解释法律的机关对卫生法所作的法律解释也是卫生法的渊源,包括立法解释、司法解释、行政解释,如《最高人民法院、最高人民检察院关于办理妨害预防、控制突发传染病疫情等灾害的刑事案件具体应用法律若干问题的解释》(法释【2003】8号),《卫生部关于医疗机构不配合医疗事故技术鉴定所应承担的责任的批复》(卫政法发【2005】28号)。

6. 国际卫生条约　我国参加的或与外国、国际组织签订的关于医药卫生方面的国际条约、协议,如《国际卫生条例》《世界人类基因组与人权宣言》等。

7. 卫生技术法规　卫生技术法规是指从事卫生监督、监测,进行医学诊断、治疗和检查所遵循的具有法律效力的技术准则。它包括卫生技术规范、操作规程和卫生标准。卫生标准分为国家标准、部门标准和地方标准,如《中华人民共和国药典》《节育手术常规》《生活饮用水卫生标准》等。

二、卫生法的实施

卫生法的实施,是指通过一定的方式使卫生法律规范在社会生活中得到贯彻和实施的活动,包括卫生法的执法、司法、守法和法律监督活动。其中,执法和司法活动又称为卫生法的适用,包括卫生法的适用的概念和特点。

1. 卫生法的适用的概念　卫生法的适用是指国家机关依据法定职权和程序将卫生法律规范运用于具体的人和事的专门活动。它可分为卫生行政机关和卫生监督机关的卫生行政执法活动及司法机关的卫生司法活动。

2. 卫生法的适用有以下几个特点　①职权的法定性,卫生行政执法活动和司法活动必须根据法定职权或法律授权进行;没有法定职权或法律授权的任何组织和个人不能适用卫生法。②程序的法定性,卫生行政执法活动和司法活动必须按照行政执法程序和司法程序进行。法定程序是保障卫生法适用的公平、公正,保护当事人的合法权益的最基本要求。③科学技术性,卫生法的适用,既要符合一般法律规范的要求,也要符合卫生技术规范和卫生科学原理的要求。④裁决权威性,卫生法的适用是享有执法权的国家机关和组织机构以国家名义,依靠国家强制力为后盾所进行的专门活动。因此,它所做出的裁决具有极大的权威性,非以法定程序不得擅自修改,相对人也不得违抗。

三、卫生行政执法

(一)卫生行政执法的概念和特征

卫生行政执法是指国家卫生行政机关、法律授权组织适用卫生法,实现国家卫生管理的专门活动。

卫生行政执法的特征:①法定的执法主体,卫生行政执法的主体只能是法定的卫生行政机关、卫生监督机关,以及法律授权的组织;②执法是职务行为,卫生行政执法是卫生行政执法主体代表国家进行卫生管理的活动,是行使职权的活动;③执法对象的具体性,卫生行政执法行为针对的对象是具体的、特定的公民、法人或其他组织,具体的、特定的公民、法人或其他组织称为卫生行政相对人;④执法依据的法定性,卫生行政执法主体做出具体行政行为的过程,实际上也是适用卫生法的过程,卫生行政执法的依据只能是国家现行有效的卫生法律、法规、规章及上级卫生行政机关的措施、发布的决定、命令、指示等;⑤执法行为的主动性,在卫生行政执法中,执法主体依据法定职权和程序主动与相对人形成卫生行政法律关系,不以相对人的意志为转移,无须征得相对人的同意;⑥执法行为的国家强制性,卫生行政执法行为是以国家名义确认相对人某种权利或义务,剥夺、限制其某种权利,是国家意志的体现,具有国家强制性。

(二)卫生行政执法主体

卫生行政执法主体是指依法享有国家卫生行政执法权,以自己的名义实施卫生行政执法活动并独立承担由此引起的法律责任的组织。根据执法主体资格取得的法律依据不同,卫生行政执法主体可以分为职权性执法主体和授权性执法主体。

职权性执法主体是根据宪法和行政组织法的规定,在机关依法成立时就拥有相应行政职权并同时获得行政主体资格的行政组织。职权性执法主体只能是国家行政机关,包括各级人民政府和其职能部门及县级以上地方政府的派出机关。授权性执法主体是指根据宪法和行政组织法以外的单行法律、法规的授权规定而获得行政执法资格的组织。

我国卫生行政执法主体的种类:①卫生行政管理机关,它主要包括国务院卫生部,县级以上各级地方人民政府卫生行政管理机关,主管辖区内的卫生工作;②食品药品监督管理机关,它包括国家食品药品监督管理局和地方各级食品药品监督管理局,负责对食品、药品、医疗器械的审批,以及对它们的研究、生产、流通、使用等进行行政监督管理;③人口与计划生育管理机关,它包括国家人口与计划生育委员会和地方各级人口与计划生育委员会,负责对人口和计划生育工作进行领导、指导、监督,依法执行国家计划生育政策、法规和对违反生育政策、法规的行为进行处理和制裁;④国境卫生检疫机关,国家质量监督检验检疫总局是我国卫生行政执法主体之一,负责对出入境人员、运输工具、行李、货物等进行疫病检查与卫生处理工作;⑤法律法规授权的其他组织,主要指县及县以上各级疾病预防控制机关等;⑥联合执法主体,根据有关单位法律、法规规定,由卫生部门会同其他部门如公安、工商管理机关等共同进行卫生执法时,这些部门、机关就成为联合执法主体,或称共同执法主体。

第三节 卫生法律责任与法律救济

一、卫生法律责任

(一)卫生法律责任的概念

卫生法律责任是指卫生法律关系主体由于违反卫生法规定的义务或约定义务,所应承担的带有强制性的法律后果。

承担卫生法律责任的前提是存在卫生违法。卫生违法是卫生法律关系主体实施的一切违反卫生法律法规的行为。构成卫生违法必须符合以下4个条件。

1. 行为人实施了违反卫生法的行为　这种行为必须是客观存在的,而且违反了卫生法律规范中的义务。它可以分为两种基本表现形式:一是不作为,即消极地不实施卫生法要求的积极行为;二是作为,即积极地实施卫生法所禁止的行为。

2. 行为具有社会危害性,侵害了卫生法所保护的社会关系和社会秩序　这种危害性包括两种情况:一是卫生违法行为已经给卫生法所保护的社会关系和社会秩序造成了实际的损害后果;二是虽然尚未造成实际的损害,但已经使卫生法所保护的社会关系和社会秩序处于某种危险之中,即可能使其受到损害。例如:销售不安全食品。

3. 行为人在主观上有过错,法律另有规定的除外　过错,指行为人应受责难的主观状态,包括故意和过失两种形式。故意是指行为人明知自己的行为会侵害他人权益,并且希望或者放任这种侵害结果发生的主观状态。过失是指行为人应当预见自己的行为可能侵害他人权益,却因为疏忽大意而没有预见,或者已经预见而轻信能够避免的主观状态。另外,行为人不论主观上有无过错,依照法律规定对其行为应承担法律责任的,遵从法律规定。如果损害后果是因不可抗力造成的,则不能构成卫生违法。

4. 行为人具有法定责任能力　行为人达到法定责任年龄,具有责任能力和行为能力,才能成为卫生违法的主体。如果损害后果是由无行为能力人造成的,则不能构成卫生违法。

根据卫生违法行为的性质、社会危害程度和法律调整方式的不同,一般将卫生违法分为3种:①行政违法,即违反行政法的规定,依法应追究行政责任的行为;②民事违法,即违反民法的规定,依法应追究民事责任的行为;③刑事违法,即犯罪,是违反刑法的规定,依法应追究刑事责任的行为。

(二)卫生法律责任的种类

根据行为人违反卫生法律规范的性质和社会危害程度不同,卫生法律责任可分为行政责任、民事责任和刑事责任3种。在不同情况下,行为人所承担的法律责任也不同。在某些情况下,行为人有可能同时承担两种或两种以上的责任。

1. 行政责任　行政责任是指卫生法律关系主体双方的任何一方违反卫生行政法律规范,所应承担的法律后果。根据我国卫生行政管理法规的规定,主要包括行政处罚和行政处分两种形式。①行政处罚,指卫生行政机关对违反卫生法的行为人所实施的一种行政制裁。行政处罚的种类主要有:警告、罚款、没收违法所得、没收非法财物、责令停产停业、暂扣或吊销有关许可证等。②行政处分,是行政机关或企事业单位依据行政隶属关系,对违法、违纪或失职人员给予的一种行政制裁。它主要包括警告、记过、记大过、降级、降职、开除6种。

2. 民事责任　卫生民事责任是指医疗卫生机构、卫生工作人员和从事生产经营健康相关产品的人及其他主体违反了卫生法的规定,侵害公民、法人及其他组织的人身权、财产权时,所应承担的损害赔偿责任。卫生民事责任是一种民法上的侵权责任,构成该责任必须同时具备4个条件:①行为人实施了违反卫生法的行为;②有损害事实的存在;③行为人的行为与损害结果之间有因果关系;④行为人主观方面有过错,法律另有规定的除外。

3. 刑事责任　刑事责任是指行政机关的工作人员、医疗卫生工作人员及健康相关产品的生产、经营者违反卫生法的规定,构成犯罪的,由司法机关强制行为人承受的刑罚。它分为主刑和附加刑。主刑有管制、拘役、有期徒刑、无期徒刑、死刑;附加刑有罚金、没收财产、剥夺政治权利。对外国人犯罪,可以独立适用或者附加适用驱逐出境。主刑只能独立适用,附加刑可以独立适用,也可以附加适用。

我国《刑法》规定了20多个卫生犯罪的罪名,如生产销售假药罪,生产销售劣药罪,生产销售不符合卫生标准的食品罪,生产销售有害食品罪,生产销售不符合标准的医用器材罪,生产销售不符合标准的化妆品罪,非法提供麻醉药品、精神药品罪,传播性病罪,妨害传染病防治罪,妨害国境卫生检疫罪,非法组织卖血罪,强迫卖血罪,非法采集、供应血液、制作供应血液制品罪,医疗事故罪,非法行医罪,非法进行节育手术罪等。

二、卫生法律救济

(一)卫生法律救济的概念和途径

卫生法律救济是指公民、法人或者其他组织认为卫生行政执法机关的具体行政行为对自己合法权益造成损害,依法请求有关国家机关给予补救的法律制度的总称。我国现行的卫生法律救济途径主要是卫生行政复议、卫生行政诉讼和卫生行政赔偿。

(二)卫生行政复议

1. 卫生行政复议 卫生行政复议是指公民、法人或者其他组织认为卫生行政机关的具体行政行为为侵犯其合法权益,按照法定的程序和条件向做出该具体行政行为的上一级行政机关提出申请,受理申请的行政机关对该具体行政行为进行复查,并做出复议决定的活动。《中华人民共和国行政复议法》是规范我国行政复议的基本法。

2. 卫生行政复议的受案范围 卫生行政复议仅能对卫生行政机关做出的具体行政行为进行复议,其受案范围有:①对卫生行政机关作出的行政处罚不服的;②对卫生行政机关采取的有关强制性措施决定不服的;③认为卫生行政机关侵犯其合法经营自主权的;④认为符合条件申请有关卫生许可,卫生行政机关拒绝或不予答复的;⑤要求卫生行政机关履行其他法定职责拒不答复的;⑥认为卫生行政机关违法要求其履行义务的;⑦认为卫生行政机关侵害其财产权、人身权的;⑧其他可以申请卫生行政复议的具体行政行为。

依法不属于卫生行政复议的事项:①对抽象行政行为不服的;②不服行政处分及其他人事处理决定的;③不服行政机关对民事纠纷作出的调解和其他处理的。

3. 卫生行政复议程序

(1)申请 公民、法人或者其他组织认为卫生行政机关的具体行政行为侵犯其合法权益,可以自知道该具体行政行为之日起60天内提出行政复议申请,但法律规定的申请期限超过60天的除外。

(2)受理 卫生行政复议机关收到行政复议申请后,应当在5天内进行审查,对不符合法律规定的,决定不予受理,并书面告知申请人。卫生行政复议机关不予受理或者受理后超过行政复议期限不做答复的,公民、法人或者其他组织可以自收到决定书之日起或者行政复议期满之日起15天内,依法向人民法院提起行政诉讼。

(3)决定 卫生行政复议机关自受理申请之日起60天内作出行政复议决定,但法律规定的行政复议期限少于60天的除外,特殊情况,经批准延长的最多不超过30天。复议机关经审理,应当按不同情况依法作出决定,并制作复议决议书。复议决定一经送达,即具有法律效力。

三、卫生行政诉讼

(一)卫生行政诉讼的概念

卫生行政诉讼是指公民、法人和其他组织认为卫生行政机关的具体行政行为侵犯了自己的合法权益,依法向人民法院起诉,人民法院在双方当事人和其他诉讼参与人参加下,审理和解决行政案件的活动。

(二)卫生行政诉讼的受案范围

卫生行政诉讼的受案范围是指人民法院受理或主管一定范围内卫生行政争议案件的权限,或者说哪些卫生行政案件相对人才有权向人民法院提起卫生行政诉讼。卫生行政诉讼的受案范围:①不服卫生行政机关作出的行政处罚案件;②不服卫生行政机关采取的行政强制措施案件;③不服卫生行政机关对医疗事故和其他卫生事件的行政处理案件;④认为卫生行政机关违法要求履行义务的案件;⑤认为卫生行政机关不履行法定职责的案件。

(三)卫生行政诉讼程序

1. 起诉和受理 起诉是指公民、法人或者其他组织认为卫生行政机关的具体行政行为侵犯了其合法权益,向人民法院提出诉讼请求,要求人民法院行使审判权,依法予以保护的行为。起诉分为两种情况:一种是当事人对具体行政行为不服的,应当在知道作出具体行政行为之日起3个月内直接向人民法院起诉,法院另有规定的除外;另一种情况是申请人不服行政复议决定或逾期不做行政复议的,可以在收到复议决定书之日或在复议期满之日起15天内向人民法院起诉。原告起诉后,经人民法院审查认为符合条件,应当在接到起诉书7天内决定是否应当立案受理。

2. 审理和判决 我国行政诉讼实行两审终审制,当事人不服一审人民法院裁判的可以上诉,第二审人民法院的裁判是终审裁判,当事人如不服可以进行申诉,但二审裁判必须执行。

人民法院受理行政案件采取合议制,开庭审理,涉及国家秘密、个人隐私和法律另有规定的除外,一般实行公开审理,由合议庭进行法庭调查和双方当事人辩论,在辩论终结后依法裁判。

3. 执行 卫生行政案件的执行是指对人民法院已经生效的判决、裁定或者卫生行政执法机关做出的行政处理决定,在义务人逾期拒不履行时,权利人依法申请人民法院采取强制措施强制其履行义务的行为。

四、卫生行政赔偿

(一)卫生行政赔偿的概念

卫生行政赔偿是指卫生行政机关及其工作人员违法行使职权,侵犯公民、法人或者其他组织的合法权益并造成损害,依法由赔偿义务机关予以赔偿的国家赔偿制度。

卫生行政赔偿必须具备以下要件:①具体行政行为违法;②有损害事实存在,国家承担行政赔偿责任以有损害事实的存在为前提,无损害就无所谓赔偿;③行政违法行为与损害事实之间有因果关系。

(二)卫生行政赔偿范围

卫生行政赔偿范围是指国家对卫生行政机关及其工作人员在行使行政职权时,侵犯公民、法人或者其他组织合法权益造成的损害给予赔偿的范围。根据国家赔偿法的规定,卫生行政赔偿的范围:①卫生行政机关及其工作人员在行使职权时违法实施行政处罚的;②违法采取行政强制措施的;③违反国家规定征收财物、摊派费用的;④非法剥夺公民人身自由的;⑤对公民、法人或者其他组织的人身权、财产权造成其他损害的。

属于下列情形之一的,卫生行政执法机关不承担赔偿责任:①卫生行政执法人员与行使职权无关的个人行为;②因公民、法人和其他组织自己的行为致使损害发生的;③法律规定的其他情形,如国防、外交等国家行为。

(三)卫生行政赔偿的程序、方式和标准

1. 卫生行政赔偿的程序　赔偿请求人要求赔偿,应当先向卫生行政赔偿义务机关提出,并按照法律规定递交行政赔偿申请书。卫生行政赔偿义务机关应当自收到申请之日起 2 个月内,作出是否赔偿的决定。赔偿义务机关在规定期限内未作出是否赔偿的决定,或者作出不予赔偿决定的,或者赔偿请求人对赔偿的方式、项目、数额有异议的,赔偿请求人可以自期限届满之日起或者自作出决定之日起 30 天内,向赔偿义务机关的上一级机关申请复议。赔偿请求人不服复议决定的或者复议机关逾期不作决定的,可以在收到复议决定之日起或自期限届满之日起 30 天内向复议机关所在地的同级人民法院赔偿委员会申请作出赔偿决定。

2. 卫生行政赔偿的方式和标准　国家赔偿以支付赔偿金为主要方式。造成受害人名誉权、荣誉权损害的,应当在侵害行为影响的范围内,为受害人消除影响、恢复名誉、赔礼道歉。造成精神损害严重后果的,应当支付相应的精神损害抚慰金。

赔偿金的计算标准主要有以下几种。①侵犯公民人身自由的,每日的赔偿金按照国家上年度职工日平均工资计算。②造成身体伤害的,应当支付医疗费、护理费,以及赔偿因误工减少的收入。减少的收入每日的赔偿金按照国家上年度职工日平均工资计算,最高额为国家上年度职工年平均工资的 5 倍。③造成部分或全部丧失劳动能力的,应当支付医疗费、护理费、残疾生活辅助用具费、康复费等因残疾而增加的必要支出和继续治疗所必需的费用,以及残疾赔偿金。残疾赔偿金根据丧失劳动能力的程度,按照国家规定的伤残等级确定,最高不超过国家上年度职工年平均工资的 20 倍。造成全部丧失劳动能力的,对其抚养的无劳动能力的人,还应当支付生活费。④造成死亡的,应当支付死亡赔偿金、丧葬费,总额为国家上年度职工年平均工资的 20 倍。对死者生前扶养的无劳动能力的人,还应当支付生活费。⑤侵犯公民、法人和其他组织的财产权造成损害的,能够返还财产或者恢复原状的,予以返还财产或者恢复原状;或者按照损害程度给付相应的赔偿金;造成其他损害的,按照直接损失给予赔偿。

1. 卫生法制定的程序包括4个阶段,卫生法律案的提出、卫生法律案的审议、卫生法律案的表决、卫生法律的公布。下列不属于卫生法制定活动的是　　　　　　　　　　　　　(　　)
   A. 卫生法律案的提出,需要起草小组的调查研究、起草和国务院讨论
   B. 全国人大常务委员会全体会议,听取提案人说明,分组审议关于法律草案修改的情况和问题汇报
   C. 全国人大常务委员会全体会议,听取法律委员会关于法律草案审议结果的报告
   D. 全国人大常务委员会法律委员会提出法律草案表决稿

E. 卫生法律案的表决,需三分之二多数通过

2. 我国卫生行政执法主体的种类不包括 （ ）
 A. 国务院卫生部　　　　　　　　　B. 食品药品监督管理机构
 C. 人口与计划生育管理委员会　　　D. 国境卫生检疫机关
 E. 工商管理机关

3. 由国家特定的专门机关对违法者依其应付的法律责任所给予的惩罚措施是 （ ）
 A. 违法主体　　　　　　　　　　　B. 法律后果
 C. 责任行为　　　　　　　　　　　D. 法律制裁
 E. 民事行为

4. 当事人对追究的行政责任不服,可以依法向上一级行政机关提出 （ ）
 A. 不执行行政处理　　　　　　　　B. 申请行政复议
 C. 申请民事诉讼　　　　　　　　　D. 对行政处理拖延
 E. 要求协商处理

5. 对违反卫生法律法规施行行政处罚的机关是 （ ）
 A. 各级卫生行政主管部门　　　　　B. 各级党的纪律检查部门
 C. 各级人民检察院　　　　　　　　D. 各级行政监察机关
 E. 各级人民法院

6. 卫生法中民事责任的主要特征是 （ ）
 A. 警告　　　　　　　　　　　　　B. 罚款
 C. 记过　　　　　　　　　　　　　D. 降级
 E. 赔偿

7. 下列哪一项不能列入卫生行政诉讼的受案范围 （ ）
 A. 卫生行政机关开除员工　　　　　B. 卫生行政机关没收相对人财产
 C. 卫生行政机关拒绝发放卫生许可证　D. 卫生行政机关逾期未对医疗
 E. 当事人对卫生行政机关做出的医疗事故处理决定不服

8. 卫生行政强制执行的执行机构是 （ ）
 A. 卫生行政机关　　　　　　　　　B. 人民法院
 C. 公安机关　　　　　　　　　　　D. 工商局
 E. 人民检察院

9. 关于行政诉讼和行政复议的论述,正确的是 （ ）
 A. 行政复议和行政诉讼都是司法行为
 B. 行政复议和行政诉讼都采用二审终审
 C. 若申请人已向法院提起行政诉讼且法院已经受理,则不得申请行政复议
 D. 申请人可以任意选择行政复议或者行政诉讼
 E. 行政复议和行政诉讼都是审查具体行政行为的合法性

10. 卫生行政诉讼的原告必须是 （ ）
 A. 卫生行政管理的相对人　　　　　B. 合法权益受到侵害的人
 C. 卫生行政机关的基层工作人员　　D. 卫生行政机关收到行政处分的工作人员
 E. 卫生行政管理相对人中的组织或团体

参考答案:1. E　2. E　3. D　4. B　5. A　6. E　7. A　8. B　9. E　10. B

(河南医学高等专科学校　杜建芳)

第二章 医务人员与医疗卫生机构管理法律制度

学习要点

医务人员是依法取得相应资格,经注册许可提供医疗卫生技术服务工作的专业人员,主要包括医师、护士。本章主要内容为医师、护士的执业注册、权利义务、执业规则,以及相关法律责任。

医疗卫生机构是依法成立,取得执行医疗卫生事务的资格,从事医疗、预防、保健、监督、管理工作的社会组织,主要包括医疗机构、疾病预防控制机构。本章主要内容为医疗机构执业登记、执业规则、处方、病历管理,急救医疗机构、康复医疗机构和社区卫生服务机构等的职责。

情境引入

医务人员就职于特定的医疗卫生机构,提供疾病治疗、预防保健、疾病防控、卫生免疫等具体的工作,需要了解基本的医务法律常识。学习医疗卫生职业的法律规范、医疗卫生机构的社会法律规则,是基本的要求。

第一节 执业医师法律制度

执业医师法是国家制定的规范医师的执业条件、权利义务、执业规则、考核培训及法律责任的法律制度的总称。狭义的执业医师法是指1998年6月26日第九届全国人大常务委员会第三次会议通过,自1999年5月1日起施行的《中华人民共和国执业医师法》。它是医师依法行医、依法执业的基本法,对于加强我国医师队伍建设,提高医师的职业道德和业务素质,保障医师的合法权益,保护人民健康具有非常重要的作用。

为了贯彻实施执业医师法,1999年卫生部成立了国家医师资格考试委员会,发布了《医师资格考试暂行办法》《医师执业注册暂行办法》《关于医师执业中执业范围的暂行规定》《医疗机构从业人员行为规范》《医师定期考核管理办法》等配套规章,使我国的医师管理走上了法制化、规范化的轨道。

执业医师法的适用对象是医师。医师是指依法取得执业医师资格或者执业助理医师资格,经注册取得医师执业证书,在医疗、预防、保健服务机构及计划生育技术服务机构中执业的专业医务人员。国务院卫生行政部门主管全国的医师工作,县级以上地方人民政府卫生行政部门负责管理本行政区域内的医师工作。

一、执业医师资格取得与注册

(一)医师资格考试的条件

国家实行医师资格考试制度,分为执业医师资格考试和执业助理医师资格考试。

具备下列条件之一,可以参加执业医师资格考试:①具有高等学校医学专业本科以上学历,在执业医师指导下,在医疗、预防、保健机构中试用期满1年的;②取得执业助理医师执业证书后,具有高等学校医学专科学历,在医疗、预防、保健机构中工作满2年的;具有中等专业学校医学专业学历,在医疗、预防、保健机构中工作满5年的。

具有高等学校医学专科学历或中等专业学校医学专业学历,在执业医师指导下,在医疗、预防、保健机构中试用期满1年的,可以参加执业助理医师资格考试。以师承方式学习传统医学满3年或者经多年实践医术确有专长的,经县级以上卫生行政部门确定的传统医学专业组织或者医疗、预防、保健机构考核合格并推荐,可以参加执业医师资格或者执业助理医师资格考试。

(二)医师资格考试的组织管理

医师资格统一考试的办法,由国务院卫生行政部门制定。医师资格考试实行国家统一考试,每年举行一次。考试时间由卫计委医师资格考试委员会确定,提前3个月向社会公告。医师资格考试考务管理实行国家医学考试中心、考区、考点三级负责制。国家医学考试中心在卫计委和卫计委医师资格考试委员会领导下,具体负责医师资格考试的技术性工作。医师资格考试由省级以上人民政府卫生行政部门组织。

医师资格考试是评价申请医师资格者是否具备执业所必需的专业知识与技能的考试,是在我国取得医师资格的唯一方式。考试类别分为临床、中医(包括中医、民族医、中西医结合)、口腔、公共卫生四类。考试方式分为实践技能考试和医学综合笔试。

已经取得执业助理医师执业证书,报考执业医师资格的,可以免于实践技能考试。实践技能考试合格的考生应持实践技能考试合格证明参加医学综合笔试。考试成绩合格的,授予执业医师资格或执业助理医师资格,由省级卫生行政部门颁发卫生部统一印制的医师资格证书。

二、执业医师的注册

国家实行医师执业注册制度。取得医师资格的,可以向所在地县级以上人民政府卫生行政部门申请注册。医疗、预防、保健机构可以为本机构中的医师集体办理注册手续。医师经注册后,可以从事相应的医疗、预防、保健业务,未经医师注册取得执业证书,不得从事医师执业活动。

(一)申请注册

凡取得执业医师资格或者执业助理医师资格的,均可在所在县级以上卫生行政部门申请医师执业注册。注册主管部门应当自收到注册申请之日起30天内,对申请人提交的申请材料进行审核。经审核合格的,主管部门予以注册,并发给卫生部统一印制的医师执业证书。

有下列情形之一的,应当重新申请注册:①中止医师执业活动2年以上的;②法定的不予注册的情形消失的。重新申请注册的人员,应当首先到县级以上卫生行政部门指定的医疗、预防、保健机构或组织接受3~6个月的培训,经考核合格,方可依照法律的规定重新申请执业注册。

医师经注册取得医师执业证书后,按照注册的执业地点、执业类别、执业范围,从事相应的医疗、预防、保健活动。未经注册取得医师执业证书者,不得从事医疗、预防、保健活动。

(二)不予注册

有下列情形之一的,不予注册:①不具有完全民事行为能力的;②因受刑事处罚,自刑罚执行完毕之日起至申请注册之日止不满2年的;③受吊销医师执业证书行政处罚,自处罚决定之日起至申请注册之日止不满2年的;④甲类和乙类传染病传染期、精神病发病期及身体残疾等健康状况不适宜或者不能胜任医疗、预防、保健业务工作的;⑤重新申请注册,经卫生行政部门指定机构或组织考核不合格的;⑥卫生部规定不宜从事医疗、预防、保健业务的其他情形的。

受理申请的卫生行政部门对不符合条件不予注册的,应当自收到申请之日起30天内书面通知申请人,并说明理由。申请人有异议的,可以自收到通知之日起15天内,依法申请行政复议或者向人民法院提起行政诉讼。

(三)注销注册

医师注册后有下列情形之一的,其所在的医疗、预防、保健机构应当在30天内报告准予注册的卫生行政部门,卫生行政部门应当注销注册,收回医师执业证书:①死亡或者被宣告失踪的;②受刑事处罚的;③受吊销医师执业证书行政处罚的;④因考核不合格,暂停执业活动期满,经培训后再次考核仍不合格的;⑤中止医师执业活动满2年的;⑥身体健康状况不适宜继续执业的;⑦有出借、出租、抵押、转让、涂改医师执业证书行为的;⑧卫生部规定不宜从事医疗、预防、保健业务的其他情形的。

(四)变更注册

医师变更执业地点、执业类别、执业范围等注册事项的,应当到准予注册的主管部门办理变更注册手续,并提交医师变更执业注册申请审核表、医师资格证书、医师执业证书及省级以上卫生行政部门规定提交的其他材料。但是,经医疗、预防、保健机构批准的卫生支农、医疗会诊、培训进修、学术交流,以及政府交办的任务和卫生行政部门批准的义诊等除外。

医师申请变更执业注册事项属于原注册主管部门管辖的,申请人应到原注册主管部门申请变更手续;如果申请变更执业注册事项不属于原注册主管部门管辖的,申请人应该先到原注册主管部门申请变更注册事项和医师执业证书编码,然后到拟执业地点注册主管部门申请办理变更执业注册手续。

跨省、自治区、直辖市变更执业注册事项的,除以上规定外,新的执业地点注册主管部门在办理执业注册手续时,应收回原医师执业证书,并发给新的医师执业证书。

注册主管部门应当自收到变更注册申请之日起30天内办理变更注册手续。对因不符合变更注册条件不可变更的,应当自收到变更注册申请之日起30天内书面通知申请人,并说明理由。申请人如有异议的,可以依法申请行政复议或者向人民法院提起诉讼。

三、执业医师的权利和义务

(一)医师的权利

医师权利是指取得医师资格、依法注册的医师,在执业活动中依法享有的权利。医师在执业活动中享有以下权利:①在注册的执业范围内,进行医学诊查、疾病调查、医学处置,出具相应的医学证明文件,选择合理的医疗、预防、保健方案;②按照卫生部规定的标准,获得与本人执业活动相当的医疗设备基本条件;③从事医学研究、学术交流,参加专业学术团体;④参加专业培训,接受继续医学教育;⑤在执业活动中,人格尊严、人身安全不受侵犯;⑥获取工资报酬和津贴,享受国家规定的福利待遇;⑦对所在机构的医疗、预防、保健工作和卫生行政部门的工作提出意见和建议,依法参与所在机构的民主管理;⑧医师可以依法组织和参加医师协会。

(二)医师的义务

医师义务是指医师在执业活动中必须承担的责任。医师在执业活动中,应履行下列义务:①遵守法律、法规,遵守技术操作规范;②树立敬业精神,遵守职业道德,履行医师职责,尽职尽责为患者服务;③关心、爱护、尊重患者,保护患者的隐私;④努力钻研业务,更新知识,提高专业技术水平;⑤宣传卫生保健知识,对患者进行健康教育。

四、医师的执业规则

医师执业应当遵守以下规则。①医师实施医疗、预防、保健措施,签署有关医学证明文件,必须亲自诊查、调查,并按照规定及时填写医学文书,不得隐匿、伪造或者销毁医学文书及有关资料;不得出具与自己执业范围无关或者与执业类别不相符的医学证明文件。②对急危患者,医师应当采取紧急措施进行诊治,不得拒绝急救处置。③医师应当使用经国家有关部门批准使用的药品、消毒药剂和医疗器械;除正当诊断治疗外,不得使用麻醉药品、医疗用毒性药品、精神药品和放射性药品。④医师应当如实向患者或者其家属介绍病情,但应注意避免对患者产生不利后果;医师进行试验性临床医疗,应当经医院批准并征得患者本人或者其家属同意。⑤医师不得利用职务之便,索取、非法收受患者财物或者牟取其他不正当权益。⑥遇有自然灾害、传染病流行、突发重大伤亡事故及其他严重威胁人民生命健康的紧急情况时,医师应当服从县级以上卫生行政部门的调遣。⑦医师发生医疗事故或者发现传染病疫情时,应当按照有关规定及时向所在机构或者卫生行政部门报告;发现患者涉嫌伤害事件或者非正常死亡时,应当按照有关规定向有关部门报告。⑧执业助理医师应当在执业医师指导下,在医疗、预防、保健机构中按照其执业类别执业。在乡、民族乡、镇的医疗、预防、保健机构中工作的执业助理医师,可以根据医疗诊治的情况和需要,独立从事一般的执业活动。

五、医师的考核和培训

县级以上卫生行政部门负责指导、检查和监督医师考核工作。医师考核实行定期考核，每两年为一个考核周期，平时考核是定期考核的依据。卫生部主管全国医师定期考核管理工作。县级以上地方人民政府卫生行政部门主管其负责注册的医师，定期考核工作。医师考核内容包括：①业务水平，医师从事本职工作所具备的知识和技能；②工作成绩，医师完成工作的数量和质量；③职业道德，医师是否遵守医德规范和卫生法规。其中，业务水平测试由考核机构负责，工作成绩和职业道德评定由医师所在医疗、预防、保健机构负责，考核机构复核。

受县级以上卫生行政部门委托的医疗、预防、保健机构或者医疗机构评审委员会，医师协会或者其他医学专业组织负责对医师进行考核。这些受委托的考核机构名单应当公布，并逐级上报至卫生部备案。考核机构应具备下列条件：①设有100张以上床位的医疗机构；②医师人数在50人以上的预防、保健机构；③具有健全组织机构的医疗卫生行业、学术组织。考核机构负责组织、实施和考核结果评定，应当成立专门的考核委员会，并应由具有中级以上专业技术职务的医学专业技术人员和有关医疗卫生管理人员组成。考核机构及相关工作人员在医师考核工作中存在不履行职责、弄虚作假、显失公平等行为的，由卫生行政管理部门负责监督和处罚。

考核结果分为合格和不合格。工作成绩、职业道德和业务水平中任何一项不能通过评定或测评的，即为不合格。另外，医师在考核周期内按规定通过住院医师规范化培训或通过晋升上一级专业技术职务考试，可视为业务水平测试合格，考核时仅考核工作成绩和职业道德。

考核机构应当将考核结果报告准予注册的卫生行政部门备案。对考核不合格的医师，县级以上卫生行政部门可以责令其暂停执业活动3~6个月，并接受培训和继续医学教育。暂停执业活动期满，再次进行考核，对考核合格的，允许其继续执业；对考核不合格的，由县级以上卫生行政部门注销注册，收回医师执业证书。

医师在考核周期内有下列情形之一的，考核机构应当认定为考核不合格：①在发生的医疗事故中负有完全或主要责任的；②未经所在机构或者卫生行政部门批准，擅自在注册地点以外的医疗、预防、保健机构进行执业活动的；③跨执业类别进行执业活动的；④代他人参加医师资格考试的；⑤在医疗卫生服务活动中索要患者及其亲友财物或者牟取其他不正当利益的；⑥索要或者收受医疗器械、药品、试剂等生产、销售企业或者工作人员给予的回扣、提成或者牟取其他不正当利益的；⑦通过介绍患者到其他单位检查、治疗或者购买药品、医疗器械等收取回扣或者提成的；⑧出具虚假医学证明文件，参与虚假医疗广告宣传和药品医疗器械促销的；⑨未按照规定执行医院感染控制任务，未有效实施消毒或者无害化处置，造成疾病传播、流行的；⑩故意泄露传染病患者、病原携带者、疑似传染病患者、密切接触者涉及个人隐私的有关信息、资料的；⑪疾病预防控制机构的医师未依法履行传染病监测、报告、调查、处理职责，造成严重后果的；⑫考核周期内，有一次以上医德考评结果为医德较差的；⑬无正当理由不参加考核，或者扰乱考核秩序的；⑭违反执业医师法有关规定，被行政处罚的。

县级以上卫生行政部门应当制定医师培训计划，对医师进行多种形式的培训，为医师接受继续医学教育提供条件；县级以上卫生行政部门应当采取有力措施，对在农村和少数民族地区从事医疗、预防、保健业务的医务人员实施培训。医疗、预防、保健机构应当按照规定和计划保证本机构医师的培训和继续医学教育。县级以上卫生行政部门委托的承担医师考核任务的医疗卫生机构，应当为医师的培训和接受继续医学教育提供和创造条件。

六、相关法律责任

(一) 行政责任

以不正当手段取得医师执业证书的，由发给证书的卫生行政部门吊销；对负有直接责任的主管人员和其他直接责任人员，依法给予行政处分。

医师在执业活动中有下列行为之一的，由县级以上卫生行政部门给予警告或者责令暂停6个月以上1年以下执业活动；情节严重的，吊销其执业证书：①违反卫生行政规章制度或者技术操作规范，造成严重后果的；②由于不负责任延误危及患者的抢救和诊治，造成严重后果的；③造成医疗责任事故的；④未经亲自诊查、调查签署诊断、治疗、流行病学等证明文件或者有关出生、死亡证明文件的；⑤隐匿、伪造或者擅自销毁医学文书及有关资料的；⑥使用未经批准使用的药品、消毒药剂和医疗器械的；⑦不按照规定使用麻醉药品、医疗用毒性药品、精神药品和放射性药品的；⑧未经患者或者其家属同意，对患者进行试验性临床医疗的；⑨泄露患者隐私，造成严重后果的；⑩利用职务之便，索取、非法收受患者财务或者谋取其他不正当利益的；⑪发生自然灾害、传染病流行、突发重大伤亡事故及其他严重威胁人民生命健康的紧急情况时，不服从卫生行政部门调遣的；⑫发生医疗事故或者发现传染病疫情，患者涉嫌伤害事件或者非正常死亡，不按规定报告的。

未经批准擅自开办医疗机构行医或者非医师行医的，有县级以上卫生行政部门予以取缔，没收其违法所得及其药品、器械，并处10万元以下的罚款；对医师吊销其执业证书。

阻碍医师依法执业，侮辱、诽谤、威胁、殴打医师或者侵犯医师人身自由、干扰医师正常工作、生活的，依照治安管理处罚条例的规定给予治安行政处罚。

医疗、预防、保健机构对属于注销注册情形而未履行报告职责，导致严重后果的。由县级以上卫生行政部门给予警告，并对该机构的主要负责人依法给予行政处分。

卫生行政部门工作人员或者医疗、预防、保健机构工作人员违反执业医师法的有关规定，弄虚作假、玩忽职守、滥用职权、徇私舞弊，尚不构成犯罪的，依法给予行政处分。

(二) 民事责任

医师在医疗、预防、保健工作中造成就诊人损害的，依照法律或者国家有关规定处理。

未经批准擅自开办医疗机构行医或者非医师行医，给患者造成损害的，依法承担赔偿责任。

(三) 刑事责任

违反执业医师法，构成犯罪的，依法追究刑事责任的主要有以下几种：

1.医疗事故罪 《刑法》第三百三十五规定,医务人员由于严重不负责任,造成就诊人死亡或者严重损害就诊人身体健康的,处3年以下有期徒刑或者拘役。

2.非法行医罪 《刑法》第三百三十六条第一款规定,未取得医师执业资格的人非法行医,情节严重的,处3年以下有期徒刑、拘役或者管制,并处或者单处罚金。严重损害就诊人身体健康的,处3年以上10年以下有期徒刑并处罚金。造成就诊人死亡的,处10年以上有期徒刑并处罚金。

3.非法进行节育手术罪 《刑法》第三百三十六条第二款规定,未取得医师执业资格的人擅自为他人进行节育复通手术、假节育手术、终止妊娠手术或者摘取宫内节育器,情节严重的,处3年以下有期徒刑、拘役或者管制,并处或者单处罚金;严重损害就诊人身体健康的,处3年以上10年以下有期徒刑,并处罚金;造成就诊人死亡的,处10年以上有期徒刑,并处罚金。

另外,阻碍医师依法执业,侮辱、诽谤、威胁、殴打医师或侵犯医师人身自由、干扰医师正常工作、生活,构成犯罪的,依法追究刑事责任。

相关法律司法解释链接:

1.《最高人民法院关于审理非法行医刑事案件具体应用法律若干问题的解释》(2008年4月29日 法释【2008】5号)

为依法惩处非法行医犯罪,保障公民身体健康和生命安全,根据《刑法》的有关规定,现对审理非法行医刑事案件具体应用法律的若干问题解释如下:

第一条 具有下列情形之一的,应认定为《刑法》第三百三十六条第一款规定的"未取得医生执业资格的人非法行医":

(一)未取得或者以非法手段取得医师资格从事医疗活动的;

(二)个人未取得《医疗机构执业许可证》开办医疗机构的;

(三)被依法吊销医师执业证书期间从事医疗活动的;

(四)未取得乡村医生执业证书,从事乡村医疗活动的;

(五)家庭接生员实施家庭接生以外的医疗行为的。

第二条 具有下列情形的,应认定为刑法第三百三十六条第一款规定的"情节严重":

(一)造成就诊人轻度残疾、器官组织损伤导致一般功能障碍的;

(二)造成甲类传染病传播、流行或者有传播、流行危险的;

(三)使用假药、劣药或不符合国家规定标准的卫生材料、医疗器械,足以严重危害人体健康的;

(四)非法行医被卫生行政部门行政处罚两次以后,再次非法行医的;

(五)其他情节严重的情形。

第三条 具有下列情形之一的,应认定刑法第三百三十六条第一款规定的"严重损害就诊人身体健康":

(一)造成就诊人中度以上残疾、器官组织损伤导致严重功能障碍的;

(二)造成3名以上就诊人轻度残疾、器官组织损伤导致一般功能障碍的。

第四条 实施非法行医罪,同时构成生产、销售假药罪、生产、销售劣药罪,诈骗罪等其他犯罪的,依照刑法处罚较重的规定定罪处罚。

第五条 本解释所称"轻度残疾、器官组织损伤导致一般功能障碍""中度以上残疾、器官组织损伤导致严重功能障碍",参照卫生部《医疗事故分级标准(试行)》认定。

2. 卫生部关于医师执业注册有关问题的批复

(2006年12月26日 卫政法发【2006】502号)

上海市卫生局:

你局《关于医师执业注册有关问题的请示》(沪卫法规【2006】19号)收悉。经研究,现批复如下:

一、对取得医师执业证书前发生了医疗事故的人员,卫生行政部门应当根据《中华人民共和国执业医师法》第十六条第一款第(六)项的规定,注销注册,收回其医师执业证书。

二、对未取得医师执业证书的人员发生了医疗事故,又申请医师执业注册的,卫生行政部门应当根据《中华人民共和国执业医师法》第十五条第一款第(四)项的规定不予注册。不予注册的期限为六个月以上一年以下。

三、对未取得医师执业证书而涉及有关医疗事故争议但尚未定性,又提出医师执业注册申请的人员,卫生行政部门可以中止其注册,待医疗事故争议定性后再作出决定。

3. 卫生部关于非法行医有关问题的批复

(2007年6月7日 卫政法发【2007】185号)

甘肃省卫生厅:

你厅《关于非法行医有关问题的请示》(甘卫法监函【2007】15号)收悉。经研究,现批复如下:

已取得《医师资格证书》,并具备申请执业医师注册条件的医师,非本人原因导致未获得《医师执业证书》前,在其受聘的医疗预防保健机构和工作时间内的执业活动不属于非法行医。

此复。

连恩青故意杀人案
——因怀疑治疗不当杀死医生,罪行极其严重

2012年3月,连恩青因鼻部疾病,在浙江省温岭市第一人民医院就诊时接受了该医院耳鼻喉科医生蔡朝阳的手术治疗。此后,连恩青认为手术效果不佳,多次到该医院复查、投诉,并要求再次手术未果。尽管期间连恩青多次到其他医院就诊,均诊断其鼻部无异常,但仍对蔡朝阳和温岭市第一人民医院处理投诉事宜的耳鼻喉科医生王云杰(被害人,殁年45岁)及为其进行CT检查的医生林海勇心生怨恨,欲谋报复杀人。2013年10月25日8时许,连恩青携带事先准备好的木柄铁锤、尖刀,来到温岭市第一人民医院门诊大楼五楼耳鼻喉科,见王云杰、蔡朝阳分别在各自的诊室坐诊,遂进入王云杰诊室,持铁锤击打王云杰头部。因铁锤木把断裂,铁锤头掉落在地,连恩青又掏出尖刀捅刺王云杰,并追赶王

云杰至同楼层的口腔科诊室处,连续捅刺王云杰胸腹部、背部等处,还持刀捅刺劝阻其行凶的该医院医生王伟杰(被害人,时年59岁)右腋下一刀,在摆脱王伟杰阻拦后再次捅刺王云杰胸部。随后,连恩青持刀返回耳鼻喉科门诊寻找蔡朝阳,见蔡朝阳诊室房门已被锁住无法进入,便用尖刀刀柄敲碎诊室门玻璃后离开,接着,连恩青持刀来到该医院放射科一楼CT室操作间寻找林海勇,误将CT室医生江晓勇(被害人,时年39岁)认作林海勇,即上前捅刺江晓勇胸腹部3刀。连恩青被在场人员及闻讯赶来的保安当场抓获。王云杰因被刺致心脏、肺动脉及肺破裂,经抢救无效于当日死亡;江晓勇的损伤构成重伤。

本案由浙江省台州市中级人民法院一审,浙江省高级人民法院二审。最高人民法院对本案进行了死刑复核。

法院经审理认为,被告人连恩青因对医院的治疗效果和投诉处理事宜不满,到医院持械行凶,故意非法剥夺医生生命,致1人死亡、2人受伤,其行为已构成故意杀人罪。连恩青犯罪性质特别恶劣,手段特别残忍,情节、后果特别严重,应依法惩处。据此,依法对被告人连恩青判处并核准死刑。

罪犯连恩青已于2015年5月25日被依法执行死刑。

(河南医学高等专科学校 杜建芳)

第二节 护士法律制度

一、概述

护士是指通过护士执业资格考试,经注册取得护士执业证书,依法从事护理活动,履行保护生命、减轻痛苦、增进健康职责的卫生技术人员。为了维护护士的合法权益,规范护理行为,促进护理事业发展,保障医疗安全和人体健康,国务院于2008年1月31日发布了《护士条例》,自2008年5月12日起施行。卫生部据此颁布了《护士执业注册管理办法》《护士执业资格考试办法》。

二、护士执业资格考试和执业注册

(一)护士执业资格考试

国家护士执业资格考试是评价申请护士执业资格者是否具备执业所必需的护理专业知识与工作能力的考试。在中等职业学校、高等学校完成国务院教育主管部门和国务院卫生主管部门规定的普通全日制3年以上的护理、助产专业课程学习,包括在教学、综合医院完成8个月以上护理临床实习,并取得相应学历证书的,可以申请参加护士执业资格考试。

护士执业资格考试实行国家统一考试制度。统一考试大纲,统一命题,统一合格标准。护士执业资格考试包括专业实务和实践能力两个科目。一次考试通过两个科目为考试成绩合格。考试成绩合格者,取得考试成绩合格证明,作为申请护士执业注册的有效证明。

具有护理、助产专业中专和大专学历的人员,参加护士执业资格考试并成绩合格,可取得护理初级(士)专业技术资格证书;在达到《卫生技术人员职务试行条例》规定的护师专业技术职务任职资格年限后,可直接聘任护师专业技术职务。

(二)护士执业注册

1. 注册申请　护士执业应当经执业注册取得护士执业证书,方可按照注册的执业地点从事护理工作。未经执业注册取得护士执业证书者,不得从事诊疗技术规范规定的护理活动。

申请护士执业注册,应当具备下列条件:①具有完全民事行为能力;②在中等职业学校、高等学校完成国务院教育主管部门和国务院卫生主管部门规定的普通全日制3年以上的护理、助产专业课程学习,包括在教学、综合医院完成8个月以上护理临床实习,并取得相应学历证书;③通过国务院卫生主管部门组织的护士执业资格考试;④符合国务院卫生主管部门规定的健康标准,即无精神病史,无色盲、色弱、双耳听力障碍;⑤无影响履行护理职责的疾病、残疾或者功能障碍。

2. 申请时限　护士执业注册申请,应当自通过护士执业资格考试之日起3年内提出;逾期提出申请的,除应当具备规定的条件外,还应当在符合国务院卫生主管部门规定条件的医疗卫生机构接受3个月临床护理培训并考核合格。护士被吊销执业证书的,自执业证书被吊销之日起2年内不得申请执业注册。

3. 注册机关和有效期　申请护士执业注册的,应当向拟执业地省、自治区、直辖市人民政府卫生主管部门提出申请。收到申请的卫生主管部门应当自受到申请之日起20个工作日内做出决定,对具备规定条件的,准予注册,并发给护士执业证书;对不具备规定条件的,不予注册,并书面说明理由。护士执业注册有效期为5年。

4. 注册变动　执业注册的变动,包括变更注册、延续注册、重新注册和注销注册。

(1)变更注册　护士在其执业注册有效期内变更执业地点等注册事项的,应当向拟执业地省、自治区、直辖市人民政府卫生主管部门报告。收到报告的卫生主管部门应当自收到报告之日起7个工作日内为其办理变更手续。护士跨省、自治区、直辖市变更执业地点的,收到报告的卫生主管部门还应当向其原执业地省、自治区、直辖市人民政府卫生主管部门通报。

(2)延续注册　护士执业注册有效期届满需要继续执业的,应当在护士执业注册有效期届满前30天向执业地省、自治区、直辖市人民政府卫生主管部门申请延续注册。受到申请的卫生主管部门对具备注册条件的,准予延续,延续执业注册有效期为5年;对不具备本注册条件的,不予延续,并书面说明理由。

(3)重新注册　有下列情形之一的,拟在医疗卫生机构执业时,应当重新申请注册:①注册有效期届满未延续注册的;②受吊销护士执业证书处罚,自吊销之日起满2年的。重新申请注册的,按照规定提交材料;中断护理执业活动超过3年的,还应当提交在省、自治区、直辖市人民政府卫生行政部门规定的教学、综合医院接受3个月临床护理培训并考核合格的证明。

(4)注销注册　护士执业注册后有下列情形之一的,原注册部门办理注销执业注册:①注册有效期届满未延续注册;②受吊销护士执业证书处罚;③护士死亡或者丧失民事行为能力。

三、护士的权利义务

(一)护士的权利

护士在执业活动中享有以下权利。①依法执业受法律保护,人格尊严、人身安全不受侵犯。②有按照国家有关规定获取工资报酬、享受福利待遇、参加社会保险的权利。任何单位或者个人不得克扣护士工资,降低或者取消护士福利等待遇。③有获得与其所从事的护理工作相适应的卫生防护、医疗保健服务的权利。从事直接接触有害有毒物质、有感染传染病危险工作的护士,有依照有关法律、行政法规的规定接受职业健康监护的权利;患职业病的,有依照有关法律、行政法规的规定获得赔偿的权利。④有按照国家有关规定获得与本人业务能力和学术水平相应的专业技术职务、职称的权利;有参加专业培训、从事学术研究和交流、参加行业协会和专业学术团体的权利。⑤有获得疾病诊疗、护理相关信息的权利和其他与履行护理职责相关的权利,可以对医疗卫生机构和卫生主管部门的工作提出意见和建议。

(二)护士的义务

护士在执业活动中履行以下义务。①应当遵守法律、法规、规章和诊疗技术规范的规定。②在执业活动中发现患者病情危急,应当立即通知医师;在紧急情况下为抢救垂危患者生命,应当先行实施必要的紧急救护。发现医嘱违反法律、法规、规章或者诊疗技术规范规定的,应当及时向开具医嘱的医师提出;必要时,应当向该医师所在科室的负责人或者医疗卫生机构负责医疗服务管理的人员报告。③应当尊重、关心、爱护患者,保护患者的隐私。④有义务参与公共卫生和疾病预防控制工作。发生自然灾害、公共卫生事件等严重威胁公众健康的突发事件,护士应当服从县级以上人民政府卫生主管部门或者所在医疗卫生机构的安排,参加医疗救护。

四、护士的管理

(一)医疗卫生机构的职责

护士都是在一定的医疗卫生机构中执业,护士权利的实现有赖于医疗卫生机构提供保障,护士义务的履行需要医疗卫生机构直接进行监督。因此,医疗卫生机构应当依法承担以下职责。

1.按照标准配备护士　护士配备是否合理,直接关系到医院的工作质量,更直接影响护理质量、患者安全。因此,医疗卫生机构配备护士的数量不得低于国务院卫生主管部门规定的护士配备标准。尚未达到护士配备标准的医疗卫生机构,应当依法在规定时期内达到护士配备标准。

2.保障护士合法权益

(1)应当为护士提供卫生防护用品,并采取有效的卫生防护措施和医疗保健措施。

(2)应当执行国家有关工资、福利待遇等规定,按照国家有关规定为在本机构从事护理工作的护士足额缴纳社会保险费用。

(3)对在艰苦边远地区工作,或者从事直接接触有毒有害物质、有感染传染病危险工作的护士,所在医疗卫生机构应当按照国家有关规定给予津贴。

(4)应当制定、实施本机构护士在职培训计划,并保证护士接受培训;根据临床专科护理发展和专科护理岗位的需要,开展对护士的专科护理培训。

3.护士执业管理

(1)应当按照卫生部的规定,设置专门机构或者配备专(兼)职人员负责护理管理工作;不得允许未取得护士执业证书的人员、未依照规定办理执业地点变更手续的护士以及护士执业注册有效期满未延续执业注册的护士从事诊疗技术规范规定的护理活动;在教学、综合医院进行护理临床实习的人员应当在护士指导下开展有关工作。

(2)应当建立护士岗位责任制并进行监督检查。护士因不履行职责或者违反职业道德受到投诉的,其所在医疗卫生机构应当进行调查;经查证属实的,医疗卫生机构应当对护士作出处理,并将调查处理情况告知投诉人。

(二)护士的监督管理

1.护士的监督管理机关　国务院卫生主管部门负责全国的护士监督管理工作。县级以上地方人民政府卫生主管部门负责本行政区域的护士监督管理工作,应当建立本行政区域的护士执业良好记录和不良记录,并将该记录记入护士执业信息系统。护士执业良好记录包括护士受到的表彰、奖励及完成政府指令性任务的情况等内容。护士执业不良记录包括护士因违反卫生管理法律、法规、规章或者诊疗技术规范的规定受到行政处罚、处分的情况等内容。

2.人民政府的管理责任　国务院有关部门、县级以上地方人民政府及其有关部门以及乡(镇)人民政府应当采取措施,改善护士的工作条件,保障护士待遇,加强护士队伍建设,促进护理事业健康发展;应当采取措施,鼓励护士到农村、基层医疗卫生机构工作。国务院有关部门对在护理工作中做出杰出贡献的护士,应当授予全国卫生系统先进工作者荣誉称号或者颁发白求恩奖章,受到表彰、奖励的护士享受省部级劳动模范、先进工作者待遇;对长期从事护理工作的护士应当颁发荣誉证书。具体办法由国务院有关部门制定。县级以上地方人民政府及其有关部门对本行政区域内做出突出贡献的护士,按照省、自治区、直辖市人民政府的有关规定给予表彰、奖励。

五、护理工作制度

(一)值班、交接班制度

1.护士必须实行24小时连续的轮班制,严格遵守医院规定的工作时数与护士长排班制度。

2.值班护士必须坚守岗位,严守劳动纪律,做到"四轻"(说话轻、走路轻、操作轻、开关门窗轻)、"十不"(不擅自离岗外出、不违反护士仪表规范、不带私人物品进入工作场所、不在公共场所内吃东西、不做私事、不打瞌睡不闲聊、不开手机、不与患者及探陪人员争吵、不接受患者馈赠、不利用工作之便谋私利)。

3.按时交接班,提前做好接班前的准备工作。在交接未清楚之前,交班者不得离开岗位。

4.掌握病室动态及患者的病情与心理状态,保证各项治疗护理工作准确及时地完成。

5.严格执行"十不交接",即衣着穿戴不整不交接;危重患者抢救时不交接;患者出入院或转科、死亡未处理好不交接;皮试结果未观察、未记录不交接;医嘱未处理完不交接;床边处置未做好不交接;物品、麻醉药品数目不清时不交接;清洁卫生未处理好不交接;未对下一班工作做好准备不交接;护理记录未写完不交接。

6.对患者实行逐个床头交接,如发现病情、处置交代不清和患者不在病房须立即查问。接班时发现的问题应由交班者负责,接班后发现的问题应由接班者负责。

7.交接班的内容包括病室患者的动态,患者的一般情况,医嘱执行情况,重症患者护理记录,各种检查标本采集,各项处置完成情况及尚待继续完成的各项工作;查看重症和生活不能自理患者的基础护理完成情况,检查皮肤情况,各种管道的护理,术后患者病情及伤口情况等;常规备用的贵重、毒、麻醉、限制药品的数量、保存及使用,抢救仪器及物品的备用状况;环境的整洁与安全,各项物品的处置情况。

8.交接班形式。集体早交班(医护集中、分开、集中与分开交替等形式酌情选用)、床头交班、口头交班、书面交班。集体早交班应限定在15~30 min完成。

(二)查对制度

1.医嘱应做到班班查对、每天总对,包括医嘱单、执行卡、各种标识(饮食、护理级别、过敏、隔离等)等,设有总查对登记本并签名。

2.各项医嘱处理后,应查对并签名。

3.执行医嘱须严格执行"三查七对"。三查即备药后查,服药、注射、处置前,服药、注射、处置后查;七对即对床号、姓名、药名、剂量、浓度、时间、用法。

4.药物准备后,应有第二人核对,确认无误后方可执行。

5.清点和使用药品时,要检查药品标签、批号和失效期,检查瓶盖及药瓶有无松动与裂缝,药液有无变色与沉淀,任何一项不符合标准,均不得使用。

6.麻醉药使用后要保留安瓿备查,同时在毒、麻醉药品管理记录本上登记并签全名。

7.输血前要经2人查对(查对品种、采血日期、血液有无凝血或溶血现象,血袋有无泄露、输血量、供血者与受血者的姓名与血型、交叉配血结果等),并在医嘱单、输血单上有2人的签名。输血过程中护士应注意输血反应,并且在血液输完后保留血袋24小时备查。

8.使用无菌物品和一次性无菌用物时,要检查包装和容器是否严密、干燥、清洁,灭菌日期、有效日期、灭菌效果指示标记是否达到要求,包内有无异物等。

(三)护理文书的基本规范

1.护理文书的概念 护理文书是指护理人员在护理活动过程中形成的文字、符号、图表等资料,包括三测单、护理记录、手术护理记录、长期医嘱单、长期医嘱执行单、临时医嘱单、入院告知书、入院患者护理评估、病室护理交班志等。

2. 护理文书的基本要求　护理文书是护理人员对病情观察和实施护理措施的原始文字记载,它是临床护理工作的重要组成部分,也是病历的重要组成部分。护理文书的基本要求如下。

(1)及时　记录必须及时,不得推迟、提早、漏记和未实施护理措施却弄虚作假记录。因抢救危重患者,未能及时书写记录时,当班护士应在抢救后6小时内据实补记,并加以注明。日期用公历年,时间用北京时间、24小时制记录。文书中使用的计量单位一律采用中华人民共和国法定计量单位。

(2)准确　记录的内容必须在时间、内容及可靠程度上客观、无误,特别是患者的主诉、病情的变化必须做详细、真实、客观描述。

(3)完整　记录表格各项内容都要填写,不留空白,特别是危重患者的护理记录单,对患者的病情变化、治疗情况、护理状况、特殊检查前后反应、请假外出、并发症先兆等都应详细完整记录,并保持其连续性。

(4)简要　尽可能记录患者住院期间的一切情况,记录内容要简明扼要、突出重点、避免含糊不清,应当使用中文和医学术语。通用的外文缩写和无正式译名的症状、体征、疾病名称等可以使用外文。

(5)清晰　严格要求使用红、蓝钢笔填写,文字工整,字迹清晰,表述准确,语句通顺,标点正确。书写过程中出现错字时,应当用双横线画在错字上,在划线的错字上方签全名,并应保持原记录清晰可辨。不随意涂改、剪贴和滥用简化字。不得采用刮、粘、涂等方法掩盖或去除原来的字迹。

3. 护理记录的格式　①眉栏内容:包括患者姓名、科室、住院病历号、页码、记录日期。②病情记录:将观察到的客观病情变化依时间顺序记录下来。③护理措施及效果:针对患者病情的变化,采取了何种护理措施,并对效果做出评价。必须做到实事求是,真实可靠,不得主观判断和预测。④记录者签名:第一横格栏签全名。实习护士、试用期护士书写的内容,应当经过本科室执业护士审阅、修改并签全名。

六、法律责任

(一)行政责任

1. 卫生主管部门的工作人员　未依照规定履行职责,在护士监督管理工作中滥用职权、徇私舞弊,或者有其他失职、渎职行为的,依法给予处分。

2. 医疗卫生机构的行政责任

(1)医疗卫生机构有下列情形之一的,由县级以上地方人民政府卫生主管部门依据职责分工责令限期改正,给予警告;逾期不改正的,根据国务院卫生主管部门规定的护士配备标准和在医疗卫生机构合法执业的护士数量,核减其诊疗科目,或者暂停其6个月以上1年以下执业活动;国家举办的医疗卫生机构有下列情形之一、情节严重的,还应当对负有责任的主管人员和其他直接责任人员依法给予处分:①护士的配备数量低于国务院卫生主管部门规定的护士配备标准的;②允许未取得护士执业证书的人员或者允许未依照规定办理执业地点变更手续、延续执业注册有效期的护士在本机构从事诊疗技术规范规定的护理活动的。

(2)医疗卫生机构有下列情形之一的,依照有关法律、行政法规的规定给予处罚;国家举办的医疗卫生机构有下列情形之一、情节严重的,还应当对负有责任的主管人员和其他直接责任人员依法给予处分:①未执行国家有关工资、福利待遇等规定的;②对在本机构从事护理工作的护士,未按照国家有关规定足额缴纳社会保险费用的;③未为护士提供卫生防护用品,或者未采取有效的卫生防护措施、医疗保健措施的;④对在艰苦边远地区工作,或者从事直接接触有毒有害物质、有感染传染病危险工作的护士,未按照国家有关规定给予津贴的。

(3)医疗卫生机构有下列情形之一的,由县级以上地方人民政府卫生主管部门依据职责分工责令限期改正,给予警告:①未制定、实施本机构护士在职培训计划或者未保证护士接受培训的;②未依照规定履行护士管理职责的。

3. 护士的行政职责　护士在执业活动中造成医疗事故的,依照医疗事故处理的有关规定承担行政责任。护士在执业活动中有下列情形之一的,由县级以上地方人民政府卫生主管部门依据职责分工责令改正,给予警告;情节严重的,暂停其6个月以上1年以下执业活动,直至由原发证部门吊销其护士执业证书:①发现患者病情危急未立即通知医师的;②发现医嘱违反法律、法规、规章或者诊疗技术规范的规定,未依照规定提出或者报告的;③泄露患者隐私的;④发生自然灾害、公共卫生事件等严重威胁公众生命健康的突发事件,不服从安排参加医疗救护的。

(二)刑事责任

卫生主管部门工作人员未履行监督职责,医疗卫生机构管理人员未履行管理职责,护士执业违法,构成犯罪的,依法追究相应的刑事责任。

(三)民事责任

护士在执业活动中造成医疗事故和其他医疗损害的,依法承担赔偿责任。

(河南医学高等专科学校　杜建芳)

第三节　医疗卫生机构管理法律制度

为加强对医疗机构的管理,促进医疗卫生事业的发展,保障公民健康,国务院于1994年2月26日发布了《医疗机构管理条例》(以下简称《条例》),自同年9月1日起施行。该《条例》共七章五十五条,明确规定了医疗机构设置审批部门及权限,并确立了医疗机构登记、执业监督、评审制度,为医疗机构法制化管理提供了法规保障。卫生部随后颁布了《医疗机构管理条例实施细则》《医疗机构设置规划指导原则》《医疗机构评审办法》《医疗机构基本标准(试行)》《医疗机构诊疗科目目录》等配套规章。

一、医疗机构的概念及类型

(一)医疗机构的概念

医疗机构是指依法定程序和条件设立的从事疾病诊断、治疗活动的卫生机构的总称。《医疗机构管理条例》和《医疗机构管理条例实施细则》所称医疗机构,是指根据

《医疗机构管理条例》和《医疗机构管理条例实施细则》的规定,经登记依法取得《医疗机构执业许可证》的机构。

医院、社区卫生服务中心(站)、卫生院、诊所、村卫生室,是我国医疗机构的主要形式,此外,还有疗养院、门诊部、卫生室及急救站等,共同构成了我国的医疗机构。

(二)医疗机构的类型

依据功能、任务、规模等,将医疗机构分为以下13类:①综合医院、中医医院、中西医结合医院、民族医院、专科医院、康复医院;②妇幼保健院、妇幼保健计划生育服务中心;③社区卫生服务中心(站);④中心卫生院、乡(镇)卫生院、街道卫生院;⑤疗养院;⑥综合门诊部、专科门诊部、中医门诊部、中西医结合门诊部、民族医门诊部;⑦诊所、中医诊所、民族医诊所、卫生所、医务室、卫生保健所、卫生站;⑧村卫生室(所);⑨急救中心、急救站;⑩临床检验中心、医学检验中心、病理诊断中心、医学影像诊断中心、血液透析中心、安宁疗护中心;⑪专科疾病防治院、专科疾病防治所、专科疾病防治站;⑫护理院、护理站;⑬其他诊疗机构。

医疗机构按其性质、社会功能及其承担的任务可分为:非营利性医疗机构和营利性医疗机构。所谓非营利性医疗机构,是指为社会公众利益服务而设立和运营的医疗机构。它不以营利为目的,其收入用于弥补医疗服务成本,实际运营中的收支结余只能用于自身的发展、改善医疗条件、引进先进技术、开展新的医疗服务项目等。所谓营利性医疗机构,是指医疗服务所得收益可作为投资者经济回报的医疗机构。政府不举办营利性医疗机构。目前,我国的医疗服务体系中,非营利性医疗机构占主导地位。

二、医疗机构的规划布局与设置审批

(一)医疗机构的规划布局

医疗机构设置规划是区域卫生规划的组成部分,是审批医疗机构的依据之一。县级以上地方人民政府应当把医疗机构设置规划纳入当地的区域卫生发展规划和城乡建设总体规划。县级以上地方人民政府卫生行政部门应当根据本行政区域内的人口、医疗卫生资源、医疗需求和现有医疗机构的分布状况,制定本行政区域医疗机构设置规划。

各省、自治区、直辖市应当按照当地《医疗机构设置规划》合理配置和合理利用医疗资源。《医疗机构设置规划》由县级以上地方卫生行政部门依据《医疗机构设置规划指导原则》制定,经上一级卫生行政部门审核,报同级人民政府批准,在本行政区域内发布实施。

各级地方卫生计生行政部门(含中医药行政部门)在同级政府领导下,具体负责《医疗机构设置规划》的制定和组织实施。省级和县级《医疗机构设置规划》要以设区的市级《医疗机构设置规划》为基础。

县级以上地方卫生行政部门按照《医疗机构设置规划指导原则》规定的权限和程序组织实施本行政区域《医疗机构设置规划》,定期评价实施情况,并将评价结果按年度向上一级卫生行政部门和同级人民政府报告。

(二)医疗机构的设置审批

医疗机构不分类别、所有制形式、隶属关系、服务对象,其设置必须符合当地《医疗机构设置规划》。医疗机构设置要充分发挥政府宏观调控和市场配置资源的作用,进一步促进医疗卫生资源优化配置,实现城乡医疗服务体系协调发展,医疗服务能力全面增强,医疗服务公平性与可及性有效提升。

医疗机构设置的基本原则有以下5个方面。

1. 公平可及原则　医疗机构服务半径适宜,交通便利,形成全覆盖医疗服务网络,布局合理。从实际医疗服务需求出发,面向城乡居民,注重科学性与协调性、公平与效率的统一,保障全体居民公平、可及地享有基本医疗卫生服务。

2. 统筹规划原则　各级各类医疗机构必须符合属地医疗机构设置规划和卫生资源配置标准,局部服从全局,提高医疗卫生资源整体效益。

3. 科学布局原则　明确和落实各级各类医疗机构功能和任务,实行"中心控制、周边发展",即严格控制医疗资源丰富的中心城区的公立医院数量,新增医疗机构鼓励在中心城区周边居民集中居住区,以及交通不便利、诊疗需求比较突出的地区设置。

4. 协调发展原则　根据医疗服务需求,坚持公立医院为主体,明确政府办医范围和数量,合理控制公立医院数量和规模。公立医院实行"综合控制、专科发展",控制公立综合医院不合理增长,鼓励新增公立医院以儿童、妇产、肿瘤、精神、传染、口腔等专科医院为主。促进康复、护理等服务业快速增长。

5. 中西医并重原则　遵循卫生计生工作基本方针,中西医并重,保障中医、中西医结合、民族医医疗机构的合理布局和资源配置,充分发挥中医在慢性病诊疗和康复领域的作用。

医疗机构的设置要符合相关条件:《医疗机构管理条例》规定,任何单位和个人申请设置医疗机构必须符合规定的条件,经县级以上卫生行政部门审查批准并取得《设置医疗机构批准书》,方可向有关部门申请办理相关手续。

1. 设置医疗机构的基本条件　申请设置医疗机构的基本条件主要包括:①符合当地医疗机构设置规划;②有与执业范围相适应的医务人员并且人员配备符合国家规定;③有与执业范围相适应的医疗业务用房,选址、布局合理并符合国家规定;④有与执业范围相适应的床位数、仪器设备;⑤有符合法定要求的资金;⑥有相应的规章制度;⑦能独立承担民事责任;⑧符合法律、法规规定的其他有关条件。

2. 个人诊所设置的条件　在城市设置诊所的个人,必须同时具备下列条件:①经医师执业技术考核合格,取得医师执业证书;②取得医师执业证书或者医师职称后,从事五年以上同一专业的临床工作;③省、自治区、直辖市卫生行政部门规定的其他条件。

在乡镇和村设置诊所的个人的条件,由省、自治区、直辖市卫生行政部门规定。

3. 不得申请设置医疗机构的情形　有下列情形之一的,不得申请设置医疗机构:①不能独立承担民事责任的单位;②正在服刑或者不具备完全民事行为能力的个人;③医疗机构在职、因病退职或者停薪留职的医务人员;④发生二级以上医疗事故未满五年的医务人员;⑤因违反有关法律、法规和规章,已被吊销执业证书的医务人员;⑥被吊销《医疗机构执业许可证》的医疗机构法定代表人或者主要负责人;⑦省、自治区、直辖市政府卫生行政部门规定的其他情形。

(三)医疗机构的审批程序

床位在100张以上的综合医院、中医医院、中西医结合医院、民族医医院及专科医院、疗养院、康复医院、妇幼保健院、急救中心、临床检验中心和专科疾病防治机构的设置审批权限的划分，由省、自治区、直辖市卫生行政部门规定；其他医疗机构的设置，由县级卫生行政部门负责审批。

医疗机构的设置审批要按照法定程序。

1. 申请　地方各级人民政府设置医疗机构，由政府指定或者任命的拟设医疗机构的筹建负责人申请；法人或者其他组织设置医疗机构，由其代表人申请；个人设置医疗机构，由设置人申请；两人以上合伙设置医疗机构，由合伙人共同申请。

申请设置医疗机构，应当提交下列文件：①设置申请书；②设置可行性研究报告；③选址报告和建筑设计平面图。

2. 受理与审批　县级以上地方人民政府卫生行政部门应当自受理设置申请之日起30天内，做出批准或者不批准的书面答复；批准设置的，发给《设置医疗机构批准书》。同时，向上一级卫生行政部门备案。

国家统一规划的医疗机构的设置，由国务院卫生行政部门决定。

机关、企业和事业单位按照国家医疗机构基本标准设置为内部职工服务的门诊部、诊所、卫生所(室)，报所在地的县级人民政府卫生行政部门备案。

申请设置医疗机构有下列情形之一的，不予批准：①不符合当地《医疗机构设置规划》；②设置人不符合规定的条件；③不能提供满足投资总额的资信证明；④投资总额不能满足各项预算开支；⑤医疗机构选址不合理；⑥污水、污物、粪便处理方案不合理；⑦省、自治区、直辖市卫生行政部门规定的其他情形。

三、医疗机构的执业登记与校验

(一)医疗机构的执业登记

医疗机构执业，必须进行登记，领取《医疗机构执业许可证》。

医疗机构执业登记的事项：①类别、名称、地址、法定代表人或者主要负责人；②所有制形式；③注册资金(资本)；④服务方式；⑤诊疗科目；⑥房屋建筑面积、床位(牙椅)；⑦服务对象；⑧职工人数；⑨执业许可证登记号(医疗机构代码)；⑩省、自治区、直辖市卫生行政部门规定的其他登记事项。

门诊部、诊所、卫生所、医务室、卫生保健所、卫生站除登记上述所列事项外，还应当核准登记附设药房(柜)的药品种类。

1. 登记条件　申请医疗机构执业登记，应当具备下列条件：①有设置医疗机构批准书；②符合医疗机构的基本标准；③有适合的名称、组织机构和场所；④有与其开展的业务相适应的经费、设施、设备和专业卫生技术人员；⑤有相应的规章制度；⑥能够独立承担民事责任。

2. 登记程序

(1)申请　申请医疗机构执业登记必须填写《医疗机构申请执业登记注册书》，并向登记机关提交下列材料：①《设置医疗机构批准书》或者《设置医疗机构备案回执》；②医疗机构用房产权证明或者使用证明；③医疗机构建筑设计平面图；④验资证明、资产评估报告；⑤医疗机构规章制度；⑥医疗机构法定代表人或者主要负责人及各科室负责人名录和有关资格证书、执业证书复印件；⑦省、自治区、直辖市卫生行政部门规定提交的其他材料。

申请门诊部、诊所、卫生所、医务室、卫生保健所和卫生站登记的,还应当提交附设药房(柜)的药品种类清单、卫生技术人员名录及其有关资格证书、执业证书复印件及省、自治区、直辖市卫生行政部门规定提交的其他材料。

(2)审核批准　县级以上地方人民政府卫生行政部门自受理执业登记申请之日起45日内,根据《条例》和医疗机构基本标准进行审查和实地考察、核实,并对有关执业人员进行消毒、隔离和无菌操作等基本知识和技能的现场抽查考核。经审核合格的,发给《医疗机构执业许可证》;审核不合格的,将审核结果和不予批准的理由以书面形式通知申请人。

3.登记的变更与注销　医疗机构变更名称、地址、法定代表人或主要负责人、所有制形式、服务对象、服务方式、注册资金(资本)、诊疗科目、床位(牙椅)的,必须向原登记机关办理变更登记,并提交下列材料:①医疗机构法定代表人或者主要责任人签署的《医疗机构申请变更登记注册书》;②申请变更登记的原因和理由;③登记机关规定提交的其他材料。

医疗机构歇业,必须向原登记机关办理注销登记,经登记机关核准后,收缴《医疗机构执业许可证》。医疗机构非因改建、扩建、迁建原因停业超过1年的,视为歇业。

因分立或者合并而保留的医疗机构应当申请变更登记;因分立或者合并而新设置的医疗机构应当申请设置许可和执业登记;因合并而终止的医疗机构应当申请注销登记。

4.不予登记　申请医疗机构执业登记有下列情形之一的,不予登记:①不符合《设置医疗机构批准书》核准的事项;②不符合《医疗机构基本标准》;③投资不到位;④医疗机构用房不能满足诊疗服务功能;⑤通信、供电、上下水道等公共设施不能满足医疗机构正常运转;⑥医疗机构规章制度不符合要求;⑦消毒、隔离和无菌操作等基本知识和技能的现场抽查考核不合格的;⑧省、自治区、直辖市卫生行政部门规定的其他情形。

(二)医疗机构的校验

床位在100张以上的综合医院、中医医院、中西医结合医院、民族医院及专科医院、疗养院、康复医院、妇幼保健院、急救中心、临床检验中心和专科疾病防治机构的校验期为3年;其他医疗机构的校验期为1年。

医疗机构应当于校验期满前3个月向登记机关申请办理校验手续。卫生行政部门应当在受理校验申请后的30日内完成校验。

医疗机构有下列情形之一的,登记机关可以根据情况,给予1~6个月的暂缓校验期:①不符合《医疗机构基本标准》;②限期改正期间;③省、自治区、直辖市卫生行政部门规定的其他情形。

不设床位的医疗机构在暂缓校验期内不得执业。暂缓校验期满仍不能通过校验的,由登记机关注销其《医疗机构执业许可证》。

四、医疗机构的执业管理

1.严格按照登记的诊疗科目执业　医疗机构执业,必须遵守有关法律、法规和医疗技术规范。必须按照核准登记的诊疗科目开展诊疗活动,未经允许不得擅自扩大业务范围。

2. 全面提高医院质量和加强医务人员医德教育培训　医疗机构应当按照卫生行政部门的有关规定、标准加强医疗质量管理,实施医疗质量保证方案,确保医疗安全和服务质量,不断提高服务水平。医疗机构要定期检查、考核各项规章制度和各级各类人员岗位责任制的执行和落实情况。

医疗机构应当经常对医务人员进行"基础理论、基本知识、基本技能"的训练与考核,把"严格要求、严密组织、严谨态度"落实到各项工作。

医疗机构应当加强对医务人员的医德教育。组织医务人员学习医德规范和有关教材,督促医务人员恪守职业道德。

医疗机构不得使用非卫生技术人员从事医疗卫生技术工作。

3. 主动公开医疗相关信息　医疗机构必须将《医疗机构执业许可证》、诊疗科目、诊疗时间和收费标准悬挂于明显处所。工作人员上岗工作,必须佩戴载有本人姓名、职务或者职称的标牌。

根据《医疗卫生服务单位信息公开管理办法(试行)》规定,医疗机构应当公开下列信息:①卫生行政部门核发的执业许可证、卫生技术人员依法执业注册基本情况和卫生技术人员提供医疗服务时的身份标识;②经卫生行政部门批准开展的诊疗科目、准予登记的医疗技术及医疗技术临床应用情况;③经卫生行政部门批准使用的大型医用设备名称、从业人员资质及其使用管理情况;④提供的医疗服务项目、内容、流程情况;⑤提供的预约诊疗服务方式及门诊出诊医师信息;⑥医疗服务、常用药品和主要医用耗材的价格及其在医疗保险和新型农村合作医疗中的报销比例;⑦纳入医疗保险和新型农村合作医疗定点医疗机构的情况,医疗保险和新型农村合作医疗报销政策和补偿流程;⑧接受捐赠资助的情况和受赠受助财产的使用管理情况;⑨医疗纠纷处理程序、医疗服务投诉信箱和投诉咨询电话;⑩医疗服务中的便民服务措施;⑪职责范围内确定的主动公开的其他信息。

城市社区卫生机构、乡镇卫生院等基层医疗卫生服务单位,除上述的相关内容外,还应当公开下列信息:①配备的国家基本药物名称、价格,配备血液的种类、规格、价格;②与本机构建立双向转诊关系的综合、中医(中西医结合、民族医)或者专科医院名称,支援本单位的专家姓名、专长和服务时间。

4. 积极救助患者　医疗机构对危重患者应当立即抢救。对限于设备或者技术条件不能诊治的患者,应当及时转诊。

医疗机构对传染病、精神病、职业病等患者的特殊诊治和处理,应当按照国家有关法律法规的规定办理。

医疗机构必须按照药品管理的法律、法规加强药品管理。不得使用假劣药品、过期药品、失效药品以及违禁药品。

5. 严格按规定出具医学证明文件　未经医师(士)亲自诊查患者,医疗机构不得出具疾病诊断书、健康证明书或者死亡证明书等证明文件;未经医师(士)、助产人员亲自接产,医疗机构不得出具出生证明或者死产报告书。

6. 尊重患者知情同意权　医疗机构应当尊重患者对自己的病情、诊断、治疗的知情权利。在实施手术、特殊检查、特殊治疗时,应当向患者做必要的解释,因实施保护性医疗措施不宜向患者说明情况的,应当将有关情况通知患者家属。

医疗机构实施手术、特殊检查或者特殊治疗时,应当征得患者同意并取得其家属或者关系人同意并签字;无法取得患者意见时,应当取得家属或者关系人同意并签字;无法取得患者意见,又无家属或者关系人在场,或者遇到其他特殊情况时,主治医师应当提出医疗处置方案,在取得医疗机构负责人或者被授权负责人的批准后实施。

7. 切实做好医院感染管理　医疗机构应当严格执行无菌消毒、隔离制度,采取科学有效的措施处理污水和废弃物,预防和减少医院感染。

8. 服从卫生行政部门的安排　医疗机构必须承担相应的预防保健工作,承担县级以上人民政府卫生行政部门委托的支援农村,指导基层医疗卫生工作等任务。

发生重大灾害、事故、疾病流行或者其他意外情况时,医疗机构及其卫生技术人员必须服从县级以上人民政府卫生行政部门的调遣。

五、处方管理制度

(一)处方的概念

处方,是指由注册的执业医师和执业助理医师(以下简称医师)在诊疗活动中为患者开具的、由取得药学专业技术职务任职资格的药学专业技术人员(以下简称药师)审核、调配、核对,并作为患者用药凭证的医疗文书。处方包括医疗机构病区用药医嘱单。医师开具处方和药师调剂处方应当遵循安全、有效、经济的原则。处方药应当凭医师处方销售、调剂和使用。

(二)处方书写的管理规定

根据2007年5月1日起实施的《处方管理办法》规定,处方书写应当符合下列规则。①患者一般情况、临床诊断填写清晰、完整,并与病历记载相一致。②每张处方限于一名患者的用药。③字迹清楚,不得涂改;如需修改,应当在修改处签名并注明修改日期。④药品名称应当使用规范的中文名称书写,没有中文名称的可以使用规范的英文名称书写;医疗机构或者医师、药师不得自行编制药品缩写名称或者使用代号;书写药品名称、剂量、规格、用法、用量要准确规范,药品用法可用规范的中文、英文、拉丁文或者缩写体书写,但不得使用"遵医嘱""自用"等含糊不清字句。⑤患者年龄应当填写实足年龄,新生儿、婴幼儿写日、月龄,必要时要注明体重。⑥西药和中成药可以分别开具处方,也可以开具一张处方,中药饮片应当单独开具处方。⑦开具西药、中成药处方,每一种药品应当另起一行,每张处方不得超过5种药品。⑧中药饮片处方的书写,一般应当按照"君、臣、佐、使"的顺序排列;调剂、煎煮的特殊要求注明在药品右上方,并加括号,如布包、先煎、后下等;对饮片的产地、炮制有特殊要求的,应当在药品名称之前写明。⑨药品用法用量应当按照药品说明书规定的常规用法用量使用,特殊情况需要超剂量使用时,应当注明原因并再次签名。⑩除特殊情况外,应当注明临床诊断。⑪开具处方后的空白处划一斜线以示处方完毕。⑫处方医师的签名式样和专用签章应当与院内药学部门留样备查的式样相一致,不得任意改动,否则应当重新登记留样备案。

药品剂量与数量用阿拉伯数字书写。剂量应当使用法定剂量单位:质量以克(g)、毫克(mg)、微克(μg)、纳克(ng)为单位;体积以升(L)、毫升(mL)为单位;国际单位(IU)、单位(U);中药饮片以克(g)为单位。

片剂、丸剂、胶囊剂、颗粒剂分别以片、丸、粒、袋为单位;溶液剂以支、瓶为单位;软膏及乳膏剂以支、盒为单位;注射剂以支、瓶为单位,应当注明含量;中药饮片以剂为单位。

(三)处方权的获得

经注册的执业医师在执业地点取得相应的处方权。经注册的执业助理医师在医疗机构开具的处方,应当经所在执业地点执业医师签名或加盖专用签章后方有效。经注册的执业助理医师在乡、民族乡、镇、村的医疗机构独立从事一般的执业活动,可以在注册的执业地点取得相应的处方权。

医师应当在注册的医疗机构签名留样或者专用签章备案后,方可开具处方。

执业医师经考核合格取得麻醉药品和第一类精神药品处方权后,方可在本机构开具麻醉药品和第一类精神药品处方,但不得为自己开具该类药品处方。药师经考核合格取得麻醉药品和第一类精神药品调剂资格后,方可在本机构调剂麻醉药品和第一类精神药品。

试用期人员开具处方,应当经所在医疗机构有处方权的执业医师审核、签名或加盖专用签章后方有效。进修医师由接收进修的医疗机构对其胜任本专业工作的实际情况进行认定后授予相应的处方权。

(四)处方的开具

1.处方开具的一般规则　医师应当根据医疗、预防、保健需要,按照诊疗规范、药品说明书中的药品适应证、药理作用、用法、用量、禁忌、不良反应和注意事项等开具处方。开具医疗用毒性药品、放射性药品的处方应当严格遵守有关法律、法规和规章的规定。

医师开具处方应当使用经药品监督管理部门批准并公布的药品通用名称、新活性化合物的专利药品名称和复方制剂药品名称。医师开具院内制剂处方时应当使用经省级卫生行政部门审核、药品监督管理部门批准的名称。医师可以使用由卫计委公布的药品习惯名称开具处方。

医师利用计算机开具、传递普通处方时,应当同时打印出纸质处方,其格式与手写处方一致;打印的纸质处方经签名或者加盖签章后有效。药师核发药品时,应当核对打印的纸质处方,无误后发给药品,并将打印的纸质处方与计算机传递处方同时收存备查。

2.处方的有效期限和用量　处方开具当日有效。特殊情况下需延长有效期的,由开具处方的医师注明有效期限,但有效期最长不得超过3天。处方一般不得超过7天用量;急诊处方一般不得超过3天用量;对于某些慢性病、老年病或特殊情况的患者,处方用量可适当延长,但医师应当注明理由。

为门(急)诊患者开具的麻醉药品注射剂,每张处方为一次常用量;控缓释制剂,每张处方不得超过7天常用量;其他剂型,每张处方不得超过3天常用量。

第一类精神药品注射剂,每张处方为一次常用量;控缓释制剂,每张处方不得超过7天常用量;其他剂型,每张处方不得超过3天常用量。哌醋甲酯用于治疗儿童多动症时,每张处方不得超过15天常用量。第二类精神药品一般每张处方不得超过7天常用量;对于慢性病或某些特殊情况的患者,处方用量可以适当延长,医师应当注明理由。

为门(急)诊癌症疼痛患者和中、重度慢性疼痛患者开具的麻醉药品、第一类精神药品注射剂,每张处方不得超过3天常用量;控缓释制剂,每张处方不得超过15天常用量;其他剂型,每张处方不得超过7天常用量。

为住院患者开具的麻醉药品和第一类精神药品处方应当逐日开具,每张处方为1天常用量。

对于需要特别加强管制的麻醉药品,盐酸二氢埃托啡处方为一次常用量,仅限于二级以上医院内使用;盐酸哌替啶处方为一次常用量,仅限于医疗机构内使用。

(五)处方的调剂

取得药学专业技术职务任职资格的人员方可从事处方调剂工作。药师在执业的医疗机构取得处方调剂资格。药师签名或者专用签章式样应当在本机构留样备查。具有药师以上专业技术职务任职资格的人员负责处方审核、评估、核对、发药及安全用药指导;药士从事处方调配工作。

药师应当凭医师处方调剂处方药品,非经医师处方不得调剂。药师应当按照操作规程调剂处方药品:认真审核处方,准确调配药品,正确书写药袋或粘贴标签,注明患者姓名和药品名称、用法、用量、包装;向患者交付药品时,按照药品说明书或者处方用法,进行用药交待与指导,包括每种药品的用法、用量、注意事项等。

药师应当认真逐项检查处方前记、正文和后记书写是否清晰、完整,并确认处方的合法性。药师应当对处方用药适宜性进行审核,审核内容包括:①规定必须做皮试的药品,处方医师是否注明过敏试验及结果的判定;②处方用药与临床诊断的相符性;③剂量、用法的正确性;④选用剂型与给药途径的合理性;⑤是否有重复给药现象;⑥是否有潜在临床意义的药物相互作用和配伍禁忌;⑦其他用药不适宜情况。

药师经处方审核后,认为存在用药不适宜时,应当告知处方医师,请其确认或者重新开具处方。药师发现严重不合理用药或者用药错误,应当拒绝调剂,及时告知处方医师,并应当记录,按照有关规定报告。药师在完成处方调剂后,应当在处方上签名或者加盖专用签章。

(六)处方的监督管理

医疗机构应当建立处方点评制度,填写处方评价表,对处方实施动态监测及超常预警,登记并通报不合理处方,对不合理用药及时予以干预。对出现超常处方3次以上且无正当理由的医师提出警告,限制其处方权;限制处方权后,仍连续2次以上出现超常处方且无正当理由的,取消其处方权。

医师出现下列情形之一的,处方权由其所在医疗机构予以取消:①被责令暂停执业;②考核不合格离岗培训期间;③被注销、吊销执业证书;④不按照规定开具处方,造成严重后果的;⑤不按照规定使用药品,造成严重后果的;⑥因开具处方牟取私利。

未取得处方权的人员及被取消处方权的医师不得开具处方。未取得麻醉药品和第一类精神药品处方资格的医师不得开具麻醉药品和第一类精神药品处方。除治疗需要外,医师不得开具麻醉药品、精神药品、医疗用毒性药品和放射性药品处方。未取得药学专业技术职务任职资格的人员不得从事处方调剂工作。

(七) 处方的保管

处方由调剂处方药品的医疗机构妥善保存。普通处方、急诊处方、儿科处方保存期限为 1 年,医疗用毒性药品、第二类精神药品处方保存期限为 2 年,麻醉药品和第一类精神药品处方保存期限为 3 年。处方保存期满后,经医疗机构主要负责人批准、登记备案,方可销毁。

医疗机构应当根据麻醉药品和精神药品处方开具情况,按照麻醉药品和精神药品品种、规格对其消耗量进行专册登记,登记内容包括发药日期、患者姓名、用药数量。专册保存期限为 3 年。

六、病历管理制度

(一) 病历的概念

病历是指医务人员在医疗活动过程中形成的文字、符号、图表、影像、切片等资料的总和,包括门(急)诊病历和住院病历。病历归档以后形成病案。

(二) 病历的建立

医疗机构应当建立门(急)诊病历和住院病历编号制度,为同一患者建立唯一的标识号码。已建立电子病历的医疗机构,应当将病历标识号码与患者身份证明编号相关联,使用标识号码和身份证明编号均能对病历进行检索。门(急)诊病历和住院病历应当标注页码或者电子页码。

(三) 病历的书写要求

医务人员应当按照《病历书写基本规范》《中医病历书写基本规范》《电子病历基本规范(试行)》和《中医电子病历基本规范(试行)》要求书写病历。

1. 一般要求　病历书写应当使用蓝黑墨水、碳素墨水,需复写的病历资料可以使用蓝或黑色油水的圆珠笔。计算机打印的病历应当符合病历保存的要求。病历书写应当使用中文,通用的外文缩写和无正式中文译名的症状、体征、疾病名称等可以使用外文。病历书写应规范使用医学术语,文字工整,字迹清晰,表述准确,语句通顺,标点正确。病历书写一律使用阿拉伯数字书写日期和时间,采用 24 小时制记录。

病历书写过程中出现错字时,应当用双线划在错字上,保留原记录清楚、可辨,并注明修改时间,修改人签名。不得采用刮、粘、涂等方法掩盖或去除原来的字迹。上级医务人员有审查修改下级医务人员书写的病历的责任。病历应当按照规定的内容书写,并由相应医务人员签名。

实习医务人员、试用期医务人员书写的病历,应当经过本医疗机构注册的医务人员审阅、修改并签名。进修医务人员由医疗机构根据其胜任本专业工作实际情况认定后书写病历。

对需取得患者书面同意方可进行的医疗活动,应当由患者本人签署知情同意书。患者不具备完全民事行为能力时,应当由其法定代理人签字;患者因病无法签字时,应当由其授权的人员签字;为抢救患者,在法定代理人或被授权人无法及时签字的情况下,可由医疗机构负责人或者授权的负责人签字。因实施保护性医疗措施不宜向患者说明情况的,应当将有关情况告知患者近亲属,由患者近亲属签署知情同意书,并及时记录。患者无近亲属的或者患者近亲属无法签署同意书的,由患者的法定代理人或者关系人签署同意书。

2. 门(急)诊病历书写内容及要求　门(急)诊病历内容包括门(急)诊病历首页或门(急)诊手册封面、病历记录、化验单(检验报告)、医学影像检查资料等。门(急)诊病历首页内容应当包括患者姓名、性别、出生年月日、民族、婚姻状况、职业、工作单位、住址、药物过敏史等项目。门诊手册封面内容应当包括患者姓名、性别、年龄、工作单位或住址、药物过敏史等项目。

门(急)诊病历记录分为初诊病历记录和复诊病历记录。初诊病历记录书写内容应当包括就诊时间、科别、主诉、现病史、既往史、阳性体征、必要的阴性体征和辅助检查结果、诊断及治疗意见和医师签名等。复诊病历记录书写内容应当包括就诊时间、科别、主诉、病史、必要的体格检查和辅助检查结果、诊断、治疗处理意见和医师签名等。急诊病历书写就诊时间应当具体到分钟。

门(急)诊病历记录应当由接诊医师在患者就诊时及时完成。急诊留观记录是急诊患者因病情需要留院观察期间的记录,重点记录观察期间病情变化和诊疗措施,记录简明扼要,并注明患者去向。抢救危重患者时,应当书写抢救记录。门(急)诊抢救记录书写内容及要求按照住院病历抢救记录书写内容及要求执行。

3. 住院病历书写内容及要求　住院病历内容包括住院病案首页、入院记录、病程记录、手术同意书、麻醉同意书、输血治疗知情同意书、特殊检查(特殊治疗)同意书、病危(重)通知书、医嘱单、辅助检查报告单、体温单、医学影像检查资料、病理资料等。

(1) 入院记录　可分为入院记录、再次或多次入院记录、24小时内入出院记录、24小时内入院死亡记录。入院记录、再次或多次入院记录应当于患者入院后24小时内完成;24小时内出院记录应当于患者出院后24小时内完成,24小时内入院死亡记录应当于患者死亡后24小时内完成。

入院记录的内容:①患者一般情况;②主诉;③现病史;④既往史;⑤个人史;⑥体格检查;⑦专科情况;⑧辅助检查;⑨初步诊断等。书写入院记录的医师签名。

(2) 病程记录　病程记录是指继入院记录之后,对患者病情和诊疗过程所进行的连续性记录。内容包括患者的病情变化情况、重要的辅助检查结果及临床意义、上级医师查房意见、会诊意见、医师分析讨论意见、所采取的诊疗措施及效果、医嘱更改及理由、向患者及其近亲属告知的重要事项等。

病程记录的要求及内容:①首次病程记录;②日常病程记录;③上级医师查房记录;④疑难病例讨论记录;⑤交(接)班记录;⑥转科记录;⑦阶段小结;⑧抢救记录;⑨有创诊疗操作记录;⑩会诊记录;⑪术前小结;⑫术前讨论记录;⑬麻醉术前访视记录;⑭麻醉记录;⑮手术记录;⑯手术安全核查记录;⑰手术清点记录;⑱术后首次病程记录;⑲麻醉术后访视记录;⑳出院记录;㉑死亡记录;㉒死亡病例讨论记录;㉓病重(病危)患者护理记录。

(3) 手术同意书　手术前,经治医师向患者告知拟施手术的相关情况,并由患者签署是否同意手术的医学文书。内容包括术前诊断、手术名称、术中或术后可能出现的并发症、手术风险、患者签署意见并签名、经治医师和术者签名等。

(4) 麻醉同意书　麻醉前,麻醉医师向患者告知拟施麻醉的相关情况,并由患者签署是否同意麻醉意见的医学文书。内容包括患者姓名、性别、年龄、病案号、科别、术前诊断、拟行手术方式、拟行麻醉方式,患者基础疾病及可能对麻醉产生影响的特殊情况,麻醉中拟行的有创操作和监测,麻醉风险,可能发生的并发症及意外情况,患者签署意见并签名、麻醉医师签名并填写日期。

(5) 输血治疗知情同意书　输血前,经治医师向患者告知输血的相关情况,并由患者签署是否同意输血的医学文书。输血治疗知情同意书内容包括患者姓名、性别、年龄、科别、病案号、诊断、输血指征、拟输血成分、输血前有关检查结果、输血风险及可能产生的不良后果、患者签署意见并签名、医师签名并填写日期。

(6) 特殊检查、特殊治疗同意书　在实施特殊检查、特殊治疗前,经治医师向患者告知特殊检查、特殊治疗的相关情况,并由患者签署是否同意检查、治疗的医学文书。内容包括特殊检查、特殊治疗项目名称、目的、可能出现的并发症及风险、患者签名、医师签名等。

(7) 病危(重)通知书　因患者病情危重时,由经治医师或值班医师向患者家属告知病情,并由患方签名的医疗文书。内容包括患者姓名、性别、年龄、科别,目前诊断及病情危重情况,患方签名、医师签名并填写日期。一式两份,一份交患方保存,另一份归病历中保存。

(8) 医嘱　医师在医疗活动中下达的医学指令。医嘱单分为长期医嘱单和临时医嘱单。长期医嘱单内容包括患者姓名、科别、住院病历号(或病案号)、页码、起始日期和时间、长期医嘱内容、停止日期和时间、医师签名、执行时间、执行护士签名。临时医嘱单内容包括医嘱时间、临时医嘱内容、医师签名、执行时间、执行护士签名等。

医嘱不得涂改。需要取消时,应当使用红色墨水标注"取消"字样并签名。一般情况下,医师不得下达口头医嘱。因抢救急危患者需要下达口头医嘱时,护士应当复诵一遍。抢救结束后,医师应当即刻据实补记医嘱。

(9) 辅助检查报告单　患者住院期间所做各项检验、检查结果的记录。内容包括患者姓名、性别、年龄、住院病历号(或病案号)、检查项目、检查结果、报告日期、报告人员签名或者印章等。

(10) 体温单　体温单为表格式,以护士填写为主。内容包括患者姓名、科室、床号、入院日期、住院病历号(或病案号)、日期、手术后天数、体温、脉搏、呼吸、血压、大便次数、出入液量、体重、住院周数等。

(四) 病历的管理

医疗机构应当建立健全病历管理制度,设置病案管理部门或者配备专(兼)职人员,负责病历和病案管理工作。

门(急)诊病历原则上由患者负责保管。医疗机构建有门(急)诊病历档案室或者已建立门(急)诊电子病历的,经患者或者其法定代理人同意,其门(急)诊病历可由医疗机构负责保管。

住院病历由医疗机构负责保管。患者住院期间,住院病历由所在病区统一保管。因医疗活动或者工作需要,须将住院病历带离病区时,应当由病区指定的专门人员负责携带和保管。医疗机构应当在收到住院患者检查检验结果和相关资料后24小时内归入或者录入住院病历。患者出院后,住院病历由病案管理部门或者专(兼)职人员统一保存、管理。

门(急)诊病历由医疗机构保管的,保存时间自患者最后一次就诊之日起不少于

15年;住院病历保存时间自患者最后一次住院出院之日起不少于30年。

七、医疗机构的名称管理制度

1. 医疗机构名称的一般规则　根据《医疗机构管理条例实施细则》第四十条规定:医疗机构的名称由识别名称和通用名称依次组成。医疗机构的通用名称为:医院、中心卫生院、卫生院、疗养院、妇幼保健院、门诊部、诊所、卫生所、卫生站、卫生室、医务室、卫生保健所、急救中心、急救站、临床检验中心、防治院、防治所、防治站、护理院、护理站、中心以及卫计委规定或者认可的其他名称。

医疗机构可以下列名称作为识别名称:地名、单位名称、个人姓名、医学学科名称、医学专业和专科名称、诊疗科目名称和核准机关批准使用的名称。

2. 医疗机构的命名原则　根据《医疗机构管理条例实施细则》第四十一条规定,医疗机构命名必须符合以下原则:①名称必须名副其实;②名称必须与医疗机构类别或者诊疗科目适应;③各级地方人民政府设置的医疗机构的识别名称中应当含有省、市、县、区、街道、乡、镇、村等行政区划名称,其他医疗机构的识别名称中不得含有行政区划名称;④国家机关、企业和事业单位、社会团体或者个人设置的医疗机构的名称中应当含有设置单位名称或者个人的姓名。

3. 医疗机构不得使用的名称　《医疗机构管理条例实施细则》第四十二条规定,医疗机构不得使用下列名称:①有损于国家、社会或者公共利益的名称;②侵犯他人利益的名称;③以外文字母、汉语拼音组成的名称;④以医疗仪器、药品、医用产品命名的名称;⑤含有"疑难病""专治""专家""名医"或者同类含义文字的名称及其他宣传或者暗示诊疗效果的名称;⑥超出登记的诊疗科目范围的名称;⑦省级以上卫生行政部门规定不得使用的名称。

4. 医疗机构名称的核准

(1)以下医疗机构名称由卫生部核准;属于中医、中西医结合和民族医医疗机构的,由国家中医药管理局核准:①含有外国国家(地区)名称及其简称、国际组织名称的;②含有"中国""全国""中华""国家"等字样及跨省地域名称的;③各级地方人民政府设置的医疗机构的识别名称中不含有行政区划名称的。

(2)以"中心"作为医疗机构通用名称的医疗机构名称,由省级以上卫生行政部门核准;在识别名称中含有"中心"字样的医疗机构名称的核准,由省、自治区、直辖市卫生行政部门规定。含有"中心"字样的医疗机构名称必须同时含有行政区划名称或者地名。

(3)除专科疾病防治机构以外,医疗机构不得以具体疾病名称作为识别名称,确有需要的由省、自治区、直辖市卫生行政部门核准。

5. 医疗机构名称的管理　医疗机构名称经核准登记,于领取《医疗机构执业许可证》后方可使用,在核准机关管辖范围内享有专用权。

医疗机构只准使用一个名称。确有需要,经核准机关核准可以使用两个或者两个以上名称,但必须确定一个第一名称。

卫生行政部门有权纠正已经核准登记的不适宜的医疗机构名称,上级卫生行政部门有权纠正下级卫生行政部门已经核准登记的不适宜的医疗机构名称。

两个以上申请人向同一核准机关申请相同的医疗机构名称,核准机关依照申请在先原则核定。属于同一天申请的,应当由申请人双方协商解决;协商不成的,由核准机关作出裁决。两个以上医疗机构因已经核准登记的医疗机构名称相同发生争议时,核准机关依照登记在先原则处理。属于同一天登记的,应当由双方协商解决;协商不成的,由核准机关报上一级卫生行政部门作出裁决。

医疗机构名称不得买卖、出借。

未经核准机关许可,医疗机构名称不得转让。

魏则西之死

年轻的肿瘤患者魏则西之死在社会各界引起了广泛关注。据报道,魏则西因患"晚期滑膜肉瘤",在常规治疗手段无效的情况下,通过百度搜索推广和央视报道注意到武警北京总队第二医院的"生物免疫疗法",该院医生称,"生物免疫疗法"可保魏则西"10年、20年没有问题",但花了二十多万医疗费后,魏则西的病情并未好转,最后于2016年4月12日去世。在关于此事的汹涌舆情中,群众们纷纷声讨不道德的医疗广告和唯利是图的民营承包医院科室。

魏则西之死暴露的问题在于一种不成熟的、疗效没有保证的医疗技术,在形同虚设的监管中,成为大量医疗机构"谋财不害命"的手段。形形色色的生物免疫治疗机构一方面本着"法无禁止即可为"开展细胞免疫治疗,一边"法有禁止照样为",违反《广告法》和《医疗广告管理办法》,大肆宣扬该疗法的种种尚待验证的"优越性",以迎合处于绝望中的肿瘤患者及其家庭期待奇迹发生的心理。当魏则西们抱着最后的希望在搜索框里输入他们所患的疾病时,一张几乎无风险"收割"他们的劳动积蓄和生命尊严的无形之网,就已经铺开。

八、医疗广告管理制度

为加强医疗广告管理,保障人民身体健康,根据《广告法》《医疗机构管理条例》《中医药条例》等法律法规的规定,国家工商行政管理总局和卫生部于2006年11月联合颁布实施了《医疗广告管理办法》(以下简称《管理办法》)。

根据《管理办法》规定,医疗广告是指利用各种媒介或者形式直接或间接介绍医疗机构或医疗服务的广告。

(一)医疗广告的内容限制

广告内容仅限于以下项目:①医疗机构第一名称;②医疗机构地址;③所有制形式;④医疗机构类别;⑤诊疗科目;⑥床位数;⑦接诊时间;⑧联系电话。①~⑥项发布的内容必须与卫生行政部门、中医药管理部门核发的《医疗机构执业许可证》或其副本载明的内容一致。

医疗广告的表现形式不得含有以下情形:①涉及医疗技术、诊疗方法、疾病名称、药物的;②保证治愈或者隐含保证治愈的;③宣传治愈率、有效率等诊疗效果的;④淫秽、迷信、荒诞的;⑤贬低他人的;⑥利用患者、卫生技术人员、医学教育科研机构及人员及其他社会社团、组织的名义、形象做证明的;⑦使用解放军和武警部队名义的;⑧法律、行政法规规定禁止的其他情形。

(二)医疗广告的管理

医疗机构发布医疗广告,应当在发布前申请医疗广告审查。未取得《医疗广告审查证明》,不得发布医疗广告。工商行政管理机关负责医疗广告的监督管理。卫生行政部门、中医药管理部门负责医疗广告的审查,并对医疗机构进行监督管理。非医疗机构不得发布医疗广告,医疗机构不得以内部科室名义发布医疗广告。审查合格的医疗广告,省级卫生行政部门、中医药管理部门发给《医疗广告审查证明》,并将通过审查的医疗广告样件和核发的《医疗广告审查证明》予以公示;对审查不合格的医疗广告,应当书面通知医疗机构并告知理由。

(三)医疗广告的发布要求

《医疗广告审查证明》的有效期为1年。到期后仍需继续发布医疗广告的,应重新提出审查申请。

发布医疗广告应当标注医疗机构第一名称和《医疗广告审查证明》文号。

医疗机构发布户外医疗广告,应在取得《医疗广告审查证明》后,按照《户外广告登记管理规定》办理登记。

医疗机构在其法定控制地带标示仅含有医疗机构名称的户外广告,无须申请医疗广告审查和户外广告登记。

禁止利用新闻形式、医疗资讯服务类专题节(栏)目发布或变相发布医疗广告。

有关医疗机构的人物专访、专题报道等宣传内容,可以出现医疗机构名称,但不得出现有关医疗机构的地址、联系方式等医疗广告内容;不得在同一媒介的同一时间段或者版面发布该医疗机构的广告。

医疗机构应当按照《医疗广告审查证明》核准的广告成品样件内容与媒体类别发布医疗广告。

(四)医疗广告发布的违法责任

医疗机构违反本办法规定发布医疗广告,县级以上地方卫生行政部门、中医药管理部门应责令其限期改正,给予警告;情节严重的,核发《医疗机构执业许可证》的卫生行政部门、中医药管理部门可以责令其停业整顿、吊销有关诊疗科目,直至吊销《医疗机构执业许可证》。

未取得《医疗机构执业许可证》发布医疗广告的,按非法行医处罚。

九、医疗机构的监督管理

(一)医疗机构的监督管理

各级卫生行政部门负责所辖区域内医疗机构的监督管理工作。县级以上卫生行政部门设立医疗机构监督管理办公室。各级医疗机构监督管理办公室在同级卫生行政部门的领导下开展工作。

各级医疗机构监督管理办公室的职责：①拟订医疗机构监督管理工作计划；②办理医疗机构监督员的审查、发证、换证；③负责医疗机构登记、校验和有关监督管理工作的统计，并向同级卫生行政部门报告；④负责接待、办理群众对医疗机构的投诉；⑤完成卫生行政部门交给的其他监督管理工作。

各级卫生行政部门对医疗机构的执业活动检查、指导主要包括：①执行国家有关法律、法规、规章和标准情况；②执行医疗机构内部各项规章制度和各级各类人员岗位责任制情况；③医德医风情况；④服务质量和服务水平情况；⑤执行医疗收费标准情况；⑥组织管理情况；⑦人员任用情况；⑧省、自治区、直辖市卫生行政部门规定的其他检查、指导项目。

(二) 医疗机构评审制度

国家实行医疗机构评审制度，对医疗机构的基本标准、服务质量、技术水平、管理水平等进行综合评价。县级以上卫生行政部门负责医疗机构评审的组织和管理；各级医疗机构评审委员会负责医疗机构评审的具体实施。

县级以上中医(药)行政管理部门成立医疗机构评审委员会，负责中医、中西医结合和民族医疗机构的评审。

医疗机构评审包括周期性评审、不定期重点检查。

医疗机构评审委员会在对医疗机构进行评审时，发现有违反条例和本细则的情节，应当及时报告卫生行政部门；医疗机构评审委员会委员为医疗机构监督员的，可以直接行使监督权。

十、法律责任

(一) 未取得《医疗机构执业许可证》擅自执业的法律责任

对未取得《医疗机构执业许可证》擅自执业的，责令其停止执业活动，没收非法所得和药品、器械，并处以3 000元以下的罚款。有下列情形之一的，责令其停止执业活动，没收非法所得和药品、器械，处以3 000元以上10 000元以下的罚款：①因擅自执业曾受过卫生行政部门处罚；②擅自执业的人员为非卫生技术专业人员；③擅自执业时间在3个月以上；④给患者造成伤害；⑤使用假药、劣药蒙骗患者；⑥以行医为名骗取患者钱物；⑦省、自治区、直辖市卫生行政部门规定的其他情形。

(二) 不按期校验《医疗机构执业许可证》又不停业的法律责任

对不按期办理校验《医疗机构执业许可证》又不停止诊疗活动的，责令其限期补办校验手续；在限期内仍不办理校验的，吊销其《医疗机构执业许可证》。

(三) 转让、出借或出卖《医疗机构执业许可证》的法律责任

转让、出借《医疗机构执业许可证》的，没收其非法所得，并处以3 000元以下的罚款。有下列情形之一的，没收其非法所得，处以3 000元以上5 000元以下的罚款，并吊销《医疗机构执业许可证》：①出卖《医疗机构执业许可证》；②转让或者出借《医疗机构执业许可证》是以营利为目的；③受让方或者承借方给患者造成伤害；④转让、出借《医疗机构执业许可证》给非卫生技术专业人员；⑤省、自治区、直辖市卫生行政部门规定的其他情形。

（四）诊疗活动超出登记诊疗科目的法律责任

除急诊和急救外，医疗机构诊疗活动超出登记的诊疗科目范围，情节轻微的，处以警告。有下列情形之一的，责令其限期改正，并可处以 3 000 元以下罚款：①超出登记的诊疗科目范围的诊疗活动累计收入在 3 000 元以下；②给患者造成伤害。有下列情形之一的，处以 3 000 元罚款，并吊销《医疗机构执业许可证》：①超出登记的诊疗科目范围的诊疗活动累计收入在 3 000 元以上；②给患者造成伤害；③省、自治区、直辖市卫生行政部门规定的其他情形。

（五）任用非卫生技术人员从事医疗卫生技术工作的法律责任

任用非卫生技术人员从事医疗卫生技术工作的，责令其立即改正，并可处以 3 000 元以下的罚款。有下列情形之一的，处以 3 000 元以上 5 000 元以下罚款，并可以吊销《医疗机构执业许可证》：①任用两名以上非卫生技术人员从事诊疗活动；②任用的非卫生技术人员给患者造成伤害。医疗机构使用卫生技术人员从事本专业以外的诊疗活动的，按使用非卫生技术人员处理。

（六）出具虚假证明文件的法律责任

出具虚假证明文件，情节轻微的，给予警告，并可处以 500 元以下的罚款。有下列情形之一的，处以 500 元以上 1 000 元以下的罚款：①出具虚假证明文件造成延误诊治的；②出具虚假证明文件给患者精神造成伤害的；③造成其他危害后果的。对直接责任人员由所在单位或者上级机关给予行政处分。

（七）其他情形法律责任

医疗机构有下列情形之一的，登记机关可以责令其限期改正：①发生重大医疗事故；②连续发生同类医疗事故，不采取有效防范措施；③连续发生原因不明的同类患者死亡事件，同时存在管理不善因素；④管理混乱，有严重事故隐患，可能直接影响医疗安全；⑤省、自治区、直辖市卫生行政部门规定的其他情形。

十一、(院前)急救医疗机构

《院前医疗急救管理办法》所称院前医疗急救，是指由急救中心(站)和承担院前医疗急救任务的网络医院(以下简称急救网络医院)按照统一指挥调度，在患者送达医疗机构救治前，在医疗机构外开展的以现场抢救、转运途中紧急救治以及监护为主的医疗活动。

（一）急救医疗机构的立法

院前医疗急救作为社会保障体系的重要组成部分，是由政府主办的、非营利性的公益事业，是基本医疗服务和公共卫生服务的提供者。院前医疗急救在满足人民群众日常医疗急救需求，应对 SARS 等疫情和数次严重地震灾害方面，发挥了不可替代的作用。我国是灾害事故多发的国家，地震、洪涝、火灾频发，交通事故死亡人数居世界前列。同时，人民群众的日常医疗需求也给院前医疗急救提出了更高的标准和要求。但近年来院前医疗急救发生的一些事件，反映出我国院前医疗急救无论在硬件、软件还是管理方面均与人民群众的需求存在差距,严重影响制约了日常医疗急救和应对突发事件医疗救援能力。

为加强院前医疗急救管理,规范院前医疗急救行为,提高院前医疗急救服务水平,促进院前医疗急救事业发展,根据《中华人民共和国执业医师法》《医疗机构管理条例》《护士条例》等法律、法规,国家卫计委颁布了《院前医疗急救管理办法》(以下简称《办法》),自2014年2月1日起施行。

(二)急救医疗机构的任务

院前急救是由政府主办的公益性事业,是社会保障体系的重要组成部分,关系到人民群众生命安全,属于基本公共卫生服务。由地方各级卫生行政部门按照"统筹规划、整合资源、合理配置、提高效能"的原则,统一组织实施。

院前急救遵循先救命再治伤(治病),先重后轻,先排险后施救,先救活人后处理尸体,以抢救为主,维持伤病员基本生命体征。

在伤病情允许前提下,必须在医护人员的监护下迅速送到医院救治,途中密切观察伤病情况及生命体征变化,认真做好现场记录及转送记录,并妥善保管。

(三)急救医疗机构的设置与管理

1. 急救医疗机构的设置　县级以上地方卫生计生行政部门应当将院前医疗急救网络纳入当地医疗机构设置规划,按照就近、安全、迅速、有效的原则设立,统一规划、统一设置、统一管理。急救中心(站)由卫生计生行政部门按照《医疗机构管理条例》设置、审批和登记。

设区的市设立一个急救中心。因地域或者交通原因,设区的市院前医疗急救网络未覆盖的县(县级市),可以依托县级医院或者独立设置一个县级急救中心(站)。设区的市级急救中心统一指挥调度县级急救中心(站)并提供业务指导。

急救中心(站)应当符合医疗机构基本标准。县级以上地方卫生计生行政部门根据院前医疗急救网络布局、医院专科情况等指定急救网络医院,并将急救网络医院名单向社会公告。急救网络医院按照其承担任务达到急救中心(站)基本要求。

未经卫生计生行政部门批准,任何单位及其内设机构、个人不得使用急救中心(站)的名称开展院前医疗急救工作。

急救中心(站)负责院前医疗急救工作的指挥和调度,按照院前医疗急救需求配备通信系统、救护车和医务人员,开展现场抢救和转运途中救治、监护。急救网络医院按照急救中心(站)指挥和调度开展院前医疗急救工作。

县级以上地方卫生计生行政部门根据区域服务人口、服务半径、地理环境、交通状况等因素,合理配置救护车。救护车应当符合救护车卫生行业标准,标志图案、标志灯具和警报器应当符合国家、行业标准和有关规定。

急救中心(站)、急救网络医院救护车及院前医疗急救人员的着装应当统一标识,统一标注急救中心(站)名称和院前医疗急救呼叫号码。全国院前医疗急救呼叫号码为"120"。急救中心(站)设置"120"呼叫受理系统和指挥中心,其他单位和个人不得设置"120"呼叫号码或者其他任何形式的院前医疗急救呼叫电话。急救中心(站)通信系统应当具备系统集成、救护车定位追踪、呼叫号码和位置显示、计算机辅助指挥、移动数据传输、无线集群语音通信等功能。

县级以上地方卫生计生行政部门应当加强对院前医疗急救专业人员的培训,定期组织急救中心(站)和急救网络医院开展演练,推广新知识和先进技术,提高院前医疗急救和突发事件紧急医疗救援能力与水平。

县级以上地方卫生计生行政部门应当按照有关规定,根据行政区域内人口数量、地域范围、经济条件等因素,加强急救中心(站)的应急储备工作。

2. 急救医疗机构的管理

(1)执业管理 急救中心(站)和急救网络医院开展院前医疗急救工作应当遵守医疗卫生管理法律、法规、规章和技术操作规范、诊疗指南。急救中心(站)应当制定院前医疗急救工作规章制度及人员岗位职责,保证院前医疗急救工作的医疗质量、医疗安全、规范服务和迅速处置。

从事院前医疗急救的专业人员包括医师、护士和医疗救护员。医师和护士应当按照有关法律法规规定取得相应执业资格证书。医疗救护员应当按照国家有关规定经培训考试合格取得国家职业资格证书;上岗前,应当经设区的市级急救中心培训考核合格。在专业技术职务评审、考核、聘任等方面应当对上述人员给予倾斜。

医疗救护员可以从事的相关辅助医疗救护工作包括:①对常见急症进行现场初步处理;②对患者进行通气、止血、包扎、骨折固定等初步救治;③搬运、护送患者;④现场心肺复苏;⑤在现场指导群众自救、互救。

急救中心(站)应当配备专人全天24小时受理"120"院前医疗急救呼叫。"120"院前医疗急救呼叫受理人员应当经社区的市级急救中心培训合格。急救中心(站)应当在接到"120"院前医疗急救呼叫后,根据院前医疗急救需要迅速派出或者从急救网络医院派出救护车和院前医疗急救专业人员。不得因指挥调度原因拒绝、推诿或者延误院前医疗急救服务。急救中心(站)和急救网络医院应当按照就近、就急、满足专业需要、兼顾患者意愿的原则,将患者转运至医疗机构救治。急救中心(站)和急救网络医院应当做好"120"院前医疗急救呼叫受理、指挥调度等记录及保管工作,并按照医疗机构病历管理相关规定,做好现场抢救、监护运送、途中救治和医院接收等记录及保管工作。

急救中心(站)和急救网络医院按照国家有关规定收取院前医疗急救服务费用,不得因费用问题拒绝或者延误院前医疗急救服务。

急救中心(站)应当按照有关规定做好突发事件紧急医疗救援的现场救援和信息报告工作。

急救中心(站)应当按照相关规定做好应急储备物资管理等相关工作。

急救中心(站)和急救网络医院应当向公众提供急救知识和技能的科普宣传和培训,提高公众急救意识和能力。

(2)监督管理 县级以上地方卫生计生行政部门应当加强对院前医疗急救工作的监督与管理。县级以上地方卫生计生行政部门应当加强急救中心(站)和急救网络医院的设置管理工作,对其执业活动进行检查指导。县级以上地方卫生计生行政部门发现本辖区任何单位及其内设机构、个人未经批准使用急救中心(站)的名称或救护车开展院前医疗急救工作的,应当依法依规严肃处理,并向同级公安机关通报情况。上级卫生计生行政部门应当加强对下级卫生计生行政部门的监督检查,发现下级卫生计生行政部门未履行职责的,应当责令其纠正或者直接予以纠正。

急救中心(站)和急救网络医院应当对本机构从业人员的业务水平、工作成绩和职业道德等情况进行管理、培训和考核,并依法依规给予相应的表彰、奖励、处理等。

十二、康复医疗机构的概念

20世纪80年代初引进现代康复医学,并同我国传统康复医学相结合。康复医疗机构是我国医疗卫生服务体系的重要组成部分。主要指综合、协调应用医学的、教育的、社会的、职业的各种办法,使病、伤、残者(包括先天性残)已经丧失的功能尽快地、能尽最大可能地得到恢复和重建的专门机构。

目前,全国各地都有各种形式的康复医疗机构,开展形式多样的康复或康复医疗服务:①医院型(康复中心、康复医院),设有病床、护理部及配套的医院设施,但其主体为康复诊断和康复治疗部门;②康复科(部),为综合性或专科性临床医院的一个科室或分部;③门诊型(康复门诊、康复诊所),康复门诊是独立设置的康复诊疗机构,不设病房,只为门诊患者提供康复服务;④疗养院型,利用自然环境,按照康复的原则把疗养因素与康复手段结合起来,促进慢性病患者、老年患者、手术后患者及其他伤残者的康复;⑤不完全康复型(准康复型)机构,某些助残或养老的机构,仅向住在该处的孤寡老人或患者提供不同程度的护理和少量的物理治疗。

1. 我国康复医疗机构管理的主要法律制度　为促进康复医疗机构的建设与发展,国家相继出台了系列与之相关的法律、法规、规章和政策。

1989年卫生部制定《综合医院分级管理标准》把设置康复医学科作为建设综合医院的一项重要内容;1991年《中华人民共和国残疾人保障法》为举办康复医疗机构提供法律依据和保障;1994年卫生部印发《医疗机构基本标准(试行)》,"医院基本标准"中有康复医院的标准,其规范了我国康复医疗机构设置基本标准;1996年卫生部印发《综合医院康复医学科管理规范》,引导规范了综合医院康复医学科的建设和发展;2011年,卫生部制定印发了《综合医院康复医学科建设与管理指南》,要求"进一步加强对康复医学科的建设和管理,规范服务,逐步提高康复医疗服务水平";2011年5月,为加强综合医院康复医学科建设,作为核定医疗机构诊疗科目的依据,卫生部印发《综合医院康复医学科基本标准(试行)》;2012年卫生部印发《"十二五"时期康复医疗工作指导意见》,要求"社区卫生服务中心和乡镇卫生院能够开展基本康复医疗服务和残疾预防、康复相关健康教育",并明确了工作目标是提高康复医疗机构建设和管理水平,康复医院应达到《康复医院基本标准》要求;2012年卫生部印发《康复医院基本标准(2012年版)》,作为新建康复医院的验收标准。

2. 康复医疗机构管理　康复机构的隶属关系。①卫生部门:综合医院的康复科、康复门诊;②中国残联:康复中心、康复医院;③民政部门:福利院、老人院;④其他各部委、军队:疗养院;⑤私人、外资机构:特殊学校,推拿、按摩诊所。

十三、社区卫生服务机构的概念与特征

社区卫生服务机构是指在城市范围内设置的,经区(市、县)级政府卫生行政部门登记注册并取得《医疗机构执业许可证》的社区卫生服务中心和社区卫生服务站。

社区卫生服务机构以社区、家庭和居民为服务对象,以妇女、儿童、老年人、慢性病

患者、残疾人、贫困居民等为服务重点,开展健康教育、预防、保健、康复、计划生育技术服务和一般常见病、多发病的诊疗服务,具有社会公益性质,属于非营利性医疗机构。

(一)社区卫生服务机构的设置

1. 按街道办事处范围设置　社区卫生服务中心原则上按街道办事处范围设置,以政府举办为主。在人口较多、服务半径较大、社区卫生服务中心难以覆盖的社区,可适当设置社区卫生服务站或增设社区卫生服务中心。人口规模大于10万人的街道办事处,应增设社区卫生服务中心。人口规模小于3万人的街道办事处,其社区卫生服务机构的设置由区(市、县)政府卫生行政部门确定。

2. 符合社区卫生服务机构设置　社区的市政府卫生行政部门负责制订本行政区域社区卫生服务机构设置规划,并纳入当地区域卫生规划、医疗机构设置规划。社区卫生服务机构设置规划须经同级政府批准,报当地省级政府卫生行政部门备案。

3. 调整卫生资源配置　规划设置社区卫生服务机构,应立足于调整卫生资源配置,加强社区卫生服务机构建设,完善社区卫生服务机构布局。政府举办的一级医院和街道卫生院应转型为社区卫生服务机构;政府举办的部分二级医院和有条件的国有企事业单位所属基层医疗机构通过结构和功能改造,可转型为社区卫生服务机构。

4. 实行政府设立和社会参与双轨制　新设置社区卫生服务机构可由政府设立,也可按照平等、竞争、择优的原则,通过公开招标等方式确定社区卫生服务机构举办者,鼓励社会力量参与。

(二)社区卫生服务机构的执业登记与执业名称

设置社区卫生服务机构,须按照社区卫生服务机构设置规划,由区(市、县)级政府卫生行政部门根据《医疗机构管理条例》《医疗机构管理条例实施细则》《社区卫生服务中心基本标准》《社区卫生服务站基本标准》进行设置审批和执业登记,同时报上一级政府卫生行政部门备案。《社区卫生服务中心基本标准》《社区卫生服务站基本标准》由卫生部另行制定。

1. 社区卫生服务机构的执业登记

(1)诊疗科目的登记　社区卫生服务中心登记的诊疗科目应为预防保健科、全科医疗科、中医科(含民族医学)、康复医学科、医学检验科、医学影像科,有条件的可登记口腔医学科、临终关怀科,原则上不登记其他诊疗科目,确需登记的,须经区(市、县)级政府卫生行政部门审核批准,同时报上一级政府卫生行政部门备案。社区卫生服务站登记的诊疗科目应为预防保健科、全科医疗科,有条件的可登记中医科(含民族医学),不登记其他诊疗科目。

(2)机构规模　社区卫生服务中心原则上不设住院病床,现有住院病床应转为以护理康复为主要功能的病床,或予以撤消。社区卫生服务站不设住院病床。

(3)机构地位　社区卫生服务中心为独立法人机构,实行独立核算,社区卫生服务中心对其下设的社区卫生服务站实行一体化管理。其他社区卫生服务站接受社区卫生服务中心的业务管理。

2. 社区卫生服务机构的执业名称　社区卫生服务中心、社区卫生服务站是专有名称,未经政府卫生行政部门批准,任何机构不得以社区卫生服务中心、社区卫生服务站命名。社区卫生服务机构须以社区卫生服务中心或社区卫生服务站进行执业登记,原则上不得使用两个或两个以上名称。

社区卫生服务中心的命名原则：所在区名（可选）+所在街道办事处名+识别名（可选）+社区卫生服务中心；社区卫生服务站的命名原则：所在街道办事处名（可选）+所在社区名+社区卫生服务站。

社区卫生服务机构使用统一的专用标识，专用标识由卫生部制定。

（三）社区卫生服务机构的执业管理

1. 社区卫生服务机构人员配备要求　社区卫生服务机构应根据服务功能、服务人口、居民的服务需要，按照精干、效能的原则设置卫生专业技术岗位，配备适宜学历与职称层次的从事全科医学、公共卫生、中医（含中西医结合、民族医）等专业的执业医师和护士，药剂、检验等其他有关卫生技术人员根据需要合理配置。社区卫生服务机构的专业技术人员须具有法定执业资格。临床类别、中医类别执业医师注册相应类别的全科医学专业为执业范围，可从事社区预防、保健及一般常见病、多发病的临床诊疗，不得从事专科手术、助产、介入治疗等风险较高、不适宜在社区卫生服务机构开展的专科诊疗，不得跨类别从事口腔科诊疗。

临床类别、中医类别执业医师在社区卫生服务机构从事全科医学工作，申请注册全科医学专业为执业范围，须符合以下条件之一：①取得相应类别的全科医学专业中、高级技术职务任职资格；②经省级卫生、中医药行政部门认可的相应类别全科医师岗位培训并考核合格；③参加省级卫生、中医药行政部门认可的相应类别全科医师规范化培训。取得初级资格的临床类别、中医类别执业医师须在有关上级医师指导下从事全科医学工作。

根据社区卫生服务的需要，二级以上医疗机构有关专业的医护人员（含符合条件的退休医护人员），依据政府卫生行政部门有关规定，经社区卫生服务机构注册的区（市、县）级政府卫生行政部门备案，可到社区卫生服务机构从事相应专业的临床诊疗服务。

社区卫生技术人员需依照国家规定接受毕业后教育、岗位培训和继续教育等职业培训。社区卫生服务机构要建立健全培训制度，在区（市、县）及设区的市政府卫生行政部门支持和组织下，安排卫生技术人员定期到大中型医院、预防保健机构进修学习和培训，参加学术活动。各地政府卫生行政部门和社区卫生服务机构要积极创造条件，使高等医学院校到社区卫生服务机构从事全科医学工作的有关医学专业毕业生，逐步经过规范化培训。

政府举办的社区卫生服务机构要实行定编定岗、公开招聘，签订聘用合同，建立岗位管理、绩效考核、解聘辞聘等项制度。非政府举办的社区卫生服务机构，实行自主用人制度。

社区卫生服务工作人员要树立良好的职业道德，恪尽职守，遵纪守法，不断提高业务技术水平，维护居民健康。

2. 社区卫生服务机构执业规则与业务管理

（1）严格遵守国家有关法律、法规、规章和技术规范　社区卫生服务机构执业，须严格遵守国家有关法律、法规、规章和技术规范，加强对医务人员的教育，实施全面质量管理，预防服务差错和事故，确保服务安全。

（2）全面建立健全规章制度　社区卫生服务机构须建立健全以下规章制度：①人

员职业道德规范与行为准则;②人员岗位责任制度;③人员聘用、培训、管理、考核与奖惩制度;④技术服务规范与工作制度;⑤服务差错及事故防范制度;⑥服务质量管理制度;⑦财务、药品、固定资产、档案、信息管理制度;⑧医疗废物管理制度;⑨社区协作与民主监督制度;⑩其他有关制度。

(3) 积极履行提供社区公共卫生服务和基本医疗服务的职能　社区卫生服务机构须根据政府卫生行政部门规定,履行提供社区公共卫生服务和基本医疗服务的职能。社区卫生服务机构应妥善保管居民健康档案,保护居民个人隐私。社区卫生服务机构在关闭、停业、变更机构类别等情况下,须将居民健康档案交由当地区(市、县)级政府卫生行政部门妥善处理。社区卫生服务机构应严格掌握家庭诊疗、护理和家庭病床服务的适应证,切实规范家庭医疗服务行为。

(4) 建立信息平台加强转诊协作关系　区(市、县)及设区的市政府卫生行政部门要建立信息平台,为社区卫生服务机构提供本地有关大中型医疗机构专科设置、联系方式等转诊信息,支持社区卫生服务机构与大中型医疗机构建立转诊协作关系。社区卫生服务机构对限于设备或者技术条件难以安全、有效诊治的患者应及时转诊到相应医疗机构诊治。对医院转诊患者,社区卫生服务机构应根据医院建议与患者要求,提供必要的随访、病例管理、康复等服务。

(5) 配备相应设备、设施及药品并严格执行相关法律、法规　社区卫生服务机构提供中医药(含民族医药)服务,应配备相应的设备、设施、药品,遵守相应的中医诊疗原则、医疗技术标准和技术操作规范。

社区卫生服务机构应配备与其服务功能和执业范围相适应的基本药品。社区卫生服务机构使用药品,须严格执行药品管理法律、法规的规定,从具有合法经营资质的单位购入。严禁使用过期、失效及违禁的药品。

(6) 主动公开价格信息　社区卫生服务机构应在显著位置公示医疗服务、药品和主要医用耗材的价格,严格执行相关价格政策,规范价格行为。

十四、中外合资、合作医疗机构的管理

中国医疗服务市场属于开放较早的领域。早在1989年,卫生部和原外经贸部联合制定了《关于开办外宾华侨医院诊所和外籍医生来华执业行医的几条规定》;1992年,卫生部制定了《外籍医生来华短期行医管理办法》;1997年,针对一些地方越权审批中外合资医疗机构及管理混乱的情况,原外经贸部和卫生部又制定了《关于设立外商投资医院的补充规定》,进一步规范外商投资医疗机构的审批工作。这些规章明确了外国公司、企业、医疗机构和其他经济组织或个人在中国境内同中方医疗机构或其他机构共同投资、共同经营合资医疗机构的政策;也明确了在国(境)外获得合法行医资格的外籍医师来华行医的管理办法,从而初步奠定了中国医疗服务市场开放的基础。

中国加入世贸组织后在医疗方面主要有两项承诺,在外国服务提供者方面:允许外国服务提供者与中国合资伙伴一起设立合资医院或诊所,但因数量限制,允许外资拥有多数股权。2000年5月15日,卫生部和原对外经贸部联合制定颁布了《中外合资、合作医疗机构管理暂行办法》,其中规定,合资、合作中方在中外合资、合作医疗机构中所占的股权比例或权益不得低于30%。

(一)中外合资、合作医疗机构的概念

为进一步适应改革开放的需要,加强对中外合资、合作医疗机构的管理,促进我国医疗卫生事业的健康发展,根据《中华人民共和国中外合资经营企业法》《中华人民共和国中外合作经营企业法》《医疗机构管理条例》等国家有关法律、法规,制定了《中外合资、合作医疗机构管理暂行办法》。

《中外合资、合作医疗机构管理暂行办法》中所称中外合资、合作医疗机构是指外国医疗机构、公司、企业和其他经济组织(以下称合资、合作外方),按照平等互利的原则,经中国政府主管部门批准,在中国境内(香港、澳门及台湾地区除外,下同)与中国的医疗机构、公司、企业和其他经济组织(以下称合资、合作中方)以合资或者合作形式设立的医疗机构。

(二)中外合资、合作医疗机构的设置审批与登记

1. 中外合资、合作医疗机构的设置审批

(1)中外合资、合作医疗机构设置的条件 中外合资、合作医疗机构的设置应具备以下条件:①符合当地区域卫生规划和医疗机构设置规划,并执行《医疗机构基本标准》;②能够提供国际先进的医疗机构管理经验、管理模式和服务模式,能够提供具有国际领先水平的医学技术和设备;③可以补充或改善当地医疗服务能力、医疗技术、资金和医疗设施方面的不足;④必须是独立的法人;⑤投资总额不得低于2 000万元人民币,合资、合作中方所占的股份比例或权益不得低于30%;⑥合资、合作期限不超过20年;⑦省级以上卫生行政部门规定的其他条件。

2. 中外合资、合作医疗机构审批的程序

(1)申请 设置中外合资、合作医疗机构,应先向所在地设区的市级卫生行政部门提出申请,并提交以下材料:①设置医疗机构申请书;②合资、合作双方法人代表签署的项目建议书及中外合资、合作医疗机构设置可行性研究报告;③合资、合作双方各自的注册登记证明(复印件)、法定代表人身份证明(复印件)和银行资信证明;④国有资产管理部门对拟投入国有资产的评估报告确认文件。

(2)审核 设区的市级卫生行政部门对申请人提交的材料进行初审,并根据区域卫生规划和医疗机构设置规划提出初审意见,并与申请材料、当地区域卫生规划和医疗机构设置规划一起报所在地省级卫生行政部门审核。

省级卫生行政部门对申请材料及设区的市级卫生行政部门初审意见进行审核后报卫生部审批。

申请设置中外合资、合作中医医疗机构(含中外合资、合作中西医结合医疗机构和中外合资、合作民族医医疗机构)的经所在地区的市级卫生行政部门初审和所在地的省级卫生行政部门审核,报国家中医药管理局审核后转报卫生部审批。

(3)审批 报请审批,需由省级卫生行政部门向卫生部提交以下材料:①申请人设置申请材料;②设置地设区的市级人民政府批准发布实施的《医疗机构设置规划》及设置地设区的市级和省级卫生行政部门关于拟设置中外合资、合作医疗机构是否符合当地区域卫生规划和医疗机构设置规划的审核意见;③省级卫生行政管理部门关于设置该中外合资、合作医疗机构的审核意见,其中包括对拟设置中外合资、合作医疗机构的名称、选址、规模(床位、牙椅)、诊疗科目和经营期限等的意见;④法律、法规和卫

生部规定的其他材料。

卫生部应当自受理之日起45个工作日内,作出批准或者不批准的书面决定。

(4)批准　申请人在获得卫生部设置许可后,按照有关法律、法规向外经贸部提出申请,并提交以下材料:①设置申请申报材料及批准文件;②由中外合资、合作各方的法定代表人或其授权的代表签署的中外合资、合作医疗机构的合同、章程;③拟设立中外合资、合作医疗机构董事会成员名单及合资、合作各方董事委派书;④工商行政管理部门出具的机构名称预先核准通知书;⑤法律、法规和外经贸部规定的其他材料。

外经贸部应当自受理申请之日起45个工作日内,作出批准或者不批准的书面决定;予以批准的,发给《外商投资企业批准证书》。

中外各方未经卫生部和外经贸部批准,成立个外合资、合作医疗机构并开展医疗活动或以合同方式经营诊疗项目的,视同非法行医,按《医疗机构管理条例》和《医疗机构管理条例实施细则》及有关规定进行处罚。

3. 中外合资、合作医疗机构的登记　获得批准设立的中外合资、合作医疗机构,应自收到外经贸部颁发的《外商投资企业批准证书》之日起1个月内,凭证书到国家工商行政管理部门办理注册登记手续。中外合资、合作医疗机构不得设置分支机构。

(1)一般程序　中外合资、合作医疗机构的执业登记按《医疗机构管理条例》和《医疗机构管理条例实施细则》所规定的程序和要求,向所在地省级卫生行政部门规定的卫生行政部门申请执业登记,领取《医疗机构执业许可证》。

(2)变更、延期和终止程序　中外合资、合作医疗机构变更机构规模(床位、牙椅)、诊疗科目、合资、合作期限等,应按审批程序,经原审批机关审批后,到原登记机关办理相应的变更登记手续。中外合资、合作医疗机构涉及合同、章程有关条款的变更,由所在地外经贸部门转报外经贸部批准。

中外合资、合作医疗机构合资、合作期20年届满,因特殊情况确需延长合资、合作期限的,合资、合作双方可以申请延长合资、合作期限,并应当在合资、合作期限届满的90天前申请延期。延期申请经省级卫生行政部门和外经贸行政部门审核同意后,报请卫生部和外经贸部审批。审批机关自接到申请之日起45个工作日内,作出批准或者不予批准的书面决定。

经批准设置的中外合资、合作医疗机构,应当在审批机关规定的期限内办理完有关登记注册手续;逾期未能完成的,经审批机关核准后,撤销该合资、合作项目。

(三)中外合资、合作医疗机构的执业

中外合资、合作医疗机构的执业按照国家有关法律、法规的要求。

1. 中外合资、合作医疗机构应当执行《医疗机构管理条例》和《医疗机构管理条例实施细则》关于医疗机构执业的规定。

2. 中外合资、合作医疗机构聘请外籍医师、护士,按照《中华人民共和国执业医师法》和《中华人民共和国护士管理办法》等有关规定办理。

3. 中外合资、合作医疗机构必须执行医疗技术准入规范和临床诊疗技术规范,遵守新技术、新设备及大型医用设备临床应用的有关规定。

4. 中外合资、合作医疗机构发生医疗事故,依照国家有关法律、法规处理。

5. 发生重大灾害、事故、疾病流行或者其他意外情况时,中外合资、合作医疗机构及其卫生技术人员要服从卫生行政部门的调遣。

6. 中外合资、合作医疗机构发布本机构医疗广告,按照《中华人民共和国广告法》《医疗广告管理办法》办理。

7. 中外合资、合作医疗机构的医疗收费价格按照国家有关规定执行。

8. 中外合资、合作医疗机构的税收政策按照国家有关规定执行。

(四)监督管理

县以上地方各级卫生行政部门负责本行政区域内中外合资、合作医疗机构的日常监督管理工作。中外合资、合作医疗机构应当按照国家对外商投资企业的有关规定,接受国家有关部门的监督。

中外合资、合作医疗机构违反国家有关法律、法规和规章,由有关主管部门依法查处。对于违反本办法的中外合资、合作医疗机构,县级以上卫生行政部门和外经贸部门可依据相关法律、法规和规章予以处罚。

练习题

1. 中专卫校毕业生林某,在乡卫生院工作,2000年取得执业助理医师执业证书。他要参加执业医师资格考试,根据《中华人民共和国执业医师法》规定,应取得执业助理医师执业证书后,在医疗机构中工作满 ( )
   A. 10年   B. 5年
   C. 4年   D. 3年
   E. 2年

2. 对考核不合格的医师,县级以上人民政府卫生行政部门可以 ( )
   A. 吊销其医师执业证书
   B. 责令其暂停执业活动3~6个月,并接受培训和继续教育
   C. 降低其执业等级
   D. 变更其工作岗位
   E. 刑事处罚

3. 医师在职业活动中享受的权利 ( )
   A. 保护患者隐私   B. 履行医师职责
   C. 从事医学研究   D. 遵守技术规范
   E. 遵守执业道德

4. 医师王某,在去年8月至今年6月的执业活动中,为了从个体推销商手中得到好处,多次使用未经批准的药品和消毒药剂,累积获得回扣8 205元。根据《中华人民共和国执业医师法》的规定,应当依法给予该医师的行政处罚是 ( )
   A. 罚款1万元   B. 责令暂停9个月执业活动
   C. 警告   D. 吊销执业证书
   E. 刑事拘留

5. 医师马某某市人民医院从外省引进的医学人才,按规定马某办了相关手续后才能开展执业活动,该手续是 ( )
   A. 准予注册   B. 不予注册
   C. 注销注册   D. 变更注册
   E. 重新注册

6. 医疗机构的下列行为中,不违反《医疗机构管理条例》的是 ( )

A. 未将执业许可证、收费标准等悬挂于明显处所
B. 工作人员上岗工作未按规定佩戴标牌
C. 未按规定办理校验手续
D. 擅自增加医师人数
E. 擅自涂改执业许可证

7. 按诊疗同意制度,无法取得患者意见又无家属或者关系人在场,或者遇到其他特殊情况时,处理措施是 ( )
   A. 可以由经治医生决定施行
   B. 可以由经治医生与其他医生商量后决定施行
   C. 经治医师提出处置方案后,由无利害关系的二人以上在场见证情况下施行
   D. 经治医师提出处置方案,取得医疗机构负责人批准后实施
   E. 经治医师决定,其他医护人员在场见证情况下施行

8. 医疗机构施行特殊治疗时 ( )
   A. 可以由经治医生决定施行
   B. 可以由本科科室在科主任主持下讨论决定施行
   C. 由医院决定施行
   D. 可以征求患者意见
   E. 必须征得患者同意

9. 未经医师(士)亲自诊查或亲自接产,医疗机构不得出具以下证明文件,除了 ( )
   A. 疾病诊断书
   B. 健康证明书
   C. 死产报告书
   D. 死亡证明书
   E. 医疗纠纷分析证言

10. 医疗机构在从事医疗卫生技术工作中对非卫生技术人员 ( )
    A. 可以使用
    B. 尽量不用
    C. 不得使用
    D. 在次要的科室可以使用
    E. 一些特殊科室可以使用

11. 任何单位或个人开展医疗活动,必须依法取得 ( )
    A. 《设置医疗机构批准书》
    B. 《设置医疗机构备案回执》
    C. 《医疗机构执业许可证》
    D. 《医疗机构校验申请书》
    E. 《医疗机构申请变更登记注册书》

12. 医疗机构工作人员上岗工作,必须佩带 ( )
    A. 载有本人姓名、性别和年龄的标牌
    B. 载有本人姓名、性别和专业的标牌
    C. 载有本人姓名、专业和职务的标牌
    D. 载有本人姓名、职务或者职称的标牌
    E. 载有本人姓名、职称及科室的标牌

13. 对医疗机构的执业要求规定,医疗机构必须将以下项目悬挂于明显处,除了 ( )
    A. 医疗机构执业许可证

B. 诊疗科目
C. 诊疗医生
D. 收费标准
E. 诊疗时间

14.《医疗机构管理条例》的执业要求中规定,医疗机构执业必须 （ ）

A. 遵守有关法律、法规
B. 遵守有关法律、法规、规章制度
C. 遵守有关法律、法规、医疗技术规范
D. 遵守有关法律、法规、向患者承诺的公约
E. 遵守有关法律、法规、医疗道德

15. 未经批准擅自开办医疗机构行医的,承担以下法律责任,除了 （ ）

A. 警告
B. 没收其违法所得及其药品器械,并处10万元以下罚款
C. 对医师吊销执业证书
D. 给患者造成损害的,承担赔偿责任
E. 构成犯罪的,追究刑事责任

参考答案:1. B 2. B 3. C 4. D 5. D 6. D 7. D 8. E 9. E 10. C 11. C 12. D 13. C 14. C 15. A

(漯河医学高等专科学校 崔 岚)

第三章 药品管理法

学习要点

本章概述了药品管理法的概念,对药品的质量、生产、经营、包装、广告、检验和审批的相关法律规定。要求重点掌握药品管理法的适用范围,医疗机构制剂管理,严禁生产、销售假药、劣药,药品不良反应报告、相关法律责任等知识。

情境引入

药品是与医疗卫生活动直接相关的重要产品,为了保护就诊人的健康权,国家制定法律对与药品有关的各种社会关系进行调整。作为医疗卫生行业工作者,了解相关的法律知识,是保障人体用药安全、维护人民身体健康的重要内容。

第一节 概 述

一、药品管理法的概念及立法目的

药品管理法,是指调整药品研究、生产、经营、监督、管理活动中产生的各种社会关系的法律规范的总称。为了加强药品监督管理,保证药品质量,保障人体用药安全,维护人民身体健康和用药的合法权益,1984年9月20日第六届全国人民代表大会常务委员会第七次会议通过《中华人民共和国药品管理法》(以下简称《药品管理法》)。《药品管理法》的颁布施行,将药品的生产、经营活动和国家对药品的监督、管理纳入了法制化轨道,是我国药品管理活动的核心法律依据。《药品管理法》经过了一次修订和两次修正。在2001年2月28日第九届全国人大常务委员会第二十次会议上,修订了该法;2013年12月28日第十二届全国人民代表大会常务委员会第六次会议上,第一次修正了该法;2015年4月24日第十二届全国人民代表大会常务委员会第十四次会议上,第二次修正了该法。

为了保证《药品管理法》的有效施行,依照有关规定,先后颁布了多部行政法规。例如,国务院颁布的《中华人民共和国药品管理法实施办法》《麻醉药品和精神药品管理条例》;卫生部和国家食品药品监督管理局相继颁布的《医疗用毒性药品管理办法》《放射性药品管理办法》《进口药品管理办法》《药品临床试验管理办法》《药品生产质量管理规范》《药品经营质量管理规范》《处方药与非处方药分类管理办法》《药品不良反应报告和监测管理办法》和《中华人民共和国药典》等。这些规范性法律文件构成了我国的药品管理法律体系。

药品管理法的立法目的是加强对药品的监督管理,保证药品质量,保障人体用药安全,维护人民身体健康,维护药品直接使用者的合法权益。

国家规定了药品生产、经营和进口的行政许可制度,国家药品标准制度,药品研制、生产、经营各环节相应的质量管理规范制度等13项基本制度,既提供了法律依据,又为有关部门对药品监督的行政执法活动提供了必须遵守的行为规范。

国家对药品质量抽验,打击生产、销售假药、劣药行为,保证药品质量,维护人民身体健康。

本法依法加强对药品质量的监督管理,明确药品生产企业、药品经营企业及医疗机构在保证药品质量、保障人体用药安全方面各自的法定义务和责任;依法加强对药品价格的监督管理,建立合理的药品价格形成机制,使药品价格保持在合理水平;依法规范药品广告,防止对用药者造成误导;依法严厉惩治生产、销售假药、劣药的行为等。这都是为了保护药品直接使用者的合法权益,也是制定本法的一项重要目的。

二、药品的含义

药品是指用于预防、治疗、诊断人的疾病,有目的地调节人的生理功能并规定有适应证或功能主治、用法和用量的物质,包括中药材、中药饮片、中成药、化学原料药及其制剂、抗生素、生化药品、放射性药品、血清、疫苗、血液制品和诊断药品等。药品是一类特殊商品,它是人类防治疾病必不可少的特殊商品,它与人类的生命健康和生活密切相关,直接关系到千家万户的幸福和安宁。

药品的特点主要体现在以下几个方面。

1.种类复杂性　具体品种,全世界大约有20 000余种,我国中药制剂约5 000多种,西药制剂约4 000多种,由此可见,药品的种类复杂、品种繁多。

2.药品的医用专属性　药品不是一种独立的商品,它与医学紧密结合,相辅相成。患者只有通过医生的检查诊断,并在医生与执业药师的指导下合理用药,才能达到防止疾病、保护健康的目的。

3.药品质量的严格性　药品直接关系到人们的身体健康甚至生命存亡,因此,其质量不得有半点马虎。我们必须确保药品的安全、有效、均一、稳定。

另外,药品的质量还有显著的特点:它不像其他商品一样,有质量等级之分,如优等品、一等品、二等品、合格品等,都可以销售,而药品只有符合规定与不符合规定之分,只有符合规定的产品才能允许销售,否则不得销售。

三、药品管理法规定的基本方针

药品管理法规定了三项基本方针。

1. 国家发展现代药和传统药,充分发挥其在预防、医疗和保健中的作用 我国明确规定了发展现代药和传统药的基本方针。我国宪法第二十一条规定,国家"发展现代医药和我国传统医药"。依据宪法,我国对现代药和传统药都采取鼓励发展的方针。一方面,大力提高医药科学技术水平,以现代医药理论为指导,研制、开发、生产出更多更好的现代新药,满足人民防病治病的需要;另一方面,在传统医药理论指导下使用的中药(包括各种民族药物),即所谓传统药。

国家要发展现代药和传统药,充分发挥其在预防、医疗和保健中的作用。

2. 国家保护野生药材资源,鼓励培育中药材 中药是中华民族在长期防病治病实践中积累起来的宝贵财富,融合了各民族的智慧和丰富的物质资源。在中药中以植物药居多,还包括动物药、矿物药等。中药的来源有野生的,也有人工培育的,为了保证有丰富的药材资源以满足防病治病的需要,应当在药品管理中充分重视保护野生药材资源,同时积极鼓励人工培育中药材。

3. 国家鼓励研究和创制新药,保护公民、法人和其他组织研究、开发新药的合法权益 这是国家促进新药开发,发展医药事业的一条重要原则。广义上的"新药",按照国家药品监督管理部门现行的管理规定,是指我国未生产过的药品。狭义上的"新药",是指我国新研究和创制的药品,不包括我国虽尚未生产过,但国外已经研制、生产出的药品。鼓励研究和创制新药,满足人民群众防病治病的需要,是国家的一贯方针。国家运用资金、价格、税收、知识产权保护等多种手段,鼓励、支持新药的研究、开发和生产。新药属于专利保护范围,研制者通过依法享有专利权而获得经济利益。国家食品药品监督管理局也制定了《新药保护和技术转让条例》,对未取得专利的新药给予行政保护。对于研究和创制新药所产生的合法权益,依法给予保护,制止侵害科研人员、研究机构、企业的合法权益,保护和激励开发新药的积极性。

第二节 药品的生产和经营

一、药品生产、经营企业的管理

(一)开办药品生产企业的条件

药品监督管理部门批准开办药品生产企业,除依据《药品管理法》第八条规定的条件外,还应当符合国家制定的药品行业发展规划和产业政策,防止重复建设。

生产麻醉药品、精神药品、医疗用毒性药品、放射性药品、药品类易制毒化学品等,依照国家有关法律、法规的特殊规定。

(二)药品生产的质量管理

药品生产企业必须按照国务院药品监督管理部门依据本法制定的《药品生产质量管理规范》组织生产。药品监督管理部门按照规定对药品生产企业是否符合《药品生产质量管理规范》的要求进行认证,对认证合格的发给认证证书。

除中药饮片的炮制外,药品必须按照国家药品标准和国务院药品监督管理部门批准的生产工艺进行生产,生产记录必须完整准确。药品生产企业改变影响药品质量的生产工艺的,必须报原批准部门审核批准。

中药饮片必须按照国家药品标准炮制;国家药品标准没有规定的,必须按照省、自治区、直辖市人民政府药品监督管理部门制定的炮制规范炮制。省、自治区、直辖市人民政府药品监督管理部门制定的炮制规范应当报国务院药品监督管理部门备案。

生产药品所需的原料、辅料,必须符合药用要求。

药品生产企业必须对其生产的药品进行质量检验,不符合国家药品标准或者不按照省、自治区、直辖市人民政府药品监督管理部门制定的中药饮片炮制规范炮制的,不得出厂。

(三)开办药品经营企业的程序及条件

开办药品批发企业,须经企业所在地省、自治区、直辖市人民政府药品监督管理部门批准并发给《药品经营许可证》;开办药品零售企业,须经企业所在地县级以上地方药品监督管理部门批准并发给《药品经营许可证》,凭《药品经营许可证》到工商行政管理部门办理登记注册。无《药品经营许可证》的,不得经营药品。《药品经营许可证》应当标明有效期和经营范围,到期重新审查发证。

开办药品经营企业除了遵循合理布局和方便群众购药的原则,还应当必须具备以下条件:①具有依法经过资格认定的药学技术人员;②具有与所经营药品相适应的营业场所、设备、仓储设施、卫生环境;③具有与所经营药品相适应的质量管理机构或者人员;④具有保证所经营药品质量的规章制度。

(四)经营药品的质量管理

药品监督管理部门按照规定对药品经营企业是否符合《药品经营质量管理规范》的要求进行认证;对认证合格的,发给认证证书。药品经营企业购进药品,必须建立并执行进货检查验收制度,验明药品合格证明和其他标识;不符合规定要求的,不得购进。

药品经营企业购销药品,必须有真实完整的购销记录。购销记录必须注明药品的通用名称、剂型、规格、批号、有效期、生产厂商、购(销)货单位、购(销)货数量、购销价格、购(销)货日期及国务院药品监督管理部门规定的其他内容。

药品经营企业销售药品必须准确无误,并正确说明用法、用量和注意事项;调配处方必须经过核对,对处方所列药品不得擅自更改或者代用。对有配伍禁忌或者超剂量的处方,应当拒绝调配;必要时,经处方医师更正或者重新签字,方可调配。

药品经营企业必须制定和执行药品保管制度,采取必要的冷藏、防冻、防潮、防虫、防鼠等措施,保证药品质量。药品入库和出库必须执行检查制度。

二、医疗机构的药剂管理

医疗机构的药剂管理,是指根据临床需要采购药品、自制制剂、储存药品、分发药品、进行药品的质量管理和经济管理。在我国医疗机构的医疗工作中,药物在疾病的防治中意义重大。因此,也需要加强对医疗机构的药剂管理。

1. 医疗机构配制制剂的条件　医疗机构配制制剂,是指以医疗机构根据本单位临床需要,经批准配制自用的固定处方制剂。药品管理法对医疗机构配制制剂的条件作出了规定,即必须配备依法经过资格认定的药学技术人员。非药学技术人员不得直接从事药剂技术工作;必须经所在地省、自治区、直辖市人民政府卫生行政部门审核同意,由省、自治区、直辖市人民政府药品监督管理部门批准,发给《医疗机构制剂许可证》。无《医疗机构制剂许可证》的,不得配制制剂;必须具有能够保证制剂质量的设施、管理制度、检验仪器和卫生条件。

2. 医疗机构配制制剂的使用　医疗机构配制的制剂,应当是本单位临床需要而市场上没有供应的品种,并须经所在地省、自治区、直辖市人民政府药品监督管理部门批准后方可配制。配制的制剂必须按照规定进行质量检验;合格的,凭医师处方在本医疗机构使用。特殊情况下,经国务院或者省、自治区、直辖市人民政府的药品监督管理部门批准,医疗机构配制的制剂可以在指定的医疗机构之间调剂使用。医疗机构配制的制剂不得在市场销售。

3. 医疗机构的药品管理　医疗机构药品管理的目标是:保障医疗科研所需药品的及时、准确供应;贯彻药事法规,保证所供应的药品质量合格、药效确切;符合医院经济、财政管理政策和医疗卫生改革制度,贯彻减轻患者和国家负担的原则;注重社会效益和经济效益相结合,贯彻医院和药房有一定经济效益的原则。

在这一目标的要求下,医疗机构购进药品,也应符合如下要求:必须建立并执行进货检查验收制度,验明药品合格证明和其他标识;不符合规定要求的,不得购进和使用。医疗机构的药剂人员调配处方,必须经过核对,对处方所列药品不得擅自更改或者代用。对有配伍禁忌或者超剂量的处方,应当拒绝调配;必要时,经处方医师更正或者重新签字,方可调配。医疗机构必须制定和执行药品保管制度,采取必要的冷藏、防冻、防潮、防虫、防鼠等措施,保证药品质量。

4. 医疗机构的药事管理　医疗机构药事管理,是指医疗机构内以医院药学为基础,以临床药学为核心,促进临床科学、合理用药的药学技术服务和相关的药品管理工作。《医疗机构药事管理办法》规定,医疗机构根据实际工作需要,应设立药事管理组织和药事部门,逐步建立临床药师制,创造条件支持药事研究管理。药事管理与药物治疗学委员会(组)应当建立健全相应工作制度,日常工作由药学部门负责。县级以上地方卫生、中医药行政部门应当加强对医疗机构药事管理工作的监督与管理,定期对医疗机构药事管理工作进行监督检查。

第三节　药品管理

一、药品标准

国家对药品质量规格及检验方法所做的技术性规定,是药品生产、销售、使用、检验和管理部门共同遵循的法定依据。我国实行国家药品标准,《中华人民共和国药典》和国家食品药品监督管理局颁布的药品标准是国家药品标准。

国家药品监督管理部门组织药学、医学和其他技术人员,对新药进行审评;对已经批准生产的药品进行再评价;对疗效不确定、不良反应大或者其他原因危害人体健康的药品,应该撤销其批准文号。它对于保护人们用药安全、有效,促进医药企业开发新品种,提高经济效益有着重要意义。

(一)药品标准的原则与内容

1.制定药品标准的原则　药品标准是国家对药品质量规格及检验方法所做的技术性规定,是药品生产、销售、使用和检验单位共同遵守的法定依据。

合理科学的药品质量标准能控制药品的质量。制定药品标准必须坚持质量第一,充分体现"安全有效,技术先进,经济合理"的原则,药品标准起到提高质量、择优发展的作用。

2.药品标准的制定　药品管理法规定,药品必须符合国家药品标准。中药饮片必须按照国家药品标准炮制,国家药品标准没有规定的,必须按照省级药品监督管理部门制定的炮制规范炮制。

国家药品标准包括《中华人民共和国药典》和国家食品药品监督管理局颁布的药品标准。只有符合国家药品标准的药品才是合格药品,方可销售使用。列入国家药品标准的药品名称为药品通用名称。已经作为药品通用名称的,该名称不得作为药品商标使用。

国务院药品监督管理部门组织药典委员会,负责国家药品标准的制定和修订。

国务院药品监督管理部门的药品检验机构负责标定国家药品标准品、对照品。

3.药品标准的内容　药品标准的内容一般包括名称,成分或处方的组成,含量及其检查、检验的方法,制剂的辅料,允许的杂质及其限量、限度,技术要求以及作用、用途、用法、用量,注意事项,储藏方法,安装等。

(二)新药及仿制药、新生物制品的管理

1.新药及新药管理　新药是指在国内未生产过的药品,包括化学药品、中药和生物制品。因新药是社会生产过程中为人类健康服务的科学研究成果之一,它对诊疗疾病有着重要作用,并代表医药工业科研水平,因此国家确定的方针是鼓励研究和创制新药,要保护研究开发新药的积极性,规范新药研制活动。

研制新药必须依法如实报送研制方法、质量指标、药理及毒性试验结果等有关资料和样品,经国务院药品监督管理部门批准后,方可进行临床试验;药物临床试验机构资格的认定办法,由国务院药品监督管理部门、国务院卫生行政部门共同制定。完成临床试验并通过审批的新药,由国务院药品监督管理部门批准,发给新药证书。只有取得新药证书者,才能依法转让新药技术,生产上市。

药物的非临床安全性评价研究机构和临床试验机构必须执行相应的质量管理规范,这些规范则由国务院确定的部门制定。因为药物临床试验是新药研制不可缺少的环节,而临床试验是将药物用在患者身上,这属于医疗行为,医疗机构不仅对试验结果负责,更要对患者或者受试者的安全和健康负责,正是由于这些情况,相关的质量管理规范就应由国务院确定的与之有关的部门制定。

生产新药或者已有国家标准的药品的,须经国务院药品监督管理部门批准,并发给药品批准文号;但是,生产没有实施批准文号管理的中药材和中药饮片除外。实施批准文号管理的中药材、中药饮片品种目录由国务院药品监督管理部门会同国务院中

医药管理部门制定。药品生产企业在取得药品批准文号后,方可生产该药品。

药品进行审评,是指运用药物流行病学、管理学、药剂学、临床医学等学科的方法和知识,对已批准上市的药品在社会人群中的疗效、不良反应、用药方案是否符合合理用药原则作出科学评价和估计。《药品管理法》规定国务院药品监督管理部门组织药学、医学和其他技术人员,对新药进行审评,对已经批准生产的药品进行再评价。对已批准生产的药品应当组织调查,对疗效不确定、不良反应大或其他原因危害人体健康的药品,应当撤销其批准文号。已撤销批准文号的药品,不得继续生产、销售;已经生产的,由当地药品监督管理部门监督销毁。

2.仿制药品及其管理　仿制药品,是指国家批准正式生产并收载于国家药品标准的品种。《仿制药品批准办法》规定,国家鼓励创新和技术进步,控制仿制药品的审批。仿制药品的质量不得低于被仿制药品,使用说明书应与被仿制药品保持一致。试行标准的药品及受国家行政保护的品种不得仿制。对已有国家标准且不在新药保护期内的化学药品,凡对工艺进行重大改变的,应按仿制药品申报。凡申请生产仿制药品,经审核后由国家食品药品监督管理局对同意仿制的药品编排统一的批准文号。

3.新生物制品及其管理　新生物制品系指我国未批准上市的生物制品,是应用普通的或以基因工程、细胞工程、蛋白质工程、发酵工程等生物技术获得的微生物、细胞及各种动物和人源的组织和液体等生物材料制备,用于人类疾病预防、治疗和诊断的药品。《新生物制品审批办法》规定,新生物制品实行国家一级审批制度。新生物制品临床试验结果报经国家食品药品监督管理局审查批准后发给新药证书。申报生产新生物制品的企业,报经国家食品药品监督管理局审批后发给批准文号方能生产。

二、禁止生产和销售假药、劣药

生产和销售假药、劣药,会造成危害人们生命和身体健康的严重后果,并破坏国家正常的药品管理秩序。因此,国家禁止生产(包括配制)和销售假药,禁止生产、销售劣药。

(一)药品必须符合法定要求

国家药品标准是由国家食品药品监督管理局批准颁布,并对其颁布的药品标准有解释、修订、废止的权力。只有符合国家药品标准的药品才是合格药品,才能销售使用。

药品标准的内容一般包括名称,成分或处方的组成,含量及其检查、检验的方法,制剂的辅料,允许的杂质及其限量、限度、技术要求及作用、用途、用法、用量,注意事项,储藏方法,安装等。

国务院药品监督管理部门颁布的《中华人民共和国药典》和药品标准为国家药品标准。国务院药品监督管理部门组织药典委员会,负责国家药品标准的制定和修订。国务院药品监督管理部门的药品检验机构负责标定国家药品标准品、对照品。

(二)禁止生产、配制、销售假药

药品是用于防病、治病的特殊商品。假药不但不能发挥药品最基本的作用,反而会贻误、加重病情,甚至会致人伤残或者死亡。

《药品管理法》所定义的假药,包括如下两种情形。

1.药品所含成分与国家药品标准规定的成分不符的 国家药品标准中载明的药品成分,是经过药理、毒理等临床和非临床的反复试验,在试生产期又经过药品质量、稳定性及临床疗效和不良反应的检验,证明对某种疾病确有疗效,并能保证使用安全后才确定下来的。药品所含成分与国家药品标准规定的成分不符,不能保证药品使用的安全性及有效性,有必要将其列为假药。

2.以非药品冒充药品或者以他种药品冒充此种药品的 每一种药品都是针对特定疾病而产生一定的疗效,实现药品缓解症状、治病救人的目的。不同药品的区别主要在于各自的适应证不同,功能主治不同,用法、用量、禁忌及用药注意事项不同,所发挥的效果也不同。以非药品或他种药品冒充此种药品,不能达到用药目的,反而会产生严重后果,贻误病情,侵害患者身心健康,影响用药安全及稳定。由此法律也将此类药品归为假药,予以严厉打击。

同时,《药品管理法》也明确了"按假药论处"的药品类型。所谓"按假药论处"是指药品本身不是法律明确规定的假药类型,但此类药品所产生的危害后果与假药相同或相近,因此法律规定按照假药予以处理,对此类药品的生产者、销售者按照生产、销售假药追究法律责任。有下列情形之一的药品,按假药论处:国务院药品监督管理部门规定禁止使用的;依照本法必须批准而未经批准生产、进口,或者依照本法必须检验而未经检验即销售的、变质的、被污染的;使用依照本法必须取得批准文号而未取得批准文号的原料药生产的;所标明的适应证或者功能主治超出规定范围的。

(三)禁止生产、销售劣药

劣药,是指药品成分的含量不符合国家药品标准的药品。它是假药之外不符合药品标准的药品。劣药不仅不能治病,反而可能会贻误病情,危害人体健康。因此法律也明确规定了禁止生产、销售劣药。劣药与假药的区别在于,劣药的成分符合国家药品标准,但其成分的含量不符合国家药品标准。虽然药品成分的含量不符合国家标准,与假药的危害性相比稍弱,但也会对药品的质量直接产生影响。药品成分含量低于规定标准的,使用者在使用后达不到应有的治疗作用。超出规定标准的,则可能会造成使用者的超量服用,危害其健康和生命安全。

有下列情形之一的药品,按劣药论处:未标明有效期或者更改有效期的;不注明或者更改生产批号的;超过有效期的;直接接触药品的包装材料和容器未经批准的;擅自添加着色剂、防腐剂、香料、矫味剂及辅料的;其他不符合药品标准规定的。按劣药论处的药品,其生产、经营者也应承担与生产、销售劣药相同的法律责任。

三、处方药和非处方药的分类管理

为了加强处方药管理,规范非处方药管理,保证广大人民群众的用药安全有效,国家对药品实行处方药和非处方药分类管理制度。国家药品监督管理部门于1999年发布了《处方药与非处方药分类管理办法》,并按照"应用安全、疗效确切、质量稳定、使用方便"原则,公布了《第一批国家非处方药目录》。

处方药,是指必须凭执业医师或执业助理医师处方才可调配、购买和使用,并需在医务人员指导和监控下使用的药品。一般被列为处方药的药品,应该是有毒性或潜在不良影响或使用时需要有特定条件的药品。处方药的范围包括:国际规定管制的特殊药品(麻醉药品、精神药品、医疗用毒性药品);新上市的新药;药品本身毒性较大;治疗借助于诊断手段来确诊的疾病,并由医师开具处方,用于专属性强、病情严重而又需要医护人员监督指导使用的药品。

非处方药是指不用医师诊断和开处方,消费者依据自己所掌握的医药知识,并借助阅读药品标识物,对小伤小病自我诊断和选择应用的药品。在美国,非处方药也被称为"柜台上的药物"(over the counter, OTC)。其特点是安全、有效、稳定、方便。医疗机构根据医疗需要可以决定和推荐使用非处方药。

处方药只准在专业性医药报刊上进行广告宣传,非处方药经审批可以在大众传播媒介进行广告宣传。非处方药的包装必须印有国家指定的非处方药专有标识,必须符合质量要求,方便储存、运输和使用。每个销售基本单元包装必须附有标签和说明书。非处方药又分为甲、乙两类。经营处方药、非处方药的批发企业和经营处方药、甲类非处方药的零售企业,必须具有《药品经营许可证》。经省级药品监督管理部门或其授权的药品监督管理部门批准的其他商业企业,可以零售乙类非处方药。零售乙类非处方药的商业企业必须配备专职的具有高中以上文化程度,经专业培训后,由省级药品监督管理部门或其授权的药品监督管理部门考核合格并取得上岗证的人员。

四、特殊药品管理

国家对麻醉药品、精神药品、医疗用毒性药品、放射药品,实行特殊管理,分别制定了相应的管理办法。这些特殊管理的核心是对这几类药品的研制、生产、运输、销售使用、运输、进出口各环节实行严格审批制度,严格控制滥用和流入非法渠道。为更好地进行国际合作和加强国内管制,我国已加入了联合国《1961年麻醉药品单一公约》《1971年精神药物公约》和1988年《联合国禁止非法贩运麻醉药品和精神药品公约》。

(一)麻醉药品及精神药品的管理

1. 麻醉药品的定义及种类　麻醉药品,是指连续使用后易产生生理依赖性,能成瘾癖的药品,如吗啡、哌替啶、可卡因、美沙酮等。麻醉药品是具有依赖性潜力的药品,滥用或不合理使用易产生生理依赖性和精神依赖性。麻醉药品与麻醉药(剂)不同,麻醉药(剂)是指医疗上用于全身麻醉和局部麻醉的药品,如普鲁卡因、利多卡因等,这些药品在药理上虽然具有麻醉作用,但不具有依赖性潜力。

麻醉药品包括阿片类、可卡因类、大麻类、合成麻醉药类及卫生部指定的其他易成瘾癖的药品、药用原植物及其制剂。

麻醉药品一方面具有治疗疾病的性质,另一方面又具有能成瘾癖的性质,从而成为满足某些人不良嗜好的物质,即毒品,由此也对社会产生了严重的危害。为加强对麻醉药品的管理,国务院于1987年颁布《麻醉药品管理办法》。目前,这一办法的滞后性突出,国家也正在对其进行修订完善。

2. 精神药品的定义及种类　精神药品是指直接作用于中枢神经系统,使之兴奋或抑制,连续使用能产生依赖性的药品。依据依赖性潜力和危害人体健康的程度,精神药品分为第一类精神药品和第二类精神药品。各类精神药品品种目录由国务院药品监督管理部门确定并公布。在精神药品管理方面,国务院于1988年颁布《精神药品管理办法》,且该办法也在修订中。

3. 麻醉药品及精神药品的管理　国家对麻醉药品药用原植物及麻醉药品和精神药品实行管制。除法律另有规定的外,任何单位、个人不得进行麻醉药品药用原植物的种植及麻醉药品和精神药品的实验研究、生产、经营、使用、储存、运输等活动。

(1)麻醉药品和精神药品的生产(种植)管理　国家根据麻醉药品和精神药品的医疗、国家储备和企业生产所需原料的需要确定需求总量,对麻醉药品药用原植物的种植、麻醉药品和精神药品的生产实行总量控制。

国务院药品监督管理部门根据麻醉药品和精神药品的需求总量制定年度生产计划。国务院药品监督管理部门和国务院农业主管部门根据麻醉药品年度生产计划,制定麻醉药品药用原植物年度种植计划。

国家对麻醉药品和精神药品实行定点生产制度。定点生产企业生产麻醉药品和精神药品应当依照药品管理法的规定取得药品批准文号。未取得药品批准文号的,不得生产麻醉药品和精神药品。

(2)麻醉药品和精神药品的经营管理　国家对麻醉药品和精神药品实行定点经营制度。药品经营企业不得经营麻醉药品原料药和第一类精神药品原料药。但是,供医疗、科学研究、教学使用的小包装的上述药品可以由国务院药品监督管理部门规定的药品批发企业经营。

禁止使用现金进行麻醉药品和精神药品交易,但个人合法购买麻醉药品和精神药品的除外。专门从事第二类精神药品批发业务的企业,应当经所在地省、直辖市、自治区人民政府药品监督管理部门批准。禁止超剂量或者无处方销售第二类精神药品;不得向未成年人销售第二类精神药品。

(3)医疗机构麻醉药品和精神药品的使用管理　医疗机构需要使用麻醉药品和第一类精神药品的,应当经所在地设区的市级人民政府卫生主管部门批准,取得麻醉药品、第一类精神药品购用印鉴卡(以下称印鉴卡)。医疗机构应当凭印鉴卡向本省、自治区、直辖市行政区域内的定点批发企业购买麻醉药品和第一类精神药品。

具有麻醉药品和第一类精神药品处方资格的执业医师,根据临床应用指导原则,对确需使用麻醉药品或者第一类精神药品的患者,应当满足其合理用药需求。在医疗机构就诊的癌症疼痛患者和其他危重患者得不到麻醉药品或者第一类精神药品时,患者或者其亲属可以向执业医师提出申请。具有麻醉药品和第一类精神药品处方资格的执业医师认为要求合理的,应当及时为患者提供所需麻醉药品或者第一类精神药品。

(4)麻醉药品和精神药品处方的管理　执业医师应当使用专用处方开具麻醉药品和精神药品,单张处方的最大用量应当符合国务院卫生主管部门的规定。第一类精神药品注射剂处方为1次用量,其他剂型处方不得超过3天用量,控制缓制剂处方不得超过7天用量。第二类精神药品处方一般不得超过7天用量,对于某些特殊情况,处方用量可适当延长,但医师应当注明理由。对麻醉药品和第一类精神药品处方,处方的调配人、核对人应当仔细核对,签署姓名,并予以登记;对不符合规定的,处方的调配人、核对人应当拒绝发药。

医疗机构应当对麻醉药品和精神药品处方进行专册登记,加强管理。麻醉药品处方至少保存3年,精神药品处方至少保存2年。

(二)医疗用毒性药品管理

医疗用毒性药品(简称毒性药品),系指毒性剧烈、治疗量与中毒剂量相近,使用不当会致人中毒或死亡的药品。

1. 毒性药品的品种范围 根据卫生部的规定,目前我国毒性药品的管理品种中,有毒性中药28种(指原药材及其饮片),毒性西药11种(指原料药)。上述中、西毒性药品品种一般不包括其制剂。

毒性中药品种:砒石(红砒、白砒)、砒霜、水银、生马钱子、生川乌、生草乌、生白附子、生附子、生半夏、生南星、生巴豆、斑蝥、青娘虫、红娘虫、生甘遂、生狼毒、生藤黄、生千金子、生天仙子、闹羊花、雪上一枝蒿、红升丹、白降丹、蟾酥、洋金花、红粉、轻粉、雄黄。

毒性西药品种:去乙酰毛花苷丙、洋地黄毒苷、阿托品、氢溴酸后马托品、三氧化二砷、毛果芸香碱(包括其盐类)、升汞、水杨酸毒扁豆碱、亚砷酸钾、氢溴酸东莨菪碱、士的宁(包括其盐类)。

2. 毒性药品的使用管理

(1)凡加工炮制毒性中药,必须按照《中华人民共和国药典》或省级药品监督管理主管部门制定的炮制规范有关规定进行。药材符合药用要求的,方可供应、配方和用于中成药生产或医疗单位自己制剂制配。

(2)医师开写毒性药品处方,只允许开制剂,不得开毒性药品原材料,每次处方剂量不得超过2天剂量。

(3)调配处方时,必须认真负责,计量准确,按医嘱注明要求,并由配方人员及具有药师以上技术职务的复核人员签名盖章后方可发出。对处方不注明"生用"的毒性中药,应当附炮制品。如发现处方有疑问时,须经原处方医师重新审定后再行调配。处方一次有效,处方应保存2年备查。

(4)建立保管、验收、领发、核对等制度。严防收假、发错或与其他药品混杂。必须专人、专柜、加锁保管,并建立登记账,记明收、支、存情况。

(三)放射性药品概念及其管理法律制度

放射性药品是指用于临床诊断或者治疗的放射性核素制剂或者其标记化合物。放射性药品与其他药品的不同之处在于,放射性药品含有的放射性核素能放射出射线。因此,凡在分子内或制剂内含有放射性核素的药品都称为放射性药品。

1. 放射性药品的标准管理 放射性药品是一类特殊药品,它释放出的射线具有穿透性,当其通过人体时,可与组织发生电离作用,因此对它的质量要求比一般药品更需严加监督检查。以保证达到诊断与治疗的目的又不使正常组织受到损害。所谓放射性药品标准管理即指药检机构根据国家制定的标准对药品质量进行监督检查。放射性药品的监督检查可以概括为3个方面:①物理检查(查性状、放射性纯度及强度);②化学检查(包括pH值、放射化学纯度、载体含量等);③生物检查(要求无菌、无热原、进行生物学特殊实验)。

2. 放射性药品的使用 医疗单位设置核医学科、室(同位素室),必须配备与其医疗任务相适应的并经核医学技术培训的技术人员。非核医学专业技术人员未经培训,不得从事放射性药品使用工作。从事临床核医学的工作人员应有高度的工作责任心,应熟悉和掌握有关放射性核素的基本知识并严格遵守放射性药品的登记、保管、使用制度。操作人员要严格遵照无菌操作技术进行放射性药物的制备。标记用的器械、工具不得随意放置,以防污染。对各种资料、图片应建立完整的保管登记制度。放射性药品开瓶、稀释、分装时工作人员要穿隔离衣,戴口罩、帽子、胶皮手套、防护眼镜等用品。并应在铅、砖、铅玻璃防护屏后进行。开瓶应在通风橱内进行,开瓶前应按说明书核对放射性药物的标签。然后将放射源置于通风橱内,开瓶要仔细勿用力过猛,以防打碎玻璃溶器,造成污染。稀释与分装放性药物前应仔细核对说明书的项目,稀释口服液可用蒸馏水,静脉注射剂用无菌生理盐水,分装放射性药品时应在铺有吸水纸的搪瓷盘内进行,不要直接在工作台上操作。

3. 放射性药品的保管　放射性药品应由专人负责保管。收到放射性药品时,应认真核对名称、出厂日期、放射性浓度、总体积、总强度、容器号、溶液的酸碱度及物理性状等,注意液体放射性药品有否破损、渗漏,注意发生器是否已做细菌培养、热原检查。做好放射性药品使用登记。贮存放射性药品容器应贴好标签。建立放射性药品使用登记表册,在使用时认真按账册项目要求逐项填写。并做永久性保存。放射性药品应放在铅罐内,置于贮源室的贮源柜内,平时由专人负责保管,严防丢失。常用放射药品应按不同品种分类放置在通风橱贮源槽内,标志要鲜明,以防发生差错。发现放射性药品丢失时,应立即追查去向,并报告上级机关。放射性药品用于患者前,应对其品种和用量进行严格的核对,特别是在同一时间给几个患者服药时,应仔细核对患者姓名及给药剂量。

第四节　与药品相关的其他管理制度

一、药品价格管理

药品是与人民群众生活息息相关的商品,更是影响人民生命健康的特殊商品。根据药品本身的特殊性及我国国情,政府必须要对药品价格进行管理。首先,药品是在医师指导下消费的特殊商品。药品的药理药效和使用具有很强的专业性,绝大多数情况下,患者吃什么药,怎么吃药都不是由患者决定的。因此,药品价格不能完全通过市场竞争机制来形成。其次,我国药品价格普遍存在虚高的问题,也成为导致医患矛盾冲突加剧的原因之一。生产领域,普通治疗药品供过于求,流通领域,药品批发企业过多,医疗机构处于垄断地位,甚至出现"以药养医"的现象。在这一情况下,有必要通过政府对药品价格的管理调控,降低过高的药品进销差价,减轻社会药费负担,缓解医患矛盾。

1. 市场调节价药品　国家对药品价格实行政府定价、政府指导的市场调节价。依法实行市场调节价的药品,药品的生产企业、经营企业和医疗机构应当按照公平、合理和诚实信用、质价相符的原则制定价格,为用药者提供价格合理的药品。药品的生产企业、经营企业和医疗机构应当遵守国务院价格主管部门关于药价管理的规定,制定和标明药品零售价格,禁止暴利和损害用药者利益的价格欺诈行为。药品的生产企业、经营企业、医疗机构应当依法向政府价格主管部门提供其药品的实际购销价格和购销数量等资料。医疗机构应当向患者提供所用药品的价格清单;医疗保险定点医疗机构还应当按照规定的办法如实公布其常用药品的价格,加强合理用药的管理。

2. 禁止药品购销中的违法行为　禁止药品的生产企业、经营企业和医疗机构在药品购销中账外暗中给予、收受回扣或者其他利益。禁止药品的生产企业、经营企业或者其代理人以任何名义给予使用其药品的医疗机构的负责人、药品采购人员、医师等有关人员以财物或者其他利益。禁止医疗机构的负责人、药品采购人员、医师等有关人员以任何名义收受药品的生产企业、经营企业或者其代理人给予的财物或者其他利益。

二、药品广告管理

药品作为一种特殊的商品,每一种药品都有其特殊的功能主治与特定的使用对象,通过药品广告,不仅可以起到宣传药品的作用,也能指导患者及消费者用药。但同时,药品又不同于普通的商品,药品广告的内容对指导合理用药、安全用药起着至关重要的作用,对人民群众的生命健康安全直接产生影响。因此对药品广告的审核发布和监督管理相较于其他普通的商品也更为严格严苛。

《药品管理法》明确了对药品广告的监督监管要求。药品广告须经企业所在地省、自治区、直辖市人民政府药品监督管理部门批准,并发给药品广告批准文号;未取得药品广告批准文号的,不得发布。

处方药可以在国务院卫生行政部门和国务院药品监督管理部门共同指定的医学、药学专业刊物上介绍,但不得在大众传播媒介发布广告或者以其他方式进行以公众为对象的广告宣传。药品广告的内容必须真实、合法,以国务院药品监督管理部门批准的说明书为准,不得含有虚假的内容。药品广告不得含有不科学的表示功效的断言或者保证;不得利用国家机关、医药科研单位、学术机构或者专家、学者、医师、患者的名义和形象作证明。非药品广告不得有涉及药品的宣传。

省、自治区、直辖市人民政府药品监督管理部门应当对其批准的药品广告进行检查,对于违反《药品管理法》和《中华人民共和国广告法》的广告,应当向广告监督管理机关通报并提出处理建议,广告监督管理机关应当依法做出处理。

三、药品进口管理

药品进口,须经国务院药品监督管理部门组织审查,经审查确认符合质量标准、安全有效的,方可批准进口,并发给进口药品注册证书。禁止进口疗效不确定、不良反应大或者其他原因危害人体健康的药品。医疗单位临床急需或者个人自用进口的少量药品,按照国家有关规定办理进口手续。

药品必须从允许药品进口的口岸进口,并由进口药品的企业向口岸所在地药品监督管理部门登记备案。海关凭药品监督管理部门出具的《进口药品通关单》放行。无《进口药品通关单》的,海关不得放行。

口岸所在地药品监督管理部门应当通知药品检验机构按照国务院药品监督管理部门的规定对进口药品进行抽查检验,并依照《药品管理法》第四十一条第二款的规定收取检验费。

允许药品进口的口岸由国务院药品监督管理部门会同海关总署提出,报国务院批准。

国务院药品监督管理部门对下列药品在销售前或者进口时,指定药品检验机构进行检验;检验不合格的,不得销售或者进口:国务院药品监督管理部门规定的生物制品;首次在中国销售的药品;国务院规定的其他药品。

国务院药品监督管理部门对已经批准生产或者进口的药品,应当组织调查;对疗效不确定、不良反应大或者其他原因危害人体健康的药品,应当撤销批准文号或者进口药品注册证书。

已被撤销批准文号或者进口药品注册证书的药品,不得生产或者进口、销售和使用;已经生产或者进口的,由当地药品监督管理部门监督销毁或者处理。

四、药品储备管理和药品包装规范

国家实行药品储备制度。国内发生重大灾情、疫情及其他突发事件时,国务院规定的部门可以紧急调用企业药品。为满足战备、灾情、疫情及突发事故等重大事件的用药需求,国家建立了医药储备制度,在严重的自然灾害、重大事件和突发事故中,为挽救人民生命、控制疫情、减少灾害损失、稳定社会秩序发挥重要作用。

药品包装规范,要求直接接触药品的包装材料和容器,必须符合药用要求,符合保障人体健康、安全的标准,并由药品监督管理部门在审批药品时一并审批。药品生产企业不得使用未经批准的直接接触药品的包装材料和容器。对不合格的直接接触药品的包装材料和容器,由药品监督管理部门责令停止使用。

药品包装必须适合药品质量的要求,方便储存、运输和医疗使用。发运中药材必须有包装。在每件包装上,必须注明品名、产地、日期、调出单位,并附有质量合格的标志。

药品包装必须按照规定印有或者贴有标签并附有说明书。标签或者说明书上必须注明药品的通用名称、成分、规格、生产企业、批准文号、产品批号、生产日期、有效期、适应证或者功能主治、用法、用量、禁忌、不良反应和注意事项。

麻醉药品、精神药品、医疗用毒性药品、放射性药品、外用药品和非处方药的标签,必须印有规定的标志。

第五节 药品监督

药品监督规定了药品监督管理部门和药品检验机构在药品管理工作中应负的责任,应承担的权利及应履行的义务。

一、药品监督管理机构及职责

药品监督管理是我国行政监督体系中的重要组成部分,是指药品监督管理机关为了保障药品管理行政法律得以贯彻执行,实现药品行政管理目的,依法对药品行政相对人履行法定行政义务情况进行监督的行政执法行为。

国家食品药品监督管理局主管全国药品监督管理工作。国务院有关部门在各自的职责范围内负责与药品有关的监督管理工作。省、自治区、直辖市地方政府药品监督管理部门负责本行政区域内的药品监督管理工作。省、自治区、直辖市地方政府有关部门在各自的职责范围内负责与药品有关的监督管理工作。

药品监督机构有权按照法律、行政法规的规定对报经其审批的药品研制和药品的生产、经营及医疗机构使用药品的事项进行监督检查,有关单位和个人不得拒绝和隐瞒。药品监督管理部门进行监督检查时,必须出示证明文件。对监督检查中知悉的被检查人的技术秘密和业务秘密应当保密;根据监督检查的需要,可以对药品质量进行抽查检验。抽查检验应当按照规定抽样,并不得收取任何费用。所需费用按照国务院规定列支。药品监督管理部门对有证据证明可能危害人体健康的药品及其有关材料可以采取查封、扣押的行政强制措施,并在 7 天内做出行政处理决定;药品需要检验的,必须自检验报告书发出之日起 15 天内做出行政处理决定。

国务院和省、自治区、直辖市人民政府的药品监督管理部门应当定期公告药品质量抽查检验的结果;公告不当的,必须在原公告范围内予以更正。药品监督管理部门应当按照规定,依据《药品生产质量管理规范》《药品经营质量管理规范》,对经其认证合格的药品生产企业、药品经营企业进行认证后的跟踪检查。地方人民政府和药品监督管理部门不得以要求实施药品检验、审批等手段限制或者排斥非本地区药品生产企业依照本法规定生产的药品进入本地区。药品监督管理部门及其设置的药品检验机构和确定的专业从事药品检验的机构不得参与药品生产经营活动,不得以其名义推荐或者监制、监销药品。药品监督管理部门及其设置的药品检验机构和确定的专业从事药品检验的机构的工作人员不得参与药品生产经营活动。

二、药品检验机构及职责

国务院药品监督管理部门设置国家药品检验机构。省、自治区、直辖市地方政府药品监督管理部门可以在本行政区域内设置药品检验机构。国务院和省、自治区、直辖市地方政府的药品监督管理部门可以根据需要,确定符合药品检验条件的检验机构承担药品检验工作。

药品抽样必须由 2 名以上药品监督检查人员实施,并按国务院药品监督管理部门的规定进行抽样;被抽检方应当提供抽检样品,不得拒绝。

对于有掺杂、掺假嫌疑的药品,在国家药品标准规定的检验方法和检验项目不能检验时,药品检验机构可以补充检验方法和检验项目进行药品检验;经国务院药品监督管理部门批准后,使用补充检验方法和检验项目所得出的检验结果,可以作为药品监督管理部门认定药品质量的依据。

当事人对药品检验机构的检验结果有异议的,可以自收到药品检验结果之日起 7 天内向原药品检验机构或者上一级药品监督管理部门设置或者确定的药品检验机构申请复验,也可以直接向国务院药品监督管理部门设置或者确定的药品检验机构申请复验。受理复验的药品检验机构必须在国务院药品监督管理部门规定的时间内作出复验结论。

三、药品不良反应报告制度

我国药品管理法明确规定,国家实行药品不良反应报告制度。药品生产企业、药品经营企业和医疗机构必须经常考察本单位所生产、经营、使用的药品质量、疗效和反应。发现可能与用药有关的严重不良反应,必须及时向当地省、自治区、直辖市人民政府药品监督管理部门和卫生行政部门报告。

对已确认发生严重不良反应的药品,国务院或者省、自治区、直辖市人民政府的药品监督管理部门可以采取停止生产、销售、使用的紧急控制措施,并应当在5天内组织鉴定,自鉴定结论做出之日起15天内依法做出行政处理决定。

《医疗机构药事管理规定》也明确了医疗机构在药品不良反应报告中的具体责任,即医疗机构应当建立药品不良反应、用药错误和药品损害事件监测报告制度。医疗机构临床科室发现药品不良反应、用药错误和药品损害事件后,应当积极救治患者,立即向药学部门报告,并做好观察与记录。医疗机构应当按照国家有关规定向相关部门报告药品不良反应,用药错误和药品损害事件应当立即向所在地县级卫生行政部门报告。

第六节 法律责任

任何单位、组织和个人,凡违反药品管理法律制度的行为,都应当承担相应的法律责任。药品管理法律责任包括行政责任、民事责任及刑事责任。

一、行政责任

(一)行使行政处罚权的机关

违反药品管理法的有关规定,由县级以上药品监督管理部门按照国家食品药品监督管理局规定的职责分工决定行政处罚。吊销《药品生产许可证》《药品经营许可证》《医疗机构制剂许可证》《医疗机构执业许可证》或者撤销药品批准证明文件的,由原发证、批准的部门决定。药品生产经营企业、医疗机构在药品购销中暗中给予、收受回扣或者其他利益的,药品生产经营企业或者其代理人给予使用其药品的医疗机构的负责人、药品采购人员、医师等有关人员以财物或者其他利益的,由工商行政管理部门处罚。医疗机构的负责人、药品采购人员、医师等有关人员收受药品生产经营企业或者其代理人给予的财物或者其他利益的,由卫生行政部门处罚。

(二)违法行为及行政处罚

1. 未取得《药品生产许可证》《药品经营许可证》或者《医疗机构制剂许可证》生产药品、经营药品的,依法予以取缔,没收违法生产、销售的药品和违法所得,并处违法生产、销售的药品(包括已售出的和未售出的药品,下同)货值金额2倍以上5倍以下的罚款。

2. 生产、销售假药的,没收违法生产、销售的药品和违法所得,并处违法生产、销售药品货值金额2倍以上5倍以下的罚款;有药品批准证明文件的予以撤销,并责令停产、停业整顿;情节严重的,吊销《药品生产许可证》《药品经营许可证》或者《医疗机构制剂许可证》。

3.生产、销售劣药的,没收违法生产、销售的药品和违法所得,并处违法生产、销售药品货值金额1倍以上3倍以下的罚款;情节严重的,责令停产、停业整顿或者撤销药品批准证明文件、吊销《药品生产许可证》《药品经营许可证》或者《医疗机构制剂许可证》。

4.从事生产、销售假药及生产、销售劣药情节严重的企业或者其他单位,其直接负责的主管人员和其他直接责任人员10年内不得从事药品生产、经营活动。对生产者专门用于生产假药、劣药的原辅材料、包装材料、生产设备,予以没收。

5.知道或者应当知道属于假劣药品而为其提供运输、保管、仓储等便利条件的,没收全部运输、保管、仓储的收入,并处违法收入50%以上3倍以下的罚款。

6.药品的生产企业、经营企业、药物非临床安全性评价研究机构、药物临床试验机构未按照规定实施质量管理规范的,给予警告,责令限期改正;逾期不改正的,责令停产、停业整顿,并处5 000元以上2万元以下的罚款;情节严重的,吊销《药品生产许可证》《药品经营许可证》和药物临床试验机构的资格。

7.药品的生产企业、经营企业或者医疗机构违反规定,从无许可证的企业购进药品的,责令改正,没收违法购进的药品,并处违法购进药品货值金额2倍以上5倍以下的罚款;有违法所得的,没收违法所得;情节严重的,吊销《药品生产许可证》《药品经营许可证》或者《医疗机构执业许可证》。

8.进口已获得药品进口注册证书的药品,未按照规定向允许药品进口的口岸所在地的药品监督管理部门登记备案的,给予警告,责令限期改正;逾期不改正的,撤销进口药品注册证书。

9.伪造、变造、买卖、出租、出借许可证或者药品批准证明文件的,没收违法所得,并处罚款;没有违法所得的,直接处罚款;情节严重的,一并吊销卖方、出租方、出借方的《药品生产许可证》《药品经营许可证》《医疗机构制剂许可证》或者撤销药品批准证明文件。

10.违反规定,提供虚假的证明、文件资料样品或者采取其他欺骗手段取得许可证或者是药品批准证明文件的,吊销许可证或者撤销药品批准证明文件,5年内不受理其申请,并处1万元以上3万元以下的罚款。

11.医疗机构将其配制的制剂在市场销售的,责令改正,没收违法销售的制剂,并处违法销售制剂货值金额1倍以上3倍以下的罚款;有违法所得的,没收违法所得。

12.药品经营企业违反药品管理法有关药品销售的规定的,责令改正,给予警告;情节严重的,吊销《药品经营许可证》。

13.药品标识不符合药品管理法规定的,除依法应当按照假药、劣药论处的外,责令改正,给予警告;情节严重的,撤销该药品的批准证明文件。

14.药品检验机构出具虚假检验报告,不构成犯罪的,责令改正,给予警告,对单位并处3万元以上5万元以下的罚款。有违法所得的,没收违法所得;情节严重的,撤销其检验资格。

15.药品的生产企业、经营企业、医疗机构在药品购销中暗中给予、收受回扣或者其他利益的,药品的生产企业、经营企业或者其代理人给予使用其药品的医疗机构的负责人、药品采购人员、医师等有关人员以财物或者其他利益的,由工商行政管理部门处1万元以上20万元以下的罚款,有违法所得的,予以没收;情节严重的,由工商行政管理部门吊销药品生产企业、药品经营企业的营业执照,并通知药品监督管理部门,由药品监督管理部门吊销其《药品生产许可证》《药品经营许可证》。

16.违反有关药品广告的管理规定的,依照广告法的规定处罚,并由发给广告批准文号的药品监督管理部门撤销广告批准文号,一年内不受理该品种的广告审批申请。

17.药品监督管理部门违反药品管理法的规定,有下列行为之一的,由其上级主管机关或者监察机关责令收回违法发给的证书、撤销药品批准证明文件。①对不符合《药品生产质量管理规范》《药品经营质量管理规范》的企业发给符合有关规范的认证证书的,或者对取得认证证书的企业未按照规定履行跟踪检查的职责,对不符合认证条件的企业未依法责令其改正或者撤销其认证证书的。②对不符合法定条件的单位发给《药品生产许可证》《药品经营许可证》或者《医疗机构制剂许可证》的。③对不符合进口条件的药品发给进口药品注册证书的。④对不具备临床试验条件或者生产条件而批准进行临床试验、发给新药证书、发给药品批准文号的。

18.药品监督管理部门或者其设置的药品检验机构或者其确定的专业从事药品检验的机构参与药品生产经营活动的,由其上级机关或者监察机关责令改正,有违法收入的予以没收;情节严重的,对直接负责的主管人员和其他直接责任人员依法给予行政处分。

19.药品监督管理部门或者其设置、确定的药品检验机构在药品监督检验中违法收取检验费用的,由政府有关部门责令退还,对直接负责的主管人员和其他直接责任人员依法给予行政处分。对违法收取检验费用情节严重的药品检验机构,撤销其检验资格。

20.药品监督管理部门对下级药品监督管理部门违反药品管理的行政行为,责令限期改正;逾期不改正的,有权予以改变或者撤销。

对存在上述违法行为的单位、个人处罚应出具书面处罚通知书。对假药、劣药的处罚通知书应当载明药品检验所的质量检验结果。当事人对行政处罚决定不服的,可以在接到处罚通知书之日起15天内向人民法院起诉。但是,对药品监督管理部门作出的药品控制的决定,当事人必须立即执行。对处罚决定不履行逾期又不起诉的,由作出行政处罚决定的机关申请人民法院强制执行。

(三)违法行为及行政处分

1.药品检验机构出具虚假检验报告,对直接负责的主管人员和其他直接责任人员依法给予降级、撤职、开除的处分并处罚款。

2.药品的生产企业、经营企业的负责人、采购人员等有关人员在药品购销中收受其他生产企业、经营企业或者其代理人给予的财物或者其他利益的,依法给予处分,没收违法所得。

3.医疗机构的负责人、药品采购人员、医师等有关人员收受药品生产企业、药品经营企业或者其代理人给予的财物或者其他利益的,由卫生行政部门或者本单位给予处分,没收违法所得。对违法行为情节严重的执业医师,由卫生行政部门吊销其执业证书。

4.药品监督管理部门对药品广告不依法履行审查职责,批准发布的广告有虚假或者其他违反法律、行政法规的内容的,对直接负责的主管人员和其他直接负责人员依法给予行政处分。

5. 药品监督管理部门或者其设置的药品检验机构或者其确定的专业从事药品检验的机构的工作人员参与药品生产经营活动的,依法给予行政处分。

6. 已取得许可证的企业生产、销售假药、劣药的,对有失职、渎职行为的药品监督管理部门直接负责的主管人员和其他直接责任人员依法给予行政处分。

7. 药品监督管理人员滥用职权、徇私舞弊、玩忽职守,尚不构成犯罪的,依法给予行政处分。

二、民事、刑事责任

药品管理法规定,药品的生产企业、经营企业、医疗机构违反法律规定,给药品使用者造成损害的,依法承担赔偿责任。药品检验机构出具的检验结果不实,造成损失的应当承担相应的赔偿责任。

药品管理法规定,违反药品管理法的有关规定构成犯罪的,依法追究刑事责任。

刑法第三百五十五条规定:依法从事生产、运输、管理、使用国家管制的麻醉药品、精神药品的人员,违反国家规定,向吸食、注射毒品的人提供国家规定管制的能够使人形成瘾癖的麻醉药品、精神药品的,处3年以下有期徒刑或者拘役,并处罚金;情节严重的,处3年以上7年以下有期徒刑,并处罚金。向走私、贩卖毒品的犯罪分子或者以牟利为目的,向吸食、注射毒品的人提供国家规定管制的能够使人形成瘾的麻醉药品、精神药品的,依照《刑法》三百四十七条的规定定罪处罚。单位犯前款罪的,对单位判处罚金,并对其直接负责的主管人员和其他直接责任人员,依照前款的规定处罚。

《刑法》第一百四十一条规定:生产、销售假药,足以严重危害人体健康的,处3年以下有期徒刑或者拘役,并处或者单处销售金额50%以上2倍以下罚金;对人体健康造成严重危害的,处3年以上10年以下有期徒刑,并处销售金额50%以上2倍以下罚金;致人死亡或者对人体健康造成特别严重危害的,处十年以上有期徒刑、无期徒刑或者死刑,并处销售金额50%以上2倍以下罚金或者没收财产。这里的假药,是指依照《中华人民共和国药品管理法》的规定属于假药和按假药处理的药品、非药品。

《刑法》第一百四十二条规定:生产、销售劣药,对人体健康造成严重危害的,处3年以上10年以下有期徒刑,并处销售金额50%以上2倍以下罚金;后果特别严重的,处10年以上有期徒刑或者无期徒刑,并处销售金额50%以上2倍以下罚金或者没收财产。本条所称劣药,是指依照《中华人民共和国药品管理法》的规定属于劣药的药品。

虚假药品广告民事责任的承担

东方肾病医院(以下简称肾病医院)在《四川日报》刊登了《治疗肾病尿毒症的新希望<东方肾病医院全息根治疗法>》,该广告对肾病、尿毒症的中医全息根治疗法的特点、疗效、治疗方式等进行了介绍,王泉看到这则广告后,向肾病医院进行了咨询,该医院对王泉的咨询信件做了回复,内容为其医院中医全息根治疗法能从根本上治疗肾病。2003年10月至2004年10月,王泉向肾病医院邮购价值20 180元的"东方生力散""东方肾病胶囊"和"GS系列全息治疗仪"。王泉服用所购药品并使用所购治疗仪后,病情未得到改善。2005年2月,王泉以肾病医院的广告宣传不实,向山东省潍坊市工商行政管理局做了反映,该局回复已对肾病医院违反广告法发布的医疗、内部制剂广告问题进行了立案调查处理,并责令其停止发布违法广告。据此,王泉向四川省泸州市江阳区人民法院起诉,要求肾病医院和《四川日报》双倍返还医疗费用40 360元。一审中王泉撤回对四川日报社的起诉。

一审法院认为,肾病医院刊登的广告内容和出具给王泉的信件中隐含了能够根治肾病,误导王泉接受了肾病医院的治疗,使王泉花费了不必要的治疗费。这种误导行为损害了王泉的合法权益,应当承担民事责任。王泉要求肾病医院双倍返还医疗费的主张合法,该院予以支持。该院依照《中华人民共和国民法通则》第一百二十二条、《消费者权益保护法》第四十九条的规定,判决肾病医院赔偿王泉40 360元,一审诉讼费由肾病医院承担。肾病医院不服一审判决,以其未损害王泉的合法权益为由向泸州市中级人民法院提起上诉,请求该院撤销原判,驳回王泉的诉讼请求。

二审法院认为,肾病医院在报纸上刊登虚假广告的行为,违反了《中华人民共和国广告法》第十四条的规定,即广告不得含有不科学的表示功效的断言或者保证,也不得有说明治愈率或者有效率的内容。王泉因受该医疗广告的误导,购买了肾病医院的药品及治疗仪器,从而遭受经济损失。作为广告主的肾病医院应当承担赔偿责任。根据《中华人民共和国广告法》第三十八条的规定,广告经营者和发布者应当承担连带责任。但王泉自愿申请撤回对四川日报社的诉讼,是其对诉讼权利的处分。

本案不是基于药品或者治疗仪导致人身伤害而产生的损害赔偿诉讼,而是基于违法广告误导了王泉,使其在信任肾病医院能够根治肾病的情况下,购买该医院的药品和治疗仪,经过治疗后未达到广告所宣传的效果,从而造成的经济损失。该院依照《消费者权益保护法》第三十九条、第四十九条和当时的《民事诉讼法》第一百五十三条的规定,于2007年2月判决驳回东方肾病医院的上诉,维持原判。

 **练习题**

1. 试分析《药品管理法》的立法目的及药品管理的指导原则。
2. 开办药品生产企业及药品经营企业,分别应该符合哪些条件?
3. 医疗机构在药剂管理方面有哪些要求和职责?
4. 如何认定销售的产品是否是假药及是否是劣药?
5. 生产、销售假药、劣药应承担何种法律责任?
6. 如何区分处方药与非处方药?区分处方药与非处方药的意义何在?
7. 麻醉药品的使用管理有何特殊之处?
8. 我国药品价格管理的方式是什么?
9. 我国在药品广告发布、内容方面有哪些特殊的规定?
10. 药品管理机构应承担的法律责任包括哪些方面?

(河南推拿职业技术学院 张 珊)

第四章 献血与血液管理法律制度

学习要点

本章概述了无偿献血的法律制度、临床输血的技术规范、采血和供血的基本要求、采集血浆的法律规定和血液制品管理规定。

情境引入

现代医学研究表明,血液是生命的重要物质的运输系统。全血、成分血、有关血液制品,都是医疗抢救活动中不可缺少的特殊物质,目前还没有可以替代的制品。正因为如此,对于急需要血液来挽救生命或恢复健康的人来说,输血是使他们获救的唯一途径。

第一节 概述

一、献血法的概念

献血法是调整保证临床用血需要和安全,保障献血者和用血者身体健康活动中产生的各种社会关系的法律规范的总称。

1996年国务院发布了《血液制品管理条例》,随后,卫生部相继颁布了《全国血站工作条例》《关于加强输血工作管理的若干规定》《采供血机构和血液管理办法》及《血站基本标准》等规章和规范性文件。为了保证临床用血的需要和安全,保障献血者和用血者的身体健康,1997年12月29日,第八届全国人大常委会第二十九次会议通过了《中华人民共和国献血法》(以下简称《献血法》),自1998年10月1日起施行。《献血法》对公民献血、用血,血站采血、储血、供血,以及医疗机构临床用血等活动进行了规范。

卫生部根据《献血法》先后制定发布了《血站管理办法》《医疗机构临床用血管理办法(试行)》《采供血机构设置规划指导原则》等配套规章。为鼓励无偿献血,卫生部、中国红十字总会在1999年颁布了《全国无偿献血表彰奖励办法》。同时,各省、自治区、直辖市也相继出台了有关献血工作的地方性法规或规章,有效推动了无偿献血工作的快速发展。

《献血法》及其配套法规的颁布实施,确立了我国无偿献血制度,标志着我国血液管理工作开始进入全面依法管理的新阶段,对于提高血液质量,预防和控制经血液传播的疾病,保障献血者和用血者的身体健康,保证医疗用血需要,促进临床合理、科学用血和血液事业的发展,进一步弘扬人道主义精神,加强和促进社会主义精神文明建设具有重要意义。公民献血,救死扶伤,发扬人道主义精神,是遵守社会公德、履行社会义务的一种良好体现。公民献血制度的完善程度,在一定程度上体现了一个国家公民的道德水准、意识水平、文化程度和社会公德水平。

二、血液管理立法

追溯我国的血液管理制度,与世界上许多国家一样,是一个以法制化进程推动有偿献血向无偿献血过渡,最终实现全部自愿无偿献血的过程。

20世纪70年代末之前,我国一直采用有偿献血制度,1978年11月24日,国务院转批卫生部《关于加强输血工作的请示报告》,正式提出实行公民义务献血制度。1979年《全国血站工作条例(试行草案)》,提出确立统一制订献血计划,统一管理血源,统一组织采血的血液管理"三统一"的初步设想。1984年,卫生部和中国红十字总会在全国倡导自愿无偿献血,使我国的献血制度大大向前迈进了一步。1993年卫生部下发了《采供血机构和血液管理办法》《血站基本标准》,进一步细化了对血站和单采血浆站的管理。1996年12月3日国务院又发布了《血液制品管理条例》,这是我国第一个有关血液制品管理的行政法规。紧接着,为保证临床用血需要和安全,保障献血者和用血者身体健康,1997年12月29日通过的《中华人民共和国献血法》以法律的形式确立了我国临床用血实行无偿献血制度,对公民献血、用血,血站采血、储血、供血,以及医疗机构临床用血等活动做了规范。

此后,卫生部先后制定发布了《血站管理办法(暂行)》《医疗机构临床用血管理办法(试行)》《临床输血技术规范》《单采血浆站基本标准》《中国输血技术操作规程》等一系列血液管理规章、技术标准和规范。各省级人大或政府(除西藏外)也相继制定了《献血法》实施办法或实施细则。2001年国务院发布的《中国遏制与防治艾滋病行动计划(2001—2005年)》明确将加强血液安全作为控制经血液传播艾滋病的核心工作之一。从2002年起,卫生部开始按照世界卫生组织《安全血液和血液制品》四项方针加强对血液工作的管理和监督,以确保血液安全。

为确保血液安全,规范血站执业行为,促进血站的建设与发展,卫生部发布了修订后的《血站管理办法》和《采供血机构设置规划指导原则》,对进一步规范我国的采血机构规划及管理提供了法律上、制度上、技术上的保证。

三、献血法的宗旨

《献血法》第一条明确了其宗旨是:为保证医疗临床用血需要和安全,保障献血者和用血者身体健康,发扬人道主义精神,促进社会主义物质文明和精神文明建设。

(一)保证医疗临床用血需要和安全

血液是生命之源,也是医疗抢救过程中不可缺少的特殊物质,其功能和作用是药物所不能替代的,而且只能来自健康者的机体。现阶段人造血液不能广泛应用,且价格昂贵,还不能取代血液,因此,医疗临床用血只能靠公民献血来解决。据不完全统计,1995年我国医疗临床用血量约800吨,2009年达3 000吨。而且,临床用血以每年7%~10%的速度递增。由于传统观念的影响,而且又缺乏法律的推动,我国开展无偿献血虽经努力,但远远满足不了实际需要,医疗临床用血大部分来自有偿的供血或卖血,血源不足,医疗临床用血不能充分保证。而且,由于个体供血者的血液质量不高,容易引起经血液途径传播疾病的蔓延,影响医疗临床用血的安全。据一些地方的调查:职业卖血者的血液中乙型肝炎表面抗原检测阳性率高达30%~90%,丙型肝炎抗体检测阳性率为8%~13%;流动职业卖血者中丙型肝炎抗体检测阳性率高达40%以上。因此,以乙肝、丙肝、艾滋病等为主的经血液途径传播的疾病威胁用血者的安全。所以,通过立法确立无偿献血制度,促进无偿献血事业的发展,保证医疗临床用血的需要和安全,是我国血液事业的当务之急。

(二)保障献血者和用血者的身体健康

输血是现代医疗的重要手段,是人类认识伤病、诊治伤病的伟大发现,它在临床医学领域中有着拯救生命、治疗疾病的重要作用。但是,血液是一种复杂的维持生命的物质,血液在采集、储存、使用过程中,必须确保治疗,避免污染,防止经血液传播疾病,虽然为保障输血安全,我国对血液的采集、检验、监控、储存和运输都有严格的规定,但是,根据现在的检测手段,漏检现象很难避免,一些经血液途径传播的疾病时有发生。因此保证血液质量,是保证输血安全,保障用血者身体健康的前提。只有依法实行公民无偿献血制度,禁止血液买卖,才是杜绝经血液传播疾病的隐患,保证医疗临床用血安全的根本途径,为了确保血液质量,保证献血者和用血者的身体健康,献血法及有关法规对输血工作的各个环节规定了严格的管理措施。

知识背景

  1978年受国际无偿献血大趋势的影响和推动,我国开始推行义务献血,并逐步走上了无偿献血的道路。然而,由于公民献血观念落后、宣传不到位及忽视立法建设等多方面因素的影响,导致卖血、血污、侵害献血者合法权益等事件时有发生,对我国医疗临床用血的安全及长远发展带来了严重的负面影响。《中华人民共和国献血法》于1998年10月1日正式实施,从此,我国的血液管理事业进入法制化管理的新阶段。依法管血,不仅对我国医疗临床用血提供了重要保障,有利于人道主义精神进一步发扬光大,同时也保障了献血者和用血者的身体健康。

(三)促进社会主义物质文明和精神文明建设

实行无偿献血制度,不仅能保障医疗临床用血的需要,保证输血安全,达到治病救人的目的,它还是一种"我为人人,人人为我"的社会共济行为,是一种无私的奉献,是人道主义精神的重要体现。献血事业的发展程度,是社会文明程度的标志之一。当前,世界很多国家已经做到临床用血全部来自无偿献血。我国的无偿献血工作还很落后,1992年在菲律宾首都马尼拉召开的西太平洋地区输血工作会议上,与会的17个国家和地区中,只有中国、老挝、越南和菲律宾四国仍存在有偿献血现象,而且在这4个国家中,我国还排在后边。这与我们建设高度文明的社会主义国家的方针很不相称。根据邓小平同志建设有中国特色社会主义理论,我们建设社会主义国家,不仅要有高度的物质文明,还要有高度的精神文明。实行无偿献血制度,有助于弘扬中华民族团结、友爱、互助的传统美德,是建设社会主义精神文明的具体表现。因此,《献血法》规定实行无偿献血制度,也是促进精神文明建设的一项具体措施,每个公民都应当积极参与。

四、无偿献血的法律规定

(一)无偿献血的概念

无偿献血是指是指达到一定年龄的健康公民自愿提供自身的血液、血浆或其他血液成分用于临床,而不索取任何报酬的行为。也是献血者向血站自愿、无报酬地提供自身血液的行为。

《献血法》规定国家实行无偿献血制度。基本思想是:大力倡导、教育、组织干部群众自愿地无偿献血,保证献血者和用血者的身体健康。

无偿献血为何有偿用血

《献血法》指出,公民临床用血时交付的为血液采集、分离、检验、储存、运输等的费用,并不包括血液本身的费用。血液采集后需要进行初筛,进行血型、乙肝表面抗原、转氨酶等的检测;到实验室之后,还要分为两组,由不同的人员,通过不同的方法,用不同的仪器进行检查,进行乙肝、丙肝、HIV、梅毒螺旋体等的筛查;另外还要进行保存、运输等。200 mL全血的一次成本就要近400元。目前临床全血收费标准全国统一为200 mL 220元。

(二)无偿献血的主体

《献血法》提倡18~55周岁的健康公民自愿献血。卫生部与中国国家标准化管理委员会联合发布于2012年7月1日开始实施的《献血者健康检查要求》指出,既往无献血反应、符合健康检查要求的多次献血者主动要求再次献血的,年龄可放宽至60周岁。国家鼓励国家工作人员、现役军人和高等学校在校生率先献血,为树立社会新风尚做表率。

关于无偿献血的主体,世界各国规定不一致。我国各省、市的规定也有一些差别。如上海市、吉林省规定为男性20~55周岁和女性20周岁至50周岁;山西省、山东省、河南省规定为男性20周岁至50周岁和女性20周岁至45周岁;北京市、天津市规定为男性18周岁至55周岁和女性18周岁至50周岁;也有的地方不分男女,统一规定为18周岁至55周岁的公民;还有的地方统一规定为18周岁至60周岁的公民。

我国《献血法》提倡18周岁至55周岁的健康公民献血,是根据我国公民的身体素质和满足用血的需要等因素来确立的。18周岁是我国法定的完全行为能力人的年龄界限,无偿献血是公民自愿的行为,需要具备完全行为能力人来决定,本法规定18周岁为无偿献血的最低年龄,与我国其他法律规定一致,关于无偿献血的终止年龄,有的地方认为男女生理条件不同,规定献血年龄应有区别;有的地方提出超过50周岁的人血脂比较高,血液质量不好;也有的地方认为,国外许多国家献血终止年龄超过60周岁,有的为65周岁,如果将我国终止献血的年龄规定定得过低,将一些领导干部规定到献血年龄之外,不利于领导干部在无偿献血中起带头作用。

科学研究表明,平均每个成年人有4 000~5 000 mL血液,其中,80%左右在血液循环系统内流动,20%左右在体内贮存用于补充,采取少量血液,不会影响身体健康。而且,定期献血的人,造血功能比不献血的人旺盛。从新陈代谢的角度讲,经常献血的人血细胞比不献血的人有活力,因此,献血对人体的正常生理活动是有利的。考虑到我国公民的体质状况和各地的作法,法律规定55周岁为无偿献血的终止年龄。但法律规定的终止献血年龄,只是法律的一般规定,并不是超过终止年龄的不允许献血。至于规定献血年龄应考虑男女生理差别问题,医学研究表明,女性的造血功能比男性强,在18周岁到55周岁这个年龄段献血,对身体没有不利影响。区分男女没有必要。因此,法律对男女公民献血年龄做了统一规定。

《献血法》还规定,地方各级人民政府领导本行政区域内的献血工作,统一规划并负责组织、协调有关部门共同做好献血工作。县级以上卫生行政部门监督管理献血工作。各级红十字会依法参与、推动献血工作。

(三)献血工作的组织和宣传

《献血法》要求各级人民政府要采取措施广泛宣传献血的意义,普及献血的科学知识,并开展预防和控制经血液途径传播的疾病的教育。新闻媒体应当开展献血的社会公益性宣传。

国家机关、军队、社会团体、企事业组织、居民委员会、村民委员会,应当动员和组织本单位或者本居住区的适龄公民参加献血。对献血者,发给国务院卫生行政部门制作的无偿献血证书,有关单位可以给予适当补贴。各级人民政府和红十字会对积极参加献血和献血工作中作出显著成绩的单位和个人给予奖励。

县级以上各级人民政府卫生行政部门监督管理献血工作,对血源、血液、献血工作进行监督管理。

我国的血液管理以省、自治区、直辖市为区域实行统一规划设置血站、统一管理采供血和统一管理临床用血的原则,简称血液管理"三统一"。国务院卫生行政部门作

为国家最高卫生行政机关,其在血液管理工作中的主要职责是制定献血者的身体健康标准,制定血站技术操作规程、血液质量标准,制定血站的设立条件和管理办法等。

红十字会参与我国无偿献血的宣传工作,"参与输血、献血工作,推动无偿献血"为红十字会组织的职责之一。《献血法》规定各级红十字会依法参与、推动献血工作。

(四) 无偿献血的临床使用

《献血法》规定,无偿献血者的血液必须用于临床,不得买卖。血站、医疗机构不得将无偿献血的血液出售给单采血浆站或者血液制品生产单位。

临床用血的包装、储存、运输,必须符合国家规定的卫生标准和要求。为保证应急用血,医疗机构可以临时采集血液,但应当依照《献血法》的规定,确保采血、用血安全。

公民临床用血时只交付用于血液的采集、分离、检验、储存、运输等的费用;无偿献血者临床需要用血时,免交前述费用;无偿献血者的配偶和直系亲属临床需要用血时,可以按照省、自治区、直辖市人民政府的规定免交或者减交前述费用。动员家庭、亲友、所在单位及社会互助献血。

医疗机构临床用血应当制定用血计划,遵循合理、科学的原则,不得浪费和滥用血液。医疗机构对临床用血必须进行核查,不得将不符合国家规定标准的血液用于临床。

第二节 采血、供血和临床用血的管理

一、采血与供血的管理

(一) 采集血液的基本要求

采血是以采血器材与人体发生直接接触的活动,对这一活动各个环节进行严格规范和管理,是保障献血者的身体健康,保证血液质量及用血者用血安全的重要前提。

1. 健康检查　血站对献血者必须免费进行必要的健康检查,身体状况不符合献血条件的,血站应向其说明情况,不得采集血液。献血者的身体健康条件由国务院卫生行政部门规定。

2. 血量控制　血站对献血者每次采集血液量为 200 mL,最高不得超过 400 mL,两次采集间隔期间不少于 6 个月。严格禁止血站违反规定对献血者超量、频繁采集血液。无偿献血是献血法所确立的基本制度,也是每一个公民应尽的光荣义务,必须保护献血者的身体健康及受血者的用血安全。

3. 规范采血　血站采集血液必须严格遵守有关制度和操作规程,采血必须由具有采血资格的医务人员进行。一次性采血器材使用后必须销毁,确保献血者身体健康。血站应当根据国务院卫生行政部门制定的标准,保证血液质量。血站对采集的血液必须进行检测,未经检测或者检测不合格的血液,不得向医疗机构提供。

《献血法》对采血活动中的人员资格、器材、操作规程等都做了严格的规定。

血站采集血液必须严格遵守有关操作规程和制度。这样规定,一方面是保证献血

者健康安全,对人民负责的需要;另一方面,也是为今后一旦出现纠纷提供可参照的依据。具体的操作规程和制度由国务院卫生行政部门制定。

采血必须由具有采血资格的医务人员进行。所谓资格是指进行采血的人员必须是经过专业技术培训的,有相关学历文凭和经过资格认定的医务工作者。由于血液事业在我国是近十年来发展较快的卫生事业,高等医学院校内尚没有设置独立的输血专业,现在从事输血的技术人员多由其他专业转来。现有血站工作人员中,具有高级职称的只占3.8%,初级职称占50.3%,队伍素质亟待加强,要进行资格认证工作,合格者才能从事采血工作。

一次性采血器材使用后必须销毁。这样规定包括了两个层次的含义。第一,采血必须使用一次性采血器材,不得使用可重复使用的采血器材;第二,一次性采血器材一次使用后必须销毁,不得再次使用。作为一项制度,在血站日常管理工作中应当确立下来。

检测作为血站工作的一项制度,是严把血液质量关的关键步骤,要较之采血前的健康检查更为细致,更加全面。检测的各种指标都应符合国务院卫生行政部门制定的标准。检测作为一项义务性规范,必须执行,如不执行即没有检测或者虽经检测但质量不符合标准,均不得向医疗机构提供,否则要承担相应的法律责任。

(二)供血的基本要求

1. 质量合格　血站应当保证发出的血液质量符合国家有关标准。其品种、规格、数量、活性、血型无差错;未经检测或者检测不合格的血液,不得向医疗机构提供。

2. 供血规范　血站向医疗机构提供的血液,在包装、储存和运输上要符合《血站质量管理规范》的要求。包装袋上应当标明:血站的名称及其许可证号、献血编号或者条形码、血型、血液品种、采血日期及时间或者制备日期及时间、有效日期及时间、储存条件。血站还应当加强对其所设储血点的质量监督,确保储存条件,保证血液储存质量,按照临床需要进行血液储存和调换。

临床用血质量的优劣与血袋的包装、储存、运输有密切的关系,如血袋的包装未标明采血日期、有效期就将影响临床使用疗效,严重者将直接造成患者死亡。因此对临床用血的包装、储存、运输方面必须严格要求。

中华人民共和国卫生部发布的《采供血机构和血液管理办法》及《血站基本标准》对临床用血的包装、储存做了明确规定:"采供血机构采集血液必须使用有生产单位名称和批准文号的采血器材,发出的血液必须标有供血者姓名、血型、品种、采血日期、有效期、采供血机构的名称及其许可证号。"新鲜冰冻血浆贮存温度-20 ℃以下,冰冻红细胞贮存温度-70 ℃以下,血小板贮存温度20~24 ℃以下,冷沉淀贮存温度-20 ℃以下。

3. 禁止买卖　无偿献血的血液必须用于临床,不得买卖。血站不得将无偿献血的血液出售给单采血站或者血液制品生产单位。

医疗临床用血是献血者无偿提供的,这种行为是发扬人道主义精神、救死扶伤的高尚行为,而不是具有买卖关系的经济行为,在无偿献血的整个过程中,不允许任何单位和个人利用公民无偿捐献的血液牟取私利。在《献血法》实施后,随着科学合理用血、成分输血的推行。可能会有部分血液成分剩余。在确保临床用血的前提下,血站可以将剩余的血液成分特别是分离的血浆经省级卫生行政部门报卫生部血液主管司局批准调配给血液制品生产单位,但不得以此营利。

根据目前我国血液管理工作的法律、法规规定,将血液分为医疗临床用血和血液制品生产用血两部分分别进行管理。医疗临床用血根据《献血法》规定,实行无偿献血制度。血液制品生产用原料血浆根据国务院1996年12月30日发布的《血液制品管理条例》进行管理,供血浆者提供的原料血浆是有偿的。这是由于:①我国自1978年推行公民义务献血制度以来,一些地区开展了无偿献血活动,无偿献血的人数逐年增多,取得了一定的成绩。但由于陈旧传统观念的影响,群众对献血的科学知识缺乏正确的认识等种种原因,义务献血和无偿献血的工作进展较慢。根据国情,在目前状况下,临床用血和血液制品生产用原料血浆全部实行无偿还做不到。②世界上大多数国家献血工作遵循的原则是血液事业必须在无偿献血的基础上发展,献血是互相帮助、无私奉献精神的体现,献血者和献血组织者都不能以金钱利益作为行为动机。

临床献血实行无偿,由于无经济利益可言,可有效地杜绝"血头""血霸"非法组织血源,使临床用血的安全性得到进一步保障。根据法律规定,对医疗临床用血和生产用原料血浆实行分别管理,临床用血不得出售给单采血浆站或血液制品生产单位,单采血浆站严禁采集全血,严禁将单采血浆站采集的原料血浆应用于临床;除供血者提供的血液分别为有偿和无偿的区别外,采供血机构、血液采集的方式及供应渠道都有所不同,临床用血不得出售给单采浆站或者血液制品生产单位是实行分别管理的重要环节。

二、临床用血的管理

临床用血时医疗过程中必不可少的环节,对临床用血的原则作出规定,对临床用血加强管理十分必要的,以合理利用和避免浪费,最大限度地发挥血液的功效,保障用血者身体健康。

医院(级别在二甲以上)应设置独立的输血科(血库),负责临床用血的指导和技术实施,确保科学的储存、配血和用血措施的执行。医疗机构临床用血应当制定用血计划,遵循科学、合理的原则用血,不得浪费和滥用血液。临床医生和输血技术人员要严格掌握临床输血适应证,减少不必要的输血,并积极推行按医疗实际需要的血液成分输血。

医疗机构为保证应急用血需要,可以临时采集血液,但应确保采血、用血安全。公民临床用血时须交付用于血液的采集、分离、检验、储存等的费用。

建立医疗机构临床用血核查制度是确保用血者身体健康,预防和控制经血液途径传播疾病的重要环节。《献血法》规定,血液质量的检测是由血站来完成的,医疗机构对血站提供的血液不再进行检测,但必须进行核查。核查的主要内容应包括:①确认患者的资料,包括患者姓名、住院号、病房病床号等,可通过询问患者或患者亲属的方式进行确认。确认患者的资料还包括核对病历、核对血型配型标签及定血单,以确认血液(血液成分)的血型和患者是否相符。②核查血液(血液成分)外包装上国家规定的内容,核对血液的有效期限。③核查后应在患者病历中记录输血日期、输血时间、输注的血液,即血液成分的单位单位数、输注的血液(血液成分)的编号,以备查对。④在患者病历上签字。经核查,上述内容有不相符的,医务人员不得将血液用于患者。

三、临床输血技术规范

为在各级医疗机构中推广科学、合理用血技术、杜绝血液的浪费和滥用,保证临床用血的质量和安全,卫生部于 2000 年 6 月组织专家制定了《临床输血技术规范》,自 2000 年 10 月 1 日起实行。

《临床输血技术规范》要求临床医师和输血医技人员应严格掌握输血适应证,正确应用成熟的临床输血技术和血液保护技术,包括成分输血和自体输血等。并对医务人员从输血申请、受血者血样采集与送检、交叉配血,到血液入库、核对、贮存,以及发血、输血等临床输血各个环节做了具体规定。

1. 输血申请　《临床输血技术规范》第二章对输血申请做出明确规定。

(1)申请输血应由经治医师逐项填写《临床输血申请单》,由主治医师核准签字,连同受血者血样于预定输血日期前送交输血科(血库)备血。

(2)临床医师和输血医技人员应严格掌握输血适应证,正确应用成熟的临床输血技术和血液保护技术,包括成分输血和自体输血等。

(3)决定输血治疗前,经治医师应向患者或家属说明输同种异体血的不良反应和经血液传播疾病的可能性,征得患者或家属的同意,并在《输血治疗同意书》上签字。《输血治疗同意书》要记入病历,无家属签字的无自主意识患者的紧急输血,应报医院职能部门或主管领导同意、备案,并记入病历。

2. 受血者血样采集与送检　确定输血后,医护人员持输血申请单和贴好标签的试管,当面核对患者姓名、性别、年龄、病案号、病室、门急诊、床号、血型和诊断,采集血样。由医护人员或专门人员将受血者血样与《临床输血申请单》送交输血科(血库),双方进行逐项核对。

《临床输血技术规范》第三章对受血者血样采集与送检做出明确规定。确定输血后,医护人员持输血申请单和贴好标签的试管,当面核对患者姓名、性别、年龄、病案号、病室号、门诊号、床号、血型和诊断。采集血样。并及时将受血者血样与输血申请单送交输血科(血库)双方再次逐项核对。

3. 交叉配血　受血者配血实验的血液标本必须是输血前 3 天之内的。输血科(血库)要逐项核对输血申请单、受血者和供血者血样,复查受血者和供血者血型,并常规检查患者血型,正确无误时可进行交叉配血。

4. 血液入库、核对、储存　全血、血液成分入库前要认真核对验收。核对验收内容包括运输条件、物理外观、血袋封闭及包装是否合格,标签填写是否清楚齐全(供血机构名称及其许可证号、供血者姓名或条形码编号和血型、血液品种、容量、采血日期、血液成分的制备日期及时间、有效期及时间、血袋编号条形码、储存条件)等。

输血科(血库)要认真做好血液出入库、核对、领发的登记,有关资料需保存 10 年。

按 A、B、O、AB 血型将全血、血液成分分别储存于血库专用冰箱不同层内或不同专用冰箱内,并标有明显的标识。

5. 发血　配血合格后,由医护人员到输血科(血库)取血与发血的双方必须共同查对患者姓名、性别、病案号、门急诊、病室、床号、血型,有效期及配血试验结果,以及保存血的外观等,准确无误时,双方共同签字后方可发出。血液发出后,受血者和供血者的血样保存于 2~6 ℃冰箱,至少 7 天,以便对输血不良反应追查原因。血液发出后不得退回。血袋有异常情形,一律不得发出。

6. 输血 《临床输血技术规范》第七章对输血做出明确规定。

(1)输血前由两名医护人员核对交叉配血报告单及血袋标签各项内容、检查血袋有无破损渗漏,血液颜色是否正常。准确无误方可输血。

(2)输血时,由两名医护人员带病历共同到患者床旁核对患者姓名、性别、年龄、病案号、病室号、门(急)诊/病室、血型等。确认与配血报告相符,再次核对血液后,用符合标准的输血器进行输血。

(3)取回的血应尽快输用,不得自行贮血。输用前将血袋内的成分轻轻混匀,避免剧烈振荡。血液内不得加入其他药物,如需稀释只能用静脉注射生理盐水。

(4)输血前后用静脉注射生理盐水冲洗输血管道。连续输用不同供血者的血液时,前一袋血输尽后,用静脉注射生理盐水冲洗输血器,再接下一袋血继续输注。

(5)输血过程中应先慢后快,再根据病情和年龄调整输注速度,并严密观察受血者有无输血不良反应,如出现异常情况应及时处理:①减慢或停止输血,用静脉注射生理盐水维持静脉通路;②立即通知值班医师和输血科(血库)值班人员,及时检查、治疗和抢救,并查找原因,做好记录。

(6)疑为溶血性或细菌污染性输血反应,应立即停止输血,用静脉注射生理盐水维护静脉通路,及时报告上级医师,在积极治疗抢救的同时,做以下核对检查。①核对用血申请单、血袋标签、交叉配血试验记入。②核对受血者及供血者 ABO 血型、Rh(D)血型。用保存于冰箱中的受血者与供血者血样、新采集的受血者血样、血袋中血样,重测 ABO 血型、Rh(D)血型、不规则抗体筛选及交叉配血试验(包括盐水相和非盐水相试验)。③立即抽取受血者血液加肝素抗凝剂,分离血浆,观察血浆颜色,测定血浆游离血红蛋白含量。④立即抽取受血者血液,检测血清胆红素含量、血浆游离血红蛋白含量、血浆结合珠蛋白测定、直接抗人球蛋白试验并检测相关抗体效价,如发现特殊抗体,应做进一步鉴定。⑤如怀疑细菌污染性输血反应,抽取血袋中血液做细菌学检验。⑥尽早检测血常规、尿常规及尿血红蛋白。⑦必要时,溶血反应发生后 5~7 小时测血清胆红素含量。

(7)输血完毕,医护人员对有输血反应的应逐项填写患者输血反应回报单,并返还输血科(血库)保存。输血科(血库)每月统计上报医务处(科)。

(8)输血完毕后,医护人员将输血记录单(交叉配血报告单)贴在病历中,并将血袋送回输血科(血库)至少保存 1 天。

第三节 血液制品的管理

血液制品是利用原料血浆生产的各种血浆蛋白制品,其质量的优劣对使用者的安全和健康产生极大的影响。因此,从单采血浆站的设置到原料血浆的采集,从血液制品生产经营机构的设置到生产经营活动的实施,都必须符合国家规定的条件和标准,必须加强管理,才能预防和控制经血液传播疾病的事件发生。为了加强血液制品管理,预防和控制经血液途径传播的疾病,保证血液制品的质量,1996 年 12 月 6 日国务院第52次常务会议通过了《血液制品管理条例》。

一、血液制品的概念

血液,是指用于临床的全血或成分血。血液制品,特指各种人血浆蛋白制品。原料血浆,是指由单采血浆站采集的专门用于血液制品生产原料的血浆。

二、原料血浆的管理

无偿献血最初是由国际红十字组织倡导的,因此,国外无偿献血工作主要由各国红十字会组织。由于红十字会是民间团体,在开展献血活动中遇到的困难,需要政府的支持。所以,国际红十字会组织要求各国红十字会与政府密切合作,共同推进无偿献血工作。为了加强血液的管理,保障输血安全,有的国家政府也通过立法等方式,确认政府的责任,加强对献血工作的管理。如希腊献血法规定由卫生福利社会安全部门全权负责组织献血活动;加拿大成立血液署、法国卫生部中设血液局对血液工作进行指导和监督等。

(一)单采血浆站的设置

国家实行单采血浆站统一规划、设置的制度。国务院卫生行政部门根据核准的全国生产用原料血浆的需求,对单采血浆站的布局、数量和规模制定总体规划。省、自治区、直辖市人民政府行政部门根据总体规划制定本行政区域内单采血浆站设置规划和采集血浆的区域规划,并报国务院卫生行政部门备案。

单采血浆站有血液制品生产单位设置或者由县级以上人民政府卫生行政部门设置,专门从事单采血浆活动,具有独立法人资格。其他任何单位和个人不得从事单采血浆活动。

设置单采血浆站,必须具备下列条件:符合单采血浆站布局、数量、规模的规划;具有与所采集原料血浆相适应的卫生专业技术人员;具有与所采集原料血浆相适应的场所及卫生环境;具有识别供血浆者的身份识别系统;具有与所采集原料血浆相适应的单采血浆机械及其他设施;具有对所采集原料血浆进行质量检验的技术人员及必要的仪器设备。

申请设置单采血浆站的,由县级人民政府卫生行政部门初审,经设区的市、自治州人民政府卫生行政部门或者省、自治区人民政府设立的派出机关的卫生行政机构审查同意。报省、自治区、直辖市人民政府卫生行政部门审批;经审查符合条件的,由省、自治区、直辖市人民政府卫生行政部门核发单采血浆许可证,并报国务院卫生行政部门备案。

在一个单采血浆区域内,只能设置一个单采血浆站。严禁单采血浆站采集非划定区域内的供血浆者和其他人员的血浆。

(二)采集血浆的规定

单采血浆站必须对供血者进行健康检查,合格后由县级人民政府卫生行政部门核发供血浆证。

单采血浆站在采集血浆前,必须对供血浆者进行身份识别并核实其供血浆证,确认无误的,方可按照规定程序进行健康检查和血液化验;对检查、化验合格的,按照有关技术操作标准及程序采集血浆,并建立供血浆者健康检查及供血浆记录档案;对检查、化验不合格的,由单采血浆站收缴"供血浆证",并由所在地县级人民政府卫生行政部门监督销毁,严禁采集无供血浆证者的血浆。

单采血浆站必须使用单采血浆机械采集血浆,严禁手工操作采集血浆。采集的血浆必须按单人份冰冻保存,不得混浆。严禁单采血浆站采集血液或者将所采集的原料血浆用于临床。

单采血浆站必须使用有产品批准文号并经国家药品生物制品检定机构逐批检定合格的体外诊断试剂及合格的一次性采血浆器材。采血浆器材等一次性消耗品使用后,必须按照国家有关规定予以销毁,并做记录。

(三)血浆管理的规定

单采血浆站只能向一个与其签订质量责任书的血液制品生产单位供应原料血浆,严禁向其他任何单位供应原料血浆。

单采血浆站采集的原料血浆的包装、储存、运输,必须符合国家规定的卫生标准和要求。

单采血浆站必须依照《中华人民共和国传染病防治法》及其实施办法等有关规定,严格执行消毒管理及疫情上报制度。

单采血浆站应当每半年向所在地的县级人民政府卫生行政部门报告有关原料血浆采集情况,同时抄报设区的市、自治州人民政府卫生行政部门或者省、自治区人民政府设立的派出机关的卫生行政机构及省、自治区、直辖市人民政府卫生行政部门。省、自治区、直辖市人民政府卫生行政部门应当每年向国务院卫生行政部门汇总报告本行政区域内原料血浆的采集情况。

国家禁止出口原料血浆。

三、血液制品生产经营的管理

1. 血液制品生产经营机构设置管理　新建、改建或者扩建血液制品生产单位,经国务院卫生行政部门根据总体规划立项审查同意后,由省、自治区、直辖市人民政府卫生行政部门依照药品管理法的规定审核批准。

血液制品生产单位必须达到国务院卫生行政部门制定的《药品生产质量管理规范》规定的标准,经国务院卫生行政部门审查合格,并依法向工商行政管理部门申领营业执照后,方可从事血液制品的生产活动。

血液制品生产单位生产国内已经生产的品种,必须依法向国务院卫生行政部门申请产品批准文号;国内尚未生产的品种,必须按照国家有关新药审批的程序和要求申报。

开办血液制品经营单位,由省、自治区、直辖市人民政府卫生行政部门审核批准。严禁血液制品生产单位出让、出租、出借及与他人共用药品生产企业许可证和产品批准文号。

2. 血液制品生产经营管理

(1)全面复查　①血液制品生产单位不得向无单采血浆许可证的单采血浆站或者未与其签订质量责任书的单采血浆站及其他任何单位收集原料血浆;②血液制品生

产单位不得向其他任何单位供应原料血浆;血液制品生产单位在原料血浆投料生产前,必须使用有产品批准文号并经国家药品生物制品检定机构逐批检定合格的体外诊断试剂,对每一人份血浆进行全面复检,并做检测记录。

(2)准确记录、上报 ①原料血浆经复检不合格的,不得投料生产,且必须在省级药品监督员监督下按照规定程序和方法予以销毁,并做记录;②原料血浆经复检发现有经血液途径传播疾病的,必须通知供应血浆的单采血浆站,并及时上报所在地省、自治区、直辖市人民政府卫生行政部门。

(3)严格质检 ①血液制品出厂前,必须经过质量检验;经检验不符合国家标准的,严禁出厂;②血液制品经营单位应当具备与所经营的产品相适应的冷藏条件和熟悉所经营品种的业务人员;③血液制品生产经营单位生产、包装、储存、运输、经营血液制品,应当符合国家规定的卫生标准和要求。

依据《献血法》等有关法律条款规定,血站对采集的血液必须进行检测,未经检测或检测不合格的血液,不得向医疗机构提供;医疗机构也必须严格执行输血技术规范和操作规程,严禁使用不符合国家规定标准的血液。而在紧急状况下,血液中心能否将未经检验的血液提供给临床使用?为挽救患者生命,医院能否使用未经检验的血液?这正是血液与血液制品管理法律制度亟待解决的现实问题。

2013年10月9日,孕妇董某因生产导致大出血,而其血型为 Rh 阴性 O 型血,非常罕见,医院没有现存血浆。当患者家属要求马上给其输入未经检验的血时,医院按照我国法律"不得给患者输入未经检验的血"的规定拒绝马上输血,等待检测结果。最终,董某在等待过程中因失血过多未能及时输血而离开人世。

第四节 法律责任

一、行政责任

1.非法采集、出售、出卖血液的 《献血法》规定,有下列行为之一的,由县级以上地方人民政府予以取缔,没收违法所得,并可处10万元以下的罚款:非法采集血液的;血站、医疗机构出售无偿献血者血液的;非法组织他人出卖血液的。

违反《血液制品管理条例》规定,未取得省、自治区、直辖市人民政府卫生行政部门核发的《单采血浆许可证》，非法从事组织、采集、供应、倒卖原料血浆的，由县级以上地方人民政府卫生行政部门予以取缔，没收违法所得和从事违法活动的器材、设备，并处违法所得5倍以上10倍以下的罚款；没有违法所得的，并处5万元以上10万元以下的罚款。

非法采集血液必须与医疗机构临床应急临时采集血液相区别。非法采集血液是指没有获得"血站执业许可证""中心血库采供血许可证"，以营利为目的，非法从事组织、采集、供应、倒卖血液的活动。而根据献血法第十五条第二款的规定，医疗机构应急临时采集血液作为临床抢救需要是允许的，但应当依照献血法的有关规定，确保采血、用血安全。

2．违反血液及血液制品生产操作规程的行政责任　血站违反有关操作规程和制度采集血液，由县级以上地方人民政府卫生行政部门责令限期改正；给献血者健康造成损害的，对直接负责的主管人员和其他直接责任人员，依法给予行政处分。

临床用血的包装、储存、运输、不符合国家规定的卫生标准和要求的，责令改正，给予警告，可以并处1万元以下的罚款。

血站违反《献血法》规定，向医疗机构提供不符合国家规定标准的血液的，责令改正；情节严重，造成经血液途径传播的疾病传播或者有传播严重危险的，限期整顿，对直接负责的主管人员和其他直接责任人员，依法给予行政处分。

根据《血液制品管理条例》的规定，单采血血浆站有下列行为之一的，由县级以上地方人民政府卫生行政部门责令限期改正，处5万元以上10万元以下的罚款；有第8项所列行为的，或者有下列其他行为并且情节严重的，由省、自治区、直辖市人民政府卫生行政部门吊销《单采血浆许可证》。

采集血浆前，未按照国务院卫生行政部门颁布的健康检查标准对供血浆者进行健康检查和血液化验的；采集非划定区域内的供血浆者或者其他人员的血浆的，或者不对供血浆者进行身份识别，采集冒名顶替者、健康检查不合格者或者无供血浆证者的血浆的；违反国务院卫生行政部门制定的血浆采集技术操作标准和程序，过频过量采集血浆的；向医疗机构直接供应原料血浆或者擅自采集血液的；未使用单采血浆机械进行血浆采集的；未使用有产品批准文号并经国家药品生物制品检定机构逐批检定合格的体外诊断剂及合格的一次性采血浆器材的；未按照国家规定的卫生标准和要求包装、储存、运输原料血浆的；对国家规定检测项目检测结果呈阳性的血浆不清除，不及时上报的；对污染的注射器、采血浆器材及不合格血浆等不经消毒处理，擅自倾倒，污染环境，造成社会危害的；重复使用一次性采血浆器材的；向与其签订质量责任书的血液制品生产单位以外的其他单位供应原料血浆的。

3．违反规定非法使用血液及血液制品的行政责任　医疗机构的医务人员违反献血法规定，将不符合国家规定标准的血液用于患者的，责令改正；给患者健康造成损害的，对直接负责的主管人员和其他直接责任人员，依法给予行政处分。

4．卫生行政部门监管不力的行政责任　卫生行政部门及其工作人员在献血、用血的监督管理工作中，在血液制品生产加工的监管中，滥用职权、玩忽职守、徇私舞弊、索贿受贿，造成严重后果，尚不构成犯罪的，依法给予行政处分。

二、民事责任

1. 损害献血者健康的民事责任 献血者的身体健康因输血而受到损害,血液采集单位的责任比较容易确定,因为献血者在献血之前基本上都进行了系统、详细的身体检查,在确诊没有健康问题的前提下,血液采集单位才对献血者实施血液采集。

《献血法》规定,供血单位违反有关操作规程和制度采集血液,提供血液制品,给献血者健康造成损害的,应当依法赔偿。损害献血者的身体健康,血液采集机构必须承担相应的民事责任,造成其身体损害的,根据《中华人民共和国民法通则》第一百一十九条的规定,应该承担献血者的医疗费、营养费、误工费、就医交通费等。

2. 损害受血者健康的民事责任 医疗机构的医务人员违反献血法规定,将不符合国家规定标准的血液用于患者,给患者的健康造成损害的,应当依法赔偿。

受血者身体健康受到损害,患者可以向人民法院起诉,要求医疗机构和血液采集单位承担民事责任,根据《中华人民共和国民法通则》第一百一十九条的规定,应该承担患者的医疗费、营养费、误工费、就医交通费及将来的治疗费等。

> 侵害公民身体造成伤害的,并应当支付丧葬费、死者生前扶养的人必要的生活费等费用。应当赔偿医疗费、因误工减少的收入、残废者生活补助费等费用;造成死亡的,并应当支付丧葬费、死者生前扶养的人必要的生活费等费用。
>
> 《中华人民共和国民法通则》第一百十九条

三、刑事责任

《中华人民共和国献血法》规定,有下列行为之一,且情节严重造成严重后果,构成犯罪的,都要依法追究刑事责任:非法采集血液的;血站、医疗机构出售无偿献血者血液的;非法组织他人出卖血液的;血站违反有关操作规程和制度采集血液,给献血者健康造成经血液途径传播或者有传播严重危险的;医疗机构的医务人员违反法律规定,将不符合国家规定标准的血液用于患者,给患者健康造成损害的。在刑法中规定了两条共四种犯罪,它们属于危害公共卫生罪类。

1. 非法组织卖血罪 《中华人民共和国刑法》第三百三十三条规定,非法组织他人出卖血液的,处5年以下有期徒刑,并处罚金。第三百三十三条第二款规定:前款行为对他人造成伤害的,依法依照本法第二百三十四条规定,处3年以下有期徒刑、拘役或者管制;致人重伤的,处3年以上10年以下有期徒刑;致人死亡或者特别残忍手段致人重伤造成严重残疾的,处10年以上有期徒刑、无期徒刑或者死刑。

非法组织他人出卖血液的"血头""血霸"现象。这一现象,一方面是由于在市场经济的大潮中,一些人受经济利益的驱动;另一方面,也是由于一些卫生行政部门对群众献血工作宣传动员不力,简单地向各单位分配献血指标。一些单位不是积极地宣传动员,而是采取"金钱刺激",靠高额补贴、旅游、休假等手段刺激献血者的积极性。当这些单位因完不成指标,转而花大价钱雇佣他人冒名顶替本单位职工献血时,"血头""血霸"也就应运而生了。他们组织卖血队伍,各霸一方,互争地盘,从卖血者那里盘剥取利,不择手段牟取暴利,有的甚至以暴力手段强迫未成年人出卖血液。例如,1994年9月吉林省公主岭市大岭镇就发生了一起强迫未成年流浪儿卖血案。案犯包洪军、王长东等侵吞血款5 000多元,被逼迫抽血的未成年人最小的仅14岁。"血头""血霸"的出现,不仅扭曲了献血制度,助长了卖血现象,而且严重损害了人民群众,特别是未成年人的身心健康,影响了血液质量,因此必须严厉惩处。

2.强迫卖血罪 《中华人民共和国刑法》第三百三十三条规定:以暴力、危险方法强迫他人出卖血液的,处5年以上10年以下有期徒刑,并处罚金。与前罪类似,因强迫他人卖血而造成他人身体损害构成轻伤或者重伤结果的,以故意伤害罪论处。

3.非法采集、供应血液或制作、供应血液制品罪 根据《中华人民共和国刑法》第三百三十四条第一款的规定,非法采集、供应血液或者制作、供应血液制品,不符合国家规定的标准,足以危害人体健康的,处5年以下有期徒刑或者拘役、并处罚金;对人体健康造成严重危害的,处5年以上10年以下有期徒刑,并处罚金;造成特别严重后果的,处10年以上有期徒刑或者无期徒刑,并处罚金或者没收财产。

输血是平时医疗和战时抢救伤病员的一项重要技术手段。新中国成立以来,我国血液事业有了很大发展,卫生行政部门已拥有了一支采供血管理机构和队伍,批准设置347个血站,负责血液的采集、储存、分离和运输工作。1990年以来,卫生部相继颁发了《关于加强输血工作管理的若干规定》《采供血机构和血液管理办法》《血站基本标准》等一系列部门规章和标准,以规范血液管理工作。各级政府注意加强对输血工作的领导,实行了对输血工作的"三统一",即:统一规划采供血机构、统一管理血源、统一采供血,基本保证了临床用血和战备用血。但近年来,在市场经济大潮的冲击下,输血工作的管理出现了一些混乱现象,一些不法分子乘机非法设立"地下血站",即未经国务院卫生行政部门或者省、自治区、直辖市人民政府卫生行政部门批准,擅自设立血站进行非法采集血液。这些非法设立的"地下血站"在采集血液时,根本不遵守国家规定的有关操作规程和制度,允许献血员重复登记,频繁抽血,甚至根本不体检、不化验,致使血液质量极为低劣,输血后引起肝炎或者其他疾病者时有发生,对人体健康威胁很大。所以,对这类未经批准,擅自设立"地下血站"进行非法采集、供应血液的,必须要严厉打击和惩处,由县级以上地方人民政府卫生行政部门对非法设立的血站予以取缔,没收违法所得,并可以处以10万元以下罚款的行政处罚;构成犯罪的,依法追究刑事责任。第八届全国人民代表大会第五次会议通过了对《中华人民共和国刑法》的修订,修订后的刑法对非法采集、供应血液的行为明确规定了刑事责任。第三百三十四条第一款规定:非法采集、供应血液或者制作、供应血液制品,不符合国家规定的标准,足以危害人体健康的,处5年以下有期徒刑或者拘役,并处罚金;对人体健康造成严重危害的,处5年以上10年以下有期徒刑,并处罚金,造成特别严重后果的,处10年以上有期徒刑或者无期徒刑,并处罚金或者没收财产。

4.采集、供应血液或制作、供应血液制品罪 根据《中华人民共和国刑法》第三百三十四条第二款的规定,经国家主管部门批准采集、供应血液或者制作、供应血液制品的部门,不依照规定进行检测或者违背其他操作规定,造成危害他人身体健康后果的,对单位判处罚金,并对其直接负责的主管人员和其他直接负责人员,处5年以下有期徒刑或拘役。

练习题

1. 我国无偿献血法律规定有哪些?
2. 采集血液和供血的基本要求有哪些?
3. 输血申请的主要内容有哪些?
4. 血浆管理的法律规定有哪些?
5. 联系实际,谈谈对我国血液制品管理的现状和发展前景的认识。

(河南医学高等专科学校 陈可吟)

第五章 传染病防治法律制度

学习要点

本章概述传染病及传染病防治法的基本内容,传染病的预防和疫情报告,传染病疫情的控制和监督,性病、艾滋病防治的法律规定。为学习卫生法律制度和分析、解决卫生法律问题提供基本原理和思维方法。

情境引入

2015年8月6日,王女士到单位办理入职手续,同时被通知到医院进行体检。王女士向医院缴纳了体检费,根据医务人员的安排完成了体检。3天后体检报告出来,医院在未经她知晓和同意的情况下将体检报告直接出具给她所在单位的人力资源部。体检报告显示王女士携带乙肝病毒,该情况迅速在单位传播。后该单位通知王女士不能办理入职手续。

王女士认为:医院在自己不知情的情况下进行乙肝项目体检,而且还把体检结果告知用人单位,导致单位不与自己办理入职手续,侵犯了自己的隐私权,经咨询律师后起诉医院,要求退还体检费,赔偿被解雇的损失1.5万元,精神损失2万元。

第一节 概述

一、传染病及传染病防治法

一直以来,传染病之所以被人们所关注,除了疾病本身的严重性以外,更为重要的是它的传染性和传播力对健康人的威胁。

(一) 传染病的概念

传染病是由病源性细菌、病毒、立克次体和原虫等引起的一类疾病，它可以在人与人之间、动物间或人与动物间传播。

传染性疾病病原体能够通过某种途径感染他人，传染病患者有传染性的时期称为传染期，换句话说，传染期是指传染病患者排出病原体的整个时期。

传染期的流行病学意义在于，它是决定传染病患者隔离期限的重要依据。我们隔离患者、疑似患者和其密切接触者期限的科学依据就是由各个传染病本身所固有的传染期来决定的。传染期的长短在一定程度上影响着疾病的流行特点。传染期短的疾病相对来讲流行趋势比较迅猛；传染期长的疾病流行持续时间长，流行态势相对平缓些。

传染病的发生、发展及转归可分为三期：分别为潜伏期、发病期、恢复期。

潜伏期：潜伏期是指从病原体侵入人体至出现临床症状之前的一段时间。各个疾病的潜伏期均不相同，有长有短，长的可以达数十年，短的几个小时，即使对于同一种疾病而言，因为个体差异和感染病源体数量的不同，其潜伏期也不相同，所以每种疾病的潜伏期都是一个范围。有些传染病在潜伏期的末期就可以排出病原体了，这就表明某些疾病在潜伏期末，患者还没有任何临床症状，本人也不知情的情况下，就已经是传染源并且开始对周围健康人群构成威胁了，这种没有明显迹象、没有表征的情况威胁是最大的，也是百姓恐慌的原因所在，因为个体无从预防，无法保护自己，必须依靠政府。潜伏期对于传染病的控制来讲，是一个非常重要的概念，因为潜伏期的期限长短决定了对于患者和疑似患者的接触者的处理措施，在现实的操作中，也是存在问题最多的。

发病期：又分为前驱期和症状明显期。前驱期是潜伏期末至发病期前，这个时期病人一般开始出现一些临床症状，但是症状不典型，一般都不是疾病本身所特有的症状，在临床上出现误诊和漏诊的概率最大。一部分传染病在前驱期传染性很大，这个时期的患者是重要的传染源。症状明显期是症状不断加重，临床表现日益明显的时期，是传染病所特有症状、体征最明显和典型的时期，疾病往往在这个时期得以明确诊断。

恢复期：恢复期是病原体完全或基本消灭，临床症状陆续消失的时期。多数患者痊愈，少数人会留有后遗症。这期间传染性消失，不再是传染源了。

(二) 传染病流行过程及影响因素

传染病在人群中流行是需要条件的，需要有传染源、传播途径和易感人群，具备了这些基本条件，同时还受社会因素和自然因素的影响。在上述条件同时具备的情况下，才会从发生、发展逐渐演变到最后流行结束。

传染源是指病原体已在体内生长繁殖并能将其排出体外的人或者动物。传染源分为患者、隐性感染者、病原携带者、受感染的动物。

传染病的传播途径是指病原体离开传染源后，到达另一个易感者的途径，传播途径分为呼吸道、消化道、接触、昆虫媒介、性途径和血液途径等。

易感者是指对某一传染病缺乏特异性免疫力的人；易感人群是指对某种传染缺乏免疫力，易受该病感染的人群和对传染病病原体缺乏特异性免疫力，易受感染的人群。

人群当中易感者增加了,整个人群的易感性就增加了。在传染病的控制当中,首先要控制传染源,传染源控制得好,可以起到事半功倍的作用,传染源的控制工作决定着整个疾病控制的成败。如果传染源是人,要及时进行适当的治疗,如果是比较严重的传染病,要进行隔离治疗和观察;如果是动物,对于危害比较大的传染病就要消灭传染源。世界范围内在防控人禽流感的方面,均采取了消灭传染疫禽类的措施,原因就是为了消灭传染源。传染病的传播途径有很多种,常见的有呼吸道、消化道、血液、接触、性途径、昆虫等途径,有些疾病是多种途径共存。控制传染病需要切断传播途径,但是困难还是比较大的,通常要采取消毒、杀菌、灭虫等措施,同时加大宣传教育力度,加大对疾病传播知识和危害性的宣传,大搞爱国卫生运动,力求通过这些努力改变人们的不良行为和卫生习惯,从而切断传播途径。易感人群是普遍存在的,对于少部分传染病,国家有疫苗,可以采取预防接种的方式,提高易感人群的免疫力,而对于没有疫苗的传染病尤其是新发传染病,人群更是没有免疫力,普遍容易感染,只能教育群众加强体育锻炼,养成良好的生活方式和习惯,在疾病流行的时候,少去人群聚集的公共场所,减少感染机会,以此来保护人群。

外界环境对传染病的发生和流行具有很大影响。它包括自然因素和社会因素两个方面。自然因素包括地理与气候因素。经济条件差和生活环境卫生条件差的人群感染机会多。自然因素和社会因素的剧烈变化,增加了某些常年在局部流行的疾病广泛传播的可能性,比如青藏铁路全线贯通后,途经格尔木,而格尔木是我国鼠疫流行的地区,那里的鼠经常会携带鼠疫杆菌,游客在那里可能会接触到染病的老鼠的排泄物,货物的运输也增加了该地区老鼠的活动范围,这条铁路的贯通除了繁荣西藏旅游文化和方便经济往来以外,同时也加大了鼠疫在我国境内传播的危险性。

(三)传染病分类管理现状

传染病实行的是分类管理,不同类别的传染病规定有不同级别的措施,世界各国因其所处的地理位置、气候和流行疾病的不同,其法定管理的传染病也不同。中国对传染病管理的法律依据主要来自于《中华人民共和国传染病防治法》,该法于1989年上海甲肝大流行之后,在总结了相应的经验教训之后同年9月出台。在经历了2003年的防控传染性非典型肺炎这个大的传染病疫情、总结了方方面面的经验教训之后于2004年修订出台。

在新修订的《中华人民共和国传染病防治法》中,列为法定报告传染病的有三类37种疾病,2008年5月,又增加了手足口病,到目前为止共计38种。根据疾病的严重程度分为甲、乙、丙3类。

1. 甲类 烈性传染病,有两种,分别为鼠疫和霍乱。
2. 乙类 包括传染性非典型肺炎即非典、人感染高致病性禽流感、艾滋病和肝炎在内的25种疾病。
3. 丙类 包括流行性感冒、手足口病、流行性腮腺炎、风疹、急性出血性结膜炎等在内的11种疾病。

医疗机构在发现和诊断上述传染病之后,均要按规定报告时限及时上报疾病预防控制部门,疾病预防控制部门作为传染病控制的专业部门,必须及时掌握这些传染病的发病情况,及时采取措施控制流行,防止疾病蔓延。

上述规定以外的其他传染病,根据其暴发、流行情况和危害程度,需要列入乙类、丙类传染病的,由国务院卫生行政部门决定并予以公布。

对乙类传染病中的传染性非典型肺炎、炭疽中的肺炭疽和人感染高致病性禽流感,采取《中华人民共和国传染病防治法》中所称甲类传染病的预防、控制措施。

(四)重大传染病疫情界定

依据传染病防治法的规定,在我国目前三类38种法定报告的传染病当中,危害最为严重的是甲类,即鼠疫和霍乱,另外,《中华人民共和国传染病防治法》第四条也将乙类传染病中传染性非典型肺炎即非典、炭疽中的肺炭疽和人感染高致病性禽流感定为需要采取甲类传染病预防、控制措施的疾病。

根据我国《突发公共卫生事件应急条例》第二条的规定:突发公共卫生事件(以下简称突发事件),是指突然发生,造成或者可能造成社会公众健康严重损害的重大传染病疫情、群体性不明原因疾病、重大食物和职业中毒及其他严重影响公众健康的事件。根据上述突发公共卫生事件概念的界定,我们可以看出突发公共卫生事件包括重大传染病疫情在内。我国卫生部2006年曾经出台过一个关于《国家突发公共卫生事件相关信息报告管理工作规范(试行)》,里面对于各类传染病都给出了详细的标准,比如,甲类传染病和按甲类措施管理的传染病,发生1例即构成突发公共卫生事件,其他疾病都给出了多长时间内出现多少例即构成突发公共卫生事件的标准,这个标准有很多不科学之处,问题最大的是对于所有的传染病都是规定在一个学校、幼儿园、自然村寨、社区、建筑工地内,一定时间段内出现几例某种病的病例即构成突发公共卫生事件,没有考虑到上述单位的具体人数,例如一所几百人的学校和一所上千甚至上万人的学校出现相同病例数的某传染病其意义有时是完全不同的,人员总数少的学校可能预示着是疾病暴发,人员总数众多的学校可能仅仅是个常态下的散发而已。这个标准规定得过于宽松且欠科学,现实当中很小的疫情有时就达到了突发公共卫生事件的标准,目前这个规范正在建议修改中。

结合上述国家的有关规定,根据实际工作经验,在此界定本文所说的重大传染病疫情是指在一定区域内,一定时间段内,发生一定数量的传染病,造成或者可能造成社会公众健康严重损害的传染病疫情即为重大传染病疫情,具体来讲,甲类和乙类当中按照甲类管理的传染病每发生1例就构成重大传染病疫情,这和国家现行规定是相一致的;其他乙类传染病按照比例在一定区域内(比如一所学校、幼儿园、建筑工地等集体单位)一定时间段内,15%的人患某病,丙类传染病25%的人患某病即构成重大传染病疫情;某些少发或者是罕见传染病可以考虑出现3例即构成重大传染病疫情。新发的传染病如果危害严重的话,尽管没有在国家法定报告传染病的范围之内,也建议出现1例即构成重大传染病疫情。

谨慎界定重大传染病疫情的概念,力求全面、科学。传染病防控一般要三管齐下,就上述三个方面采取综合措施,才可以快速、有效地控制传染病。控制传染源处于控制传染病的首要位置,对传染病病人应做到早发现、早报告、早隔离和早治疗。其中,隔离病人、疑似病人及其密切接触者是控制传染病传播的重要措施。

(五)隔离

1.隔离的含义 在医学上,隔离是防止传染病传播的一种措施,指将传染病患者、可疑患者同别人分隔开来,使互不接触。国家卫生部1999年颁布的《国内交通卫生检疫条例实施方案》第五十一条对"隔离"做了解释："指将检疫传染病病人收留在指定的处所,限制其活动并进行治疗,直到消除检疫传染病传播的危险。"人民卫生出版社出版的高等医学院校教材流行病学(第2版)对隔离的解释是:隔离是将有传染性的患者或病员携带者置于不传染人群的情况下,防止病原体向外扩散,便于管理和消毒,同时使患者得到及时治疗,早日恢复健康,起到控制或消灭传染源,保护易感人群的作用。

2.隔离的方式及要求

(1)住院隔离(传染病院、普通医院的隔离病房)、设立临时隔离室、家庭隔离或集体隔离等。患者用过和接触过的物品、排泄物和分泌物等均进行消毒处理。

(2)医务人员对患者进行护理工作时穿隔离衣、鞋、帽和戴口罩等。

(3)隔离的时间根据各种传染病的传染期而定。隔离措施同样也用于牲畜的传染病管理。

(六)传染病防治法的相关情况

到目前为止,能够在传染病防控当中应用的法律、法规有2004年8月经过修订的《中华人民共和国传染病防治法》,2003年5月出台的《突发公共卫生事件应急条例》,1998年11月通过的《国内交通卫生检疫条例》,1999年颁布的《国内交通卫生检疫条例实施方案》及2007年出台的《突发事件应对法》。传染病防治法应该是龙头。在这些法律、法规当中,关于卫生强制隔离的规定是简单而原则化的,缺少具体的可操作性的规定,存在着如下的问题。

1.传染病防治法 该法是调整预防、控制和消除传染病的发生与流行,保障人体健康和公共卫生活动中产生的各种社会关系的法律规范的总和。

1950年:《关于发动秋季种痘的指示》;1955年:《传染病管理办法》;1978年:修订为《急性传染病管理条例》。

传染病防治法制建设过程:①1989年2月21日,《中华人民共和国传染病防治法》;②1991年12月6日,《中华人民共和国传染病防治法实施办法》;③2004年8月28日《中华人民共和国传染病防治法》进行修订,2004年12月1日起施行。

2.历史上最严重的十大瘟疫 从古至今,人类遭遇了无数的瘟疫,其中有些瘟疫特别严重,对人类后代的影响特别大。我们盘点一下历史上十大影响最严重的瘟疫。

(1)黑死病(1347—1351年) 黑死病在人类历史上是最致命的瘟疫之一。普遍认为是由一种名为鼠疫的细菌造成的。但最近有人认为是由其他一些疾病引起的。关于鼠疫的起源在专家中引起了广泛的争议。一些历史学家认为黑死病开始于14世纪二三十年代的中国和中亚。在随后的数年内由商人和士兵携带到俄罗斯南部克里米亚。在14世纪40年代,流行病从克里米亚传到西欧和北非。临床表现为发热、严重毒血症症状、淋巴结肿大、出血倾向等。黑死病造成全世界死亡人数高达7 500万,其中欧洲的死亡人数为2 500万~5 000万。

(2)第三次鼠疫大流行(1885—1950年) 第三次鼠疫大流行是指1855年始于中国云南省的一场重大鼠疫。这次世界性大流行以传播速度快、传播范围广超过了前两次而出名。这场鼠疫蔓延到所有有人居住的大陆,先从云南传入贵州、广州、香港、福州、厦门等地后,这些地方死亡人数就达10万多人。中国南方的鼠疫还迅速蔓延到印度,1900年传到美国旧金山,也波及到欧洲和非洲,在10年期间就传到77个港口的

60多个国家。单在印度和中国,就有超过1 200万人的人死于这场鼠疫。据世界卫生组织透露,这次大游行一直延延续到1959年,这时全世界因鼠疫而死亡的人数减少到了200人左右。这次流行的特点是疫区多分布在沿海城市及其附近人口稠密的居民区,家养动物中也有流行。

(3)查士丁尼瘟疫(541—542年)　查士丁尼瘟疫是指541年到542年地中海世界爆发的第一次大规模鼠疫,它造成的损失极为严重。但是此次瘟疫对拜占庭帝国的破坏程度很深,其极高的病死率使拜占庭帝国人口下降明显,劳动力和兵力锐减,正常生活秩序受到严重破坏,还产生了深远的社会负面后果,而且对拜占庭帝国、地中海、欧洲的历史发展都产生了深远影响。鼠疫最严重的时候,一天就有5 000~7 000人,甚至上万人不幸死去。

(4)伦敦大瘟疫(1665—1666年)　伦敦大瘟疫是指一场于1665年到1666年发生在英格兰的大规模瘟疫。在这场瘟疫中,有7万5千到10万人丧生,超过当时伦敦总人口的1/5。它在历史上被确定为淋巴腺鼠疫引起的大面积黑死病,由人通过跳蚤感染了鼠疫耶尔森菌。1665年这场传染病是淋巴腺鼠疫在英格兰的最后一次大规模爆发。瘟疫的来源有两种说法:一种说来自法国,1665年4月,两个法国海员昏倒在伦敦西区特鲁里街与朗埃克路口,后来他们身上携带的病毒引起了大范围的传染;另一种说法是说鼠疫病毒来自荷兰,这种疾病自1599年起就在荷兰当地传播了。

(5)美洲瘟疫(16世纪)　欧洲人到来之前,这里居住着400万~500万的原住民,其中大多数都在16世纪几年间死去,有历史学家甚至称它为"人类史上最大的种族屠杀"。不过,夺取印第安人生命的最直接杀手不是欧洲人的枪炮,而是他们所带来的瘟疫。当哥伦布抵达新大陆时,欧洲人就已经经历了多次致命传染病的浩劫,也从中找到了治疗一些传染病的方法。但是,美洲之前长期与欧亚非大陆隔离,印第安人也几乎与这些疾病完全隔绝。欧洲人的疾病随着哥伦布的第一次美洲之旅后开始蔓延到新大陆。腮腺炎、麻疹、天花、霍乱、淋病和黄热病等,这些早已被欧洲人适应的疾病对印第安人来说却极具杀伤力,因为他们的免疫系统几乎缺乏抵抗力,尤其是麻疹和天花。因此阿兹特克人等中美洲原住民即使拥有欧洲人攻不破的城墙,但却被外来的瘟疫打败。

(6)米兰大瘟疫(1629—1631年)　1629年至1631年,意大利爆发了一系列的鼠疫,通常称为米兰大瘟疫。包括伦巴和威尼斯,此次瘟疫造成大约28万人死亡。米兰大瘟疫是黑死病开始后的所有流行性瘟疫中的最后一次大瘟疫。

1629年,德国和法国士兵将传染病带到意大利曼托瓦。在三十年战争中,威尼斯军队感染了疾病,当他们撤退到意大利中北部时,将疾病传染给了当地人。当时米兰总人口为13万,在这次瘟疫中染病而死的人数高达6万人。

(7)雅典鼠疫(公元前430—前427年)　公元前430到前427年,雅典发生大瘟疫,近1/2人口死亡,整个雅典几乎被摧毁。有专家认为此疫即鼠疫。雅典鼠疫是一场毁灭性的传染病,袭击了整座古希腊罗马城。

希腊史学家修昔底德对这场毁灭雅典的瘟疫的进行了这样的描述:"身强体健的人们突然被剧烈的高热所袭击,眼睛发红仿佛喷射出火焰,喉咙或舌头开始充血并散发出不自然的恶臭,伴随呕吐和腹泻而来的是可怕的干渴,这时患病者的身体疼痛发炎并转成溃疡,无法入睡或忍受床榻的触碰,有些患病者裸着身体在街上游荡,寻找水喝直到倒地而死。甚至狗也死于此病,吃了躺得到处都是的人尸的乌鸦和大雕也死了,存活下来的人不是没了指头、脚趾、眼睛,就是丧失了记忆。"

(8)古罗马"安东尼瘟疫"(164—180年)　古罗马"安东尼瘟疫"是因为传染而引起的。据史书描绘得此传染病的症状为:剧烈腹泻,呕吐,喉咙肿痛,溃烂,高热热得烫手,手脚溃烂或是生了坏疽,感到难以忍受的口渴,皮肤化脓。9年后瘟疫再次爆发。据罗马史学家迪奥卡称,当时罗马一天就有2 000人因染病而死,相当于被传染人数的1/4。估计总死亡人数高达500万。在有些地方,瘟疫造成总人口的1/3死亡,大大削弱了罗马兵力。

(9)马赛大瘟疫(1720—1722年)　1720年,马赛遭逢瘟疫侵袭,这是该市有史以来最严重的一次灾难,也是18世纪初欧洲最严重的瘟疫之一。

1720年,法国马赛突发瘟疫,影响了整座城市和周边城市,造成10万人死亡。这场瘟疫来得快,去得也快,马赛很快从瘟疫中恢复过来。经济只用了短短的几年就恢复了,并发展很快,贸易扩展到西印度群岛和拉丁美洲。截至1765年,人口增长恢复到1720年之前的水平。这场瘟疫不像14世纪发生的黑死病破坏性那么大。

(10)莫斯科黑死病(1971年)　莫斯科最初出现鼠疫迹象是在1770年底,到1771年春季变成流行性大瘟疫。当时政府采取了一系列措施,譬如设立隔离区、销毁被污染的财产、关闭公共浴池等。此次大瘟疫造成市民的极度恐慌和愤怒。整座城市的经济陷入瘫痪,主要是因为许多工厂、市场、商店及行政大楼被关闭。

(七)传染病防治法的适用范围

在中华人民共和国领域内的一切单位和个人,必须接受疾病预防控制机构、医疗机构有关传染病的调查、检验、采集样本、隔离治疗等预防控制措施,如实提供有关情况。"一切单位和个人",既包括我国的一切机关、团体、企事业单位,也包括我国领域内的外国驻华机构、外资企业、中外合资、中外合作企业等单位;既包括中国人,也包括在我国境内的外国国籍和无国籍等一切自然人。根据我国法律、法规规定和国际惯例,所有驻中国的外国使、领馆人员必须遵守我国传染病防治法的规定,没有传染病防治方面的豁免权。

二、法定传染病的分类

1.**传染病的分类**　根据传染病的危害程度和应采取的监督、监测、管理措施,参照国际上统一分类标准,结合我国的实际情况,将全国发病率较高、流行面较大、危害严重的38种急性和慢性传染病列为法定管理传染病,并根据其传播方式、速度及其对人类危害程度的不同,分为甲、乙、丙三类,实行分类管理。

上述规定以外的其他传染病,根据其暴发、流行情况和危害程度,需要列入乙类、丙类传染病的,由国务院卫生行政部门决定并予以公布。

对乙类传染病中传染性非典型肺炎、炭疽中的肺炭疽和人感染高致病性禽流感,采取本法所称甲类传染病的预防、控制措施。

增减病种的权限:①增加或减少甲类传染病病种——国务院;②增加或减少乙类、丙类传染病病种——国务院卫生行政部门;③按照乙类或丙类传染病管理的病种——省、自治区、直辖市人民政府。

2. 传染病防治方针及管理原则 《中华人民共和国传染病防治法》明确规定，国家对传染病实行预防为主的方针，坚持防治结合、常备不懈、社会参与、群防群控、依靠科学、分类管理的原则。

三、传染病防治的管理体系和保障措施

1. 分类 根据传染病的危害程度和应采取的监督、监测、管理措施，参照国际上统一分类标准，结合我国的实际情况，将全国发病率较高、流行面较大、危害严重的38种急性和慢性传染病列为法定管理传染病，并根据其传播方式、速度及其对人类危害程度的不同，分为甲、乙、丙三类，实行分类管理。

2. 传染病管理决定权

(1)《中华人民共和国传染病防治法》以外的其他传染病，根据其暴发、流行情况和危害程度，需要列入乙类、丙类传染病的，由国务院卫生行政部门决定并予以公布。

(2)对乙类传染病中传染性非典型肺炎、炭疽中的肺炭疽、人感染高致病性禽流感和甲型H1N1流感，采取甲类传染病的预防、控制措施。其他乙类传染病和突发原因不明的传染病需要采取甲类传染病的预防、控制措施的，由国务院卫生行政部门及时报经国务院批准后予以公布、实施。

(3)省、自治区、直辖市人民政府对本行政区域内常见、多发的其他地方性传染病，可决定按乙类或丙类传染病管理并予以公布，报卫生部备案。

3. 传染病防治的业务工作

(1)各级疾病预防控制机构承担传染病监测、预测、流行病学调查、疫情报告及其他预防、控制工作。流行病学调查是指对人群中疾病或者健康状况的分部及其决定因素进行调查研究，提出疾病预防控制措施及保健对策。

(2)国家发展现代医学和中医药等传统医学，支持和鼓励开展传染病防治的科学研究，提高传染病防治的科学技术水平。

(3)国家开展预防传染病的健康教育。

第二节 传染病的预防和疫情报告

一、传染病预防

医疗机构的职责：医疗机构应当确定专门的部门或者人员，承担传染病疫情报告、本单位的传染病预防、控制及责任区域内的传染病预防工作；承担医疗活动中与医院感染有关的危险因素监测、安全防护、消毒、隔离和医疗废物处置工作。医院感染是指住院患者在医院内获得的感染，包括在住院期间发生的感染和在医院内获得出院后发生的感染，但不包括入院前已开始或者入院时已处于潜伏期的感染。医院工作人员在医院内获得的感染也属医院感染。①加强卫生健康教育，动员全体公民自觉与传染病做斗争；②开展爱国卫生运动，消除各种传染病的传播媒介；③建设和改造公共卫生设施，保护水源，防止污染；④实行有计划的预防接种制度；⑤防止医院及实验室感染；

⑥严格执行各项卫生制度；⑦控制传染源，预防传染病扩散；⑧加强对人畜共患传染病的预防管理和自然疫源地的建设项目审批。

二、传染病疫情的报告和公布

（一）医疗卫生机构及其执行职务人员的报告

1. 疾病预防控制机构、医疗机构和采供血机构及其执行职务的人员发现法定的传染病疫情或者发现其他传染病暴发、流行及突发原因不明的传染病时，应当遵循疫情报告属地原则，按照国务院规定的或者国务院卫生行政部门规定的内容、程序、方式和时限报告。军队医疗机构向社会公众提供医疗服务，发现规定的传染病疫情时，应当按照国务院卫生行政部门的规定报告。

2. 港口、机场、铁路疾病预防控制机构及国境卫生检疫机关发现甲类传染病患者、病原携带者、疑似传染病患者时，应当按照国家有关规定立即向国境口岸所在地的疾病预防控制机构或者所在地县级以上地方人民政府卫生行政部门报告并相互通报。

3. 接到甲类、乙类传染病疫情报告或者发现传染病暴发、流行时，应当立即报告当地卫生行政部门，由当地卫生行政部门立即报告当地人民政府，同时报告上级卫生行政部门和国务院卫生行政部门。

（二）疫情报告时限及方式

责任报告人发现甲类传染病和乙类传染病中的传染性非典型肺炎、炭疽中的肺炭疽和人感染高致病性禽流感的病人、病原携带者、疑似传染病病人时，城镇于6小时内、农村于12小时内，以最快通信方式向发病地的卫生防疫机构报告，并同时报出疫情报告卡。责任报告人发现乙类传染病病人、病原携带者、疑似传染病病人时，城镇应于12小时内、农村于24小时内向发病地的卫生防疫机构报出传染病报告卡。责任报告人在丙类传染病监测区内发现丙类传染病病人时，应当在24小时内向发病地的卫生防疫机构报出传染病报告卡。

传染病暴发流行时，责任报告人应当以最快的通讯方式向当地卫生防疫机构报告疫情。

（三）疫情的公布与通报

国务院卫生行政部门应定期如实公布全国疫情并随时通报重大疫情，并可授权省、自治区、直辖市政府卫生行政部门及时地如实通报和公布本行政区域内的疫情。省、自治区、直辖市卫生行政部门除定期公布本行政区域的疫情外，并可授权卫生防疫机构公布。

市、地及市、地以下政府卫生行政部门、卫生防疫机构在工作需要时可介绍当地传染病发生、流行与防治情况。各级政府卫生行政部门可定期与相邻的政府卫生行政部门交换疫情，遇有重要疫情时应随时通报。已经公布的疫情均可进行学术交流。

第三节 传染病疫情的控制和监督

一、医疗机构应采取的措施

(一)控制传染源

1. 医疗保健机构、卫生防疫机构发现传染病应当及时采取下列控制措施。

(1)对甲类传染病患者和病原携带者,乙类传染病中的传染性非典型肺炎患者,炭疽中的肺炭疽患者,人感染高致病性禽流感患者予以隔离治疗。隔离期限根据医学检查结果确定。拒绝或擅自脱离隔离治疗的,可以由公安部门协助治疗单位采取强制措施。淋病、梅毒患者应当在医疗保健机构、卫生防疫机构接受治疗。尚未治愈前,不得进入公共浴池、游泳池。

(2)对除传染性非典型肺炎患者、肺炭疽患者和人感染高致病性禽流感患者以外的乙类、丙类传染病患者,根据病情采取必要的治疗和控制传播措施。

(3)对疑似甲类传染病患者,在明确诊断前,在指定的场所进行医学观察。

(4)对传染病患者、病原携带者、疑似传染病患者污染的场所、物品和密切接触的人员,实施必要的卫生处理和预防措施。

(5)甲类传染病患者和病原携带者及乙类传染病中的艾滋病、淋病、梅毒患者的密切接触者必须按照有关规定接受检疫、医学检查和防治措施。其他乙类传染病患者及病原携带者,应当接受医学检查和防治措施。

2. 医疗机构发现甲类传染病疫情的控制

(1)对患者、病原携带者,予以隔离治疗,隔离期限根据医学检查结果确定。

(2)对疑似患者,确诊前在指定场所单独隔离治疗。

(3)对医疗机构内的患者、病原携带者、疑似患者的密切接触者,在指定场所进行医学观察和采取其他必要的预防措施。

3. 特定场地和人员的隔离

(1)对已经发生的甲类传染病病例的场所或者该场所内的特定人员,所在地的县级以上地方人民政府可以实施隔离,并同时向上一级人民政府报告;接到报告的上级人民政府应当及即时作出是否批准的决定。上级人民政府作出不予批准决定的,实施隔离措施的人民政府应当立即解除隔离措施。

(2)在隔离期间,实施隔离措施的人民政府应当对被隔离人员提供生活保障;被隔离人员有工作单位的,所在单位不得停止支付其隔离期间的工作报酬。

(3)隔离措施的解除,由原决定机关决定并宣布。

(二)医疗废物的管理

医疗废物,是指医疗卫生机构在医疗、预防、保健及其他相关活动中产生的具有直接或者间接感染性,毒性及其他危害性的废物。医疗废物包括大量的一般性废物和少量的危险性废物。

危险性废物具有以下一个或几个特点:含有感染性物质,具有遗传毒性,含有毒性和危险性的化学品或药品,具有放射性,含有锋利物。

医疗废物可引起接触个体的疾病或造成潜在的威胁。国际协议中有大量关于公共卫生和医疗废物安全管理的规定,如《巴塞尔会议协议》。

为了加强医疗废物的安全管理,防止疾病传播,保护环境,保障人体健康,2003年6月16日,国务院根据《中华人民共和国传染病防治法》和《固体废物污染环境防治法》,颁布了《医疗废物管理条例》,成为我国监督医疗废物的主要法律依据。为了贯彻实施该条例,卫生部发布了《医疗卫生机构医疗废物管理办法》,卫生部和国家环境保护总局制定了《医疗废物分类目录》。

根据《医疗废物管理条例》的规定,医疗废物管理的范围包括医疗废物的收集、运送、贮存、处置及监督管理等活动。医疗卫生机构收治的传染病患者或者疑似传染病患者产生的生活垃圾,按照医疗废物进行管理和处置,废弃的麻醉、精神、放射性、毒性等药品及其相关的废物的管理,依照有关法律、行政法规和国家有关规定、标准执行。计划生育技术服务、医学科研、教学、尸体检查和其他相关活动中产生的具有直接或者间接感染性、毒性及其他危害性废物的管理,也在管理范围之内。

1.医疗废物管理的一般规定 医疗废物管理的一般规定主要包括以下5个方面。

(1)医疗卫生机构应当建立、健全医疗废物管理责任制。

(2)制定与医疗废物安全处置有关的规章制度和发生意外事故时的应急方案,设置监控部门或者专(兼)职人员。

(3)对本单位从事医疗废物收集、运送、贮存、处置等工作的人员和管理人员,进行相关法律和专业技术、安全防护及应急处理等知识的培训,采取有效的职业卫生防护措施。

(4)执行危险废物转移联单和登记管理制度,对医疗废物进行登记,采取有效措施,防止医疗废物流失、泄漏、扩散。

(5)禁止任何单位和个人转让、买卖医疗废物,在运送过程中丢弃医疗废物,在非贮存地点倾倒、堆放医疗废物;或者将医疗废物混入其他废物和生活垃圾,邮寄医疗废物,通过铁路、航空运输医疗废物,将医疗废物与旅客在同一运输工具上载运,在饮用水源保护区的水体上运输医疗废物。

2.医疗卫生机构的医疗废物管理 医疗卫生机构的医疗废物管理主要包括以下4个方面。

(1)医疗卫生机构应当及时收集本单位产生的医疗废物,并按照类别分置于防渗漏,防锐器穿透的专用包装物或者密闭的容器内,并有明显的警示标识和警示说明。

(2)应当在远离医疗区、食品加工区和人员活动区及生活垃圾存放场所建立医疗废物的暂时贮存设施、设备,并设明显的警示标识。

(3)根据就近集中处置的原则,及时将医疗废物交由医疗废物集中处置单位处置。

(4)产生的污水、传染病患者或者疑似传染病患者的排泄物,应当按照国家规定严格消毒并达到国家规定的排放标准后,方可排入污水处理系统。

3.医疗废物集中处置 从事医疗废物集中处置活动的单位,应当向县级以上人民政府环境保护行政主管部门申请领取经营许可证,未取得经营许可证的单位,不得从事有关医疗废物集中处置的活动。

医疗废物集中处置单位的贮存、处置设施,应当符合国务院环境保护行政主管部门的规定。运送医疗废物,应当遵守国家有关危险货物运输管理的规定,使用有明显医疗废物标识的专用车辆。

4. 医疗废物监督管理机构　县级以上各级人民政府卫生行政主管部门,对医疗废物收集、运送、贮存、处置活动中的疾病防治工作实施统一监督管理,环境保护行政主管部门。县及以上各级人民政府其他有关部门在各自的职责范围内负责与医疗废物处置有关的监督管理工作。

二、各级政府部门应采取的措施

1. 传染病暴发、流行的紧急措施　为控制传染病暴发流行,必要时当地政府可报经上一级地方政府批准,采取下列紧急措施:①限制或者停止集市、影剧院演出或者其他人群聚集的活动;②停工、停业、停课;③封闭或者封存被传染病病原体污染的公共饮用水源、食品及相关物品;④控制或者捕杀染疫野生动物、家畜家禽;⑤封闭可能造成传染病扩散的场所。

紧急措施的撤销和解除,由原决定机关根据有关规定决定并宣布。

2. 各级疾病预防控制机构作为防控传染病的最重要的机构,应履行下列职责　①实施传染病预防控制规划、计划和方案;②收集、分析和报告传染病监测信息,预测传染病的发生、流行趋势;③开展对传染病疫情和突发公共卫生事件的流行病学调查、现场处理及其效果评价;④开展传染病实验室监测、诊断、病原学鉴定;⑤实施免疫规划,负责预防性生物制品的使用管理;⑥开展健康教育、咨询,普及传染病防治知识;⑦指导、培训下级疾病预防控制机构及其工作人员开展传染病监测工作;⑧开展传染病防治应用性研究和卫生评价,提供技术咨询。

3. 传染病预防、控制预案的主要内容　①传染病预防控制指挥部的组成和相关部门的职责;②传染病的监测、信息收集、分析、报告、通报制度;③疾病预防控制机构、医疗机构在发生传染病疫情时的任务与职责;④传染病暴发、流行情况的分级及相应的应急工作方案;⑤传染病预防、疫点疫区现场控制,应急设施、设备、救治药品和医疗器械及其他物资和技术的储备与调用。

三、医疗救治

(一)宣布疫区

甲类、乙类传染病暴发流行时,县级以上地方政府报经上一级地方政府决定,可以宣布疫区,在疫区内实行紧急措施,并可对出入疫区的人员、物资和交通工具实施卫生检疫。

经省、自治区、直辖市政府决定,可以对甲类传染病疫区实施封锁。封锁大、中城市的疫区或跨省、自治区、直辖市的疫区,以及封锁疫区导致中断干线交通或者封锁国境的由国务院决定。

疫区封锁的解除由原决定机关宣布。

1. 传染病暴发、流行时,根据传染病疫情控制的需要,国务院有权在全国范围或者跨省、自治区、直辖市范围内,县级以上地方人民政府有权在本行政区域内紧急调集人员或者调用储备物资,临时征用房屋、交通工具及相关设施、设备。

2. 紧急调集人员的,应当按照规定给予合理报酬。临时征用房屋、交通工具及相关设施、设备的,应当依法给予补偿;能返还的,应当及时返还。

(二)卫生检疫、消毒和疫区调查

1. **传染病病原体污染物的消毒处理** 对被传染病病原体污染的污水、污物、场所和物品,有关单位和个人必须在疾病预防控制机构的指导下或者按照其提出的卫生要求,进行严格消毒处理。拒绝消毒处理的,由当地卫生行政部门或者疾病预防控制机构进行强制消毒处理。

2. **消毒管理的范围** 消毒是指用化学、物理、生物的方法杀灭或者消除环境中的病原微生物。

为加强消毒工作及消毒药剂和消毒器械的管理,防止疾病传播,保障人体健康,卫生部于1992年发布了《消毒管理办法》。消毒管理办法规定,医疗、卫生、消毒服务和未列入中华人民共和国药典现行版的所有消毒药剂、消毒器械和一次性使用的医疗、卫生用品生产、经营、使用的单位和个人及需要消毒的场所都属管理范围。

国家对生产、经营、使用消毒药剂、消毒器械和一次性使用的医疗、卫生品实行卫生许可证制度。

3. **医疗卫生机构的消毒管理** 消毒管理办法规定,各级医疗保健机构要建立预防医院内感染的管理组织,并负责本单位消毒监测和技术指导工作,建立消毒、隔离制度,预防医院内感染。要组织本单位的医疗、卫生、保健人员接受消毒灭菌技术培训,坚持培训后上岗,要求掌握消毒知识,并按规定严格执行消毒、隔离制度。

发生医源性感染,导致传染病暴发或流行时,医院应当及时报告当地卫生行政机构,并采取有效消毒措施。卫生行政机构应当对医院消毒工作加强管理。

4. **疫源地的消毒管理** 消毒管理办法规定,甲类传染病鼠疫、霍乱和乙类传染病中的肺炭疽、艾滋病的疫源地,要在当地卫生防疫机构的监督指导下,由有关单位和个人及时进行消毒,或由当地卫生防疫机构负责进行终末消毒。

乙类传染病中的病毒性肝炎、细菌性痢疾、伤寒与副伤寒、脊髓灰质炎、白喉等必须按照当地卫生防疫机构提出的卫生要求,由有关单位和个人进行消毒处理,或由当地卫生防疫机构组织消毒。

5. **预防性消毒管理** 预防性消毒管理包括:食品生产经营单位和公共场所的消毒,托幼机构环境和用品的消毒,生活饮用水的消毒,来自疫区可能被传染病病原体污染的皮毛、羽毛及其收购、运输、加工部门和可能导致人畜共患传染病传播蔓延的物品和场所的消毒,单位或个人经营国家允许经营的旧衣、旧物的消毒,殡仪馆、火葬场和停放尸体的场所及车辆的经常性消毒。

6. **医疗卫生用品的消毒管理** 卫生用品必须符合国家有关卫生标准方可出厂、销售。生产一次性使用的医疗、卫生用品的原材料必须清洁、对人体无毒无害。凡经消毒灭菌后的一次性使用的医疗、卫生用品产品,要严格防止再污染。包装上应当注明批准文号、厂名、批号、消毒方法、消毒日期和有效期,并附详细使用说明,介绍产品保存条件和使用注意事项等。

经营一次性使用的医疗、卫生用品的部门,应当按照产品生产厂家提供的说明书和规定保存、运输。不得销售无厂名、厂址、批号、消毒标签及无有效期限或过期产品。

(三) 采取措施

1. 发生甲类传染病时,为了防止该传染病通过交通工具及其乘运的人员、物资传播,可以实施交通卫生检疫。

2. 疫区中被传染病病原体污染或者可能被传染病病原体污染的物品,经消毒可以使用的,应当在当地疾病预防控制机构的指导下,进行消毒处理后,方可使用、出售和运输。

3. 发生传染病疫情时,疾病预防控制机构和省级以上人民政府卫生行政部门指派的其他与传染病有关的专业技术机构,可以进入传染病疫点、疫区进行调查、采集样本、技术分析和检验。

四、尸体的处理

对于患鼠疫、霍乱和炭疽病死亡的病人尸体,由治疗单位负责消毒处理后立即火化。患病毒性肝炎、伤寒和副伤寒、艾滋病、白喉、炭疽、脊髓灰质炎死亡的病人尸体,由治疗单位或者当地卫生防疫机构消毒处理后火化。

为了查找传染病原因,医疗机构在必要时可以按照国务院卫生行政部门的规定,对传染病患者的尸体或者疑似传染病患者尸体进行解剖查验,并应当告知死者家属。

不具备火化条件的农村、边远地区,由治疗病人的医疗单位或者当地卫生防疫部门负责消毒后,可选远离居民点500米以外、远离饮用水源的地方,将尸体在距地面2米以下深埋。

药品生物制品等的供应:医药部门和其他有关部门应当及时供应预防和治疗传染病的药品和器械,生物制品生产单位应当及时供应预防和治疗传染病的生物制品。预防和治疗传染病的药品、生物制品和器械应当有适量的储备。

铁道、交通、民航部门必须优先运送卫生行政部门指定的处理疫情的人员、防治药品及生物制品、器械。

五、我国卫生强制隔离中存在的问题

(一) 执法程序有欠缺

强制隔离对相对人实体权利的影响主要包括人身权和财产权,涉及到人身自由的限制和由此导致的财产损害,同时还包括因强制隔离的需要而被征用的财产损失等。程序公正是行政公正一个必不可少的重要组成部分,程序不公正是很难做到实体公正的。很显然,这是一种具有侵害性的行为,必须要法律的严格约束。《中华人民共和国传染病防治法》强调了疫情控制中的强制性措施,第三十九条规定:"医疗机构发现甲类传染病时,应当及时采取下列措施:对患者、病原携带者,予以隔离治疗,隔离期限根据医学检查结果确定;对疑似患者,确诊前在指定场所单独隔离治疗;对医疗机构内的患者、病原携带者、疑似患者的密切接触者,在指定场所进行医学观察和采取其他必要的预防措施。"关于执法程序,第五十六条规定:"卫生行政部门工作人员依法执行职务时,应当不少于两人,并出示执法证件,填写卫生执法文书。卫生执法文书经核对无误后,应当由卫生执法人员和当事人签名。当事人拒绝签名的,卫生执法人员应当注明情况。"上述规定作为程序的体现,提到了出示执法证件,双人执法和签字等程序,对隔离中的其他重要程序,如执法主体在执法的过程中的说明理由、告知义务、隔离决定的送达、隔离对象对隔离决定的申辩权等,法条中都还没有明确的规定。

我国 2004 年新修订的传染病防治法涉及疫情控制方面在第四十一条当中规定,"对已经发生甲类传染病病例的场所和人员的隔离,所在县级以上的政府可以实施隔离措施,同时要向上一级政府报告,上级政府不批准隔离措施的,实施隔离措施的人民政府应当立即解除隔离措施。隔离期间政府要对被隔离人员提供生活保障,被隔离人员工作单位不得停止支付其隔离期间的工作报酬,紧急措施的解除,由原决定机关决定并宣布"。第四十二条中规定,"在传染病暴发、流行时,县级以上人民政府应当立即组织力量对传染病进行控制,必要时,报经上一级人民政府决定,可以采取限制人群聚集的活动,停工、停业、停课;封闭或者封存被传染病病原体污染的公共饮用水源、食品以及相关物品;封闭可能造成传染病扩散的场所;上级人民政府接到下级人民政府关于采取前款所列紧急措施的报告时,应当即时作出决定。紧急措施的解除,由原决定机关决定并宣布"。

防控传染性非典型肺炎的过程中所经历的一切已经逐渐成为历史,但是,传染病暴发流行随时都可能发生。手足口病是由多种肠道病毒引起的传染病,多发生于 5 岁以下儿童,可引起患病儿童的手、足、口腔等部位的疱疹,少数患儿可引起心肌炎、肺水肿、无菌性脑膜脑炎等并发症。个别重症患儿病情发展快,导致死亡。这个疾病的传播途径为接触患者皮肤;通过被病毒污染的手、毛巾、手绢等物品;患者喉咙分泌物(飞沫)传播;饮用污染的水。

手足口病的传染源是患者、隐性感染者和无症状带毒者,通过日常生活用品、食具、玩具的污染经口感染的,也可通过呼吸道飞沫传播。因此,可出现不同规模的流行。2008 年 3 月以来,安徽阜阳部分婴幼儿当中发生本病的流行,并且出现了死亡病例,引起了媒体和政府的高度关注,随后部分其他省市也相继发生了此病的流行。卫生部及时将此病在 5 月 2 日纳入法定报告的丙类传染病之中。在此之前,手足口病为非法定报告传染病,这就意味着医疗机构在此之前发现并诊断此病,无需报告,疾病预防控制机构也无需介入和处理。随着手足口病的流行态势的变化,及时把本病纳入法定报告之列,应该说这是国家本着形势需要和对人民负责的态度所作出的正确选择。但是,随着北京 2008 年 8 月奥运会的日益临近,在同年 5 月之后,北京陆续出台了一系列政策,把防控手足口的工作推向了非常高的程度。

在 2008 年,北京防控手足口的过程中,被广泛执行的一个文件就是对于任何一所幼儿园,不论大小,无论多长时间内,只要发生两例手足口病例,即被要求关闭幼儿园两星期。在实际工作的具体操作当中,对于出现两例病例的幼儿园,由辖区内疾病预防控制部门提出关园的建议,辖区内卫生监督部门下达关园的执法决定书。对于一个丙类的传染病,一个绝大多数患病的人都会自愈的疾病,采取这样的防控措施十分不当。执法主体滥用职权会造成无谓的权利侵害,我们的政府部门要认真考虑手足口关园规定的根本合理性的基础,患了疾病的孩子绝大部分症状都很轻,而且大多数孩子都会不治自愈,只有极个别患儿是危重病例,这一点和 2003 年的非典是有很大区别的。这项强制措施在现实实施过程中真正的后果如何,在这背后是许多家长因此不能正常上班,许多的幼儿园无法正常开园,因此会产生很多问题和很多社会成本,这项措施在防控手足口过程中所起的作用应当如何评估,诸如此类的问题都是很值得我们深思的。这也是传染病防控过程中遇到的特殊情况。

我们应该做到底是：本着疾病本身的特点，本着科学的态度，本着为百姓负责的原则，从加强对医院的管理，加强对百姓的宣传方面入手，让百姓有病及时就医，让医院及时发现并诊断出重症患者，把精力放在重症病例的早期发现、早期诊断和抢救治疗上，放在防止危重患者的死亡上。以预防为主。

目前我国中央政府加大了对官员的责任追究制，在现实工作当中，人们习惯于按文件办事，按领导讲话办事，因为文件规定的很具体，而且不按文件和领导意图办事，会有上级主管部门的考核，而法律的规定往往比较笼统，并且缺乏有效的监督机制。这种做法无疑是好事，加大了官员的责任感，但是，不可否认，这样同时也增加了官员害怕丢了乌纱帽的压力，在处理紧急事件的时候，容易以一种宁可错杀一千也不可放过一个思维模式来工作，随意扩大范围，这种做法使得百姓的利益容易受到侵害。隔离治疗以及对于污染场所的关闭的目的的确是有利于维护公共利益，但是要考查其合法性、科学性和必要性，不能滥用。

它是对公民权利和自由的严重限制，理应有严格的程序限制。随着政府责任追究制风暴的大力展开，政府官员在应对突发紧急事件的时候，面临的压力会更大，权力滥用会更愈演愈烈，老百姓的利益更加容易受到不应有的侵害，所以说法律关于程序的规定必定会更加明确和具体。

有关程序的问题，美国最高法院大法官道格拉斯曾非常精辟阐明执法程序的重要性："正是程序决定了法治与随心所欲或反复无常的人治之间的大部分差异。坚定地遵守严格的法律程序，是我们赖以实现法律面前人人平等的主要保证。"程序明确是公正执法的有力保障。

有关程序的问题，澳大利亚昆士兰州《公共卫生法(1937年)》第139条规定：公共卫生官员在行使权力(包括紧急隔离权)前必须出示身份证明，必须将身份证明佩带在使相对人容易看见的显著位置；如果遵守上述规定有困难时，应在履行公务后的第一合理场合将身份证明予以出示。这条规定要求卫生执法者在执行紧急任务时，出示证件下亮明身份，这样有利于约束执法者，也利于防止假冒执法者的情况。

美国对于强制隔离紧急权的行使规定了法律授权即司法令状制度。所谓司法令状，是指特定行政机关在认定具备法定的事实要件后，在采取强制方法之前，首先向法院申请令状，取得法院的授权，然后再根据授权令状的内容采取强制权力的一种程序性制度。司法令状是英美法系国家和地区的一种法制传统，尽管授权视情况的紧急程度不同可以事前也可以事后，但都强调了法律程序。司法令状制度的意义在于把司法的监督放在了事前，而不是被动的等到事后来处理问题，更加积极和有利于保护相对人的合法权利。美国根据《州公共卫生紧急权力示范法(2002年)》的规定，法院对于行政机关提交的符合条件行政紧急强制颁发授权令状，否则，拒绝颁司法令状。没有令状，行政机关是不能对相对人实施强制隔离，否则就是违法。

美国明尼苏达州法典(2003年)第144章第4 195条第2款对特殊紧急情况也作出了例外的规定：如果州卫生部长认为事先申请司法令状将会严重地损害州卫生部长阻止或限制传染病或潜在的传染病进一步扩散的能力时，则可以直接实施隔离，而不必事先获得司法令状的授权。不过在实施隔离后的24小时内，州卫生部长必须向法院申请令状，申请程序与事前程序相同。从上述的法律规定，我们可以看出，美国的法律在传染病发生暴发、流行时,司法机关从一开始就介入了卫生机构的隔离行为(在非常特殊紧急的情况下,司法令状的取得可在事后取得),这样的程序性规定有利于执法机构更加理性的面对突发事件,障显了法律的权威性,对于我国依法治国、依法行政的国策的贯彻执行有借鉴作用。

所谓时限制度,是指行政机关实施具有时间持续性的行政紧急强制时应遵守的最大时间期限的制度。时限制度主要适用于具有时间持续性的行政紧急强制,例如涉及对行政相对人人身自由的紧急强制隔离、紧急强制治疗等一般都需要持续一定的时间。卫生行政强制隔离时限是非常重要的,应本着对相对人负责、防止权力滥用和节约成本等原则来执行。说明理由制度,是指行政主体在作出或拟作出行政行为时,以适当方式向行政行为相对人或社会公众阐明其作出该行政行为的事实性根据、法律性依据以及其他理由的制度。

从上述对紧急强制实施程序的分析可以看出,一些国家为了在紧急状态下保护相对人合法权益和公共利益,法律制度当中对执法程序作出了较为详细的规定。这些都值得我们在制定法律时积极借鉴。

(二)执法主体不明确

目前国家法律就强制隔离执法主体的设定不是很明确,不利于实际工作的开展,应该进一步完善。传染病的防控是面对人群来工作的,这一点是非常特殊的,传染病的传染性、潜伏期和人群的广泛流动决定了传染病防控工作的范围,在客观上也导致了强制隔离执法主体的众多。《国内交通卫生检疫条例》第六条:"对出入检疫传染病疫区的交通工具及其乘运的人员、物资,县级以上地方人民政府卫生行政部门或者铁路、交通、民用航空行政主管部门的卫生主管机构根据各自的职责,有权采取下列相应的交通卫生检疫措施:对出入检疫传染病疫区的人员、交通工具及其承运的物资进行查验;对检疫传染病病人、病原携带者、疑似检疫传染病病人和与其密切接触者,实施临时隔离、医学检查及其他应急医学措施……"在这里,针对同一情形的隔离实施执法主体就涉及县级以上地方人民政府卫生行政部门或者铁路、交通、民用航空行政主管部门。在《国内交通卫生检疫条例实施方案》中,尽管也做出了一些细化的规定,但是在分清主体和责任方面仍然不够明确,这种情况非常容易导致各个主体间职责不清楚、责任不明确。出现问题后,部门之间容易互相推楼,易造成对工作的延误和不到位。

在2003年传染性非典型肺炎期间的实际工作中,执法主体的问题也很突出。卫生强制隔离决定有些地区是以区县政府名义作出的,有些地区是以当地防控非典领导小组或者是临时指挥部作出的,有些是以卫生行政部门做出的,比较混乱。对于疫点、疫区而言,也同样存在上述问题。

(三)适用对象不明确

强制隔离的具体适用对象涉及到医学标准问题,同时又涉及公民的基本权利,因此需要十分明确、具体,以利于操作。根据法律的规定,对于传染病患者、疑似患者采取隔离观察和治疗的措施是没有疑问的,目前存在问题最多的就是关于上述人员的密切接触者的隔离观察,我国目前在这方面除去传染性非典型肺炎(2003年防控传染性非典型肺炎时期的后期出台的)和高致病性人禽流感以外,还没有明确的标准,在实际工作中往往扩大化处理。密切接触者:指因与传染源或者被污染的环境接触,因而有可能感染传染病的人。这个概念仅仅是理论上的,不同等级的传染病究竟如何判断其密切接触者,由于没有实际的判定标准,这在现实当中不好操作。这部分人如果是已经感染了疾病的,那就是处在疾病的潜伏期,还没有开始发病,病原体正在其体内繁殖增多,因其没有症状,所以不会主动就诊,多数情况下,这些人接触了患者并且有可能发病的情况连他们自己也没有意识到,这部分人是最不容易发现和控制的,从某种意义上来说,这些人对公众健康的威胁也是最大的。这些貌似正常的人处于随意活动的状态,活动范围更广,而病人和疑似病人活动范围则相对较小。疾病预防控制部门需要经过对患者和疑似患者的现场流行病学调查来发现、识别、找到这些人并且有效的管理起来。流行病学调查是指对人群中疾病或者健康状况的分布及其决定因素进行调查研究,提出疾病预防控制措施及保健对策。对于这部分人群控制的好与坏直接影响对于传染病的整体防控。现实当中关于密切接触者方面虽然存在诸多问题,但我们一定能顺利解决。

关于密切接触者,现实当中存在的最为关键的问题是没有明确界定,产生了无限扩大化的问题。在实际工作当中,判断标准缺失。卫生专业领域自身有一些约定俗成的标准,不明确,比如在判定某种消化道传染病时,一般以同吃、同住或者是共同办公为标准,不同的流行病学调查人员得出的密切接触者数量有时也是不同的,标准的缺失和模糊,是现实工作出现诸多问题的根源。在传染性非典型肺炎流行的时候,大量的问题出在这里,当然也存在人们过度恐慌导致的过激行为。尽管过激行为的产生和当时的恐慌环境以及人们对于疾病的认识水平有关,但是,没有明确的可供操作的标准也是导致问题的关键。例如上海市政府发出的《进一步加强传染性传染性非典型肺炎型肺炎防治工作的通告》规定:"凡从有传染性非典型肺炎病例发生地区旅游或出差返沪的市民,应向所在地街道、乡镇社区卫生服务中心(乡镇卫生院)报告,并在家接受医学观察两周。"

另外一个例子,从5月4日晚到10日凌晨,某市实施了一次大范围隔离行动,因为被动接触过一名传染性非典型肺炎疑似患者和传染性非典型肺炎临床诊断患者,该市市民先后有500多人被隔离。自从4月20日发现3例输入型传染性非典型肺炎患者后,该市政府一共设置了160多个隔离区,隔离了1 200多人。"宁可错抓千人,不可放过一个!"这种做法就是随意把疫点、疫区的标准无限扩大,随意把密切接触者的范围无限扩大,从而隔离了众多人员。影响了人民群众的正常生产、生活秩序,造成国家各种资源和社会成本无谓的付出,加剧各种社会矛盾。切不可以为盲目扩大范围,就可以控制疫情,这样不加取舍和甄别,盲目的隔离众多人员,容易造成应该隔离的人员没有被及时发现,没有被有针对性地有效隔离起来,不应该隔离的人员却隔离了很多。如果隔离条件不能有效跟上,还会导致隔离人员之间的交叉感染,这些问题反过来都会影响对疫情的控制。传染性非典型肺炎时期这样的做法比比皆是。后来在2003年5月9日卫生部及时出台了《传染性传染性非典型肺炎型肺炎密切接触者判定标准和处理原则(试行)》,标准中对于乘坐飞机、火车、轮船、汽车等公共交通工具和日常生活、学习、工作中的密切接触者的判定标准给出了非常详细和具体的规定。以传染性非典型肺炎日常生活、学习、工作中的密切接触者规定为例,日常生活、学习、工作中,曾与传染性非典型肺炎病人或疑似病人自其出现症状前3天起,有过较长时

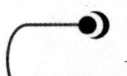

间近距离接触的下列人员：与患者或疑似患者共同居住的人员；与患者或疑似患者在一个教室内上课的教师和学生；与患者或疑似患者在同一工作场所（如办公室、车间、班组等）的人员；与患者或疑似患者共餐的人员；护送患者或疑似患者去医疗机构就诊或者探视过患者或疑似患者的亲属、朋友、同事或一般汽车司机；未采取有效保护措施，接触过患者或疑似患者的医护人员；其他已知与病人或疑似病人有密切接触的人员。如与患者或疑似患者接触期间，患者有高热、打喷嚏、咳嗽、呕吐等剧烈症状，不论时间长短，均应作为密切接触者。上述有关传染性非典型肺炎生活、学习、和工作当中的密切接触者的规定是非常详细和可操作的，所应采取的隔离措施和处理也都规定的非常具体实用。这个标准的出台给当时的实际工作很大的指导，有效地遏制了当时社会对于密切接触者无限扩大化的问题。这样的标准尽管出台时间有点滞后，是在防控传染性非典型肺炎的中后期出台的，但是对于未知的突如其来的传染性非典型肺炎，还是可以理解的，因为人类认识一种新出现的疾病需要时间，可是，除去传染性非典型肺炎和人感染高致病性禽流感以外，对于人类已知的认识的比较清楚的传染病，国家至今也没有明确具体的标准。

（四）污染场所隔离关闭规定不明确

对于疫点和疫区的隔离没有具体隔离标准，同样存在着混乱的问题，有待进一步提高。郑州市人民政府2003年5月13日颁布的《郑州市传染性非典型肺炎疫情重点区域隔离控制办法》，对隔离控制区的划定的标准。该办法规定，传染性非典型肺炎患者或疑似患者发病前主要工作、生活、学习场所，应确定为隔离控制区。就城镇居民楼，一个单元发生1例以上传染性非典型肺炎病例或疑似病例的，该单元应确定为隔离控制区；有两个以上单元发生传染性非典型肺炎病例或疑似病例的，该居民楼应确定为隔离控制区。而对学生公寓楼，一个楼层或一个单元发生1例以上传染性非典型肺炎病例或疑似病例的，该楼层或单元应确定为隔离控制区；两个楼层或两个单元以上发生传染性非典型肺炎病例或疑似病例的，该公寓楼应确定为隔离控制区。学校教室一个班级发生1例以上传染性非典型肺炎病例或疑似病例的，该教室应确定为隔离控制区，该班非寄宿学生应全部停课回家进行医学观察等。

郑州的标准可谓详细和可操作，但是并不是很科学，并且在法律依据方面也不足。而许多地区则连这样的标准也没有，在实施隔离关闭时随意性更大。污染场所的隔离关闭牵涉到公民、法人的财产权，处理不当，会引发很多社会矛盾，法律应当作出明确和具有可操作性的规定。

（五）隔离救济补偿、条件和方式规定简略

政府有义务给传染病患者提供物质上的帮助，公民在紧急情况下享有救助权。中国地域辽阔，贫富差距、地区差别很大，存在相当一部分贫困人口，在很多大城市也存在大量的城中村，聚集着来自全国各地的务工人员。在经济条件、生活条件和卫生习惯都比较差的情况下生活的人群，更是容易催患各种传染病。除了贫困人口以外，还有大量普通工薪阶层。普通老百姓和贫困人员如果感染了传染病不能得到及时有效的治疗保障，病人很有可能选择逃避隔离，因为人的本能都是趋利避害的，在发生紧急情况之后，保护自我生命的意义高于一切。患者逃走后，可能会报复社会，也可能会不负责任，随意放任疾病传播。修改后的传染病防治法第62条："国家对患有特定传染病的困难人群实行医疗救助,减免医疗费用。具体办法由国务院卫生行政部门会同国务院财政部门等部门制定。"但是第62条所规定的事项,具体的办法至今也没有出台。传染病防治法第41条第2款:"在隔离期间,实施隔离措施的人民政府应当对被隔离人员提供生活保障;被隔离人员有工作单位的,所在单位不得停止支付其隔离期间的工作报酬。"法律仅仅规定了对被隔离人员的生活保障或工作报酬的落实,对于被隔离人员的其他损失没有作出规定。这样会增加现实工作的难度,在实际工作中,笔者遇到过这样的情况,某单位一名工作人员患甲类传染病霍乱,和患者同办公室的一名同事被定为密切接触者,需要隔离观察,而这名同事手中持有即将飞往国外度假的机票。由于国家没有相应的补偿规定,对这名密切接触者执行隔离工作非常困难。

此外,对于相对人的隔离方式规定缺乏,应该进一步完善。我国没有法定的隔离标准和隔离方式,对于疫点和疫区的隔离如单位办公楼、家属楼、建筑物的单元和楼层等都没有具体隔离标准。卫生强制隔离保障条件、隔离方式和法律救济的规定不是无关紧要的,而是至关重要的。当广大公众知道自己如果不幸患了传染病,政府会给他们提供可靠的隔离治疗,对于经济条件差的患病者国家提供救助,受到不法侵害时,有明确途径可以解决,才会获得来自公众的理解、支持和配合,这一点很有可能影响整个行动的成败。另外,由于执法主体在整个卫生强制隔离的实施过程中,不需要法院授权和批准,在这种情况下,法律的规定应该更详细、到位,给予相对人应有的保护。

(六)征用补偿制度不完善

对于我国的有关法律来讲,征用补偿问题要么不提,要么模糊处理。2004年新修订的传染病防治法第45条规定:"传染病暴发、流行时,根据传染病疫情控制的需要,国务院有权在全国范围或者跨省、自治区、直辖市范围内,县级以上地方人民政府有权在本行政区域内紧急调集人员或者调用储备物资,临时征用房屋、交通工具以及相关设施、设备。紧急调集人员的,应当按照规定给予合理报酬。临时征用房屋、交通工具以及相关设施、设备的,应当依法给予补偿;能返还的,应当及时返还。"2007年的《突发事件应对法》第12条:"有关人民政府及其部门为应对突发事件,可以征用单位和个人的财产。被征用的财产在使用完毕或者突发事件应急处置工作结束后,应当及时返还。财产被征用或者征用后毁损、灭失的,应当给予补偿。"前者规定"依法给予补偿",后者规定"应当给予补偿",但是都没有明确提及补偿的标准、范围和主体的问题。

在现实当中,财产被征用对于被征用者来讲是损失巨大的,比如,传染性非典型肺炎期间,有些宾馆被征用作隔离传染病的密切接触者,老百姓认为很不吉利,这样不仅对被征用者的现实收益造成损失,还会对其远期的盈利造成负面影响,间接经济损失比较大。国家征用之后,补偿往往微乎其微,有时甚至是象征性的抚慰。在北京,在2003年SARS疫情时期,曾经报道过医院补偿宾馆费用的现象。由于征用是一种政府行为,理应由政府补偿。医院仅仅是被征用财物的使用者。由于现实中存在的问题较多,影响也广泛,所以有必要用法律的手段规范这个问题,而不应当总是模糊处理。这些都应该是今后努力改进的方向。

(七)监督机制不完善

"一切有权力的人都容易滥用权力,它是万古不易的一条经验一。有权力的人行

使权力一直到遇到界限的地方休止。"所以说对卫生强制隔离权的法律监督是尤为重要的。这种权力是由重大传染病疫情导致的,重大传染病疫情的出现和国外的紧急状态有某些类似之处,美国著名宪法学学者爱德华·柯文对紧急状态下紧急权特点的概括包含四个要素:即时性,即紧急状态的产生是突发的、不可预见的、看似遥遥无期的;破坏性,即紧急状态构成对生命和福利的潜在或现实危害,具危险性;感知的迫切性,这是从政府或权力主体的角色来界定的,即谁应该关注这些情况,通常这个问题由宪法负责解答,但宪法并不总是万能的;应对性,即紧急状态的定义本身暗含了即刻应对的需要。柯文认为行政紧急权具有临时性、应对性、主体模糊性和违宪倾向性。国外学者对于紧急权力上述特性的概括更加显示出对这种权力监督的必要性,因为它的破坏性、迫切性和即时性和不可预见容易突破法律的界限,造成社会危害。

我国现有的相关国家法律、法规有《中华人民共和国突发事件应对法》《中华人民共和国传染病防治法》《突发公共卫生事件应急条例》《中华人民共和国国内交通卫生检疫条例》等,但是对于监督,立法内容过于原则、抽象、概括,比如传染病防治法第57条"卫生行政部门应当依法建立健全内部监督制度,对其工作人员依据法定职权和程序履行职责的情况进行监督。上级卫生行政部门发现下级卫生行政部门不及时处理职责范围内的事项或者不履行职责的,应当责令纠正或者直接予以处理",第58条"卫生行政部门及其工作人员履行职责,应当自觉接受社会和公民的监督。单位和个人有权向上级人民政府及其卫生行政部门举报违反本法的行为。接到举报的有关人民政府或者其卫生行政部门,应当及时调查处理"。法律的规定强调了执法机关内部自身的监督,强调了上级对下级的监督和来自外部个人、单位的监督,缺乏强有力的制约机制。

六、重大传染病疫情控制、改进和完善的建议

由传染病引发的强制隔离相比于其它原因造成的限制人身自由来讲是非常特殊的,因为传染病防控面对的是人群,不是特定的个体,也不是少部分人群,牵涉面是非常广阔的,既包括病人,又包括疑似病人,还包括这些人中无意接触到的无辜的人,由此引发的社会影响也是巨大的。2003年的传染性非典型肺炎疫情充分说明了这一点。因此,卫生强制隔离就需要以法律来予以明确和指导。

单行法律、法规的作用是极其有限的,立法者无法对变化的强制事项做出全面、系统的规范,就只能寄希望于即将出台的行政强制法来解决立法统一化问题、强制程序方面的问题、立法完整性问题以及卫生强制制度中诸多问题。单纯依靠行政强制法来解决目前在卫生强制隔离当中的存在的问题是不现实的、不全面的,要想从根本上解决问题,国家必须出台一部单独的传染病强制隔离法。

行政强制法可以在其中设立专章,规定卫生强制隔离制度的基本程序、特点、条件和原则等,对于比较具体的专化的东西,行政强制法难以规定的那么细化和可操作,不能满足现实的需要。既然卫生强制隔离具有医学属性,同时又具有法律属性,制定法律时,应当将两者有机地结合在一起。过分强调隔离的医学属性,强调患者的人身自由,将有可能导致传染病的不断传播和难以控制;但是,过分强调隔离的法律属性,又可能导致对患者的生命健康权、人身自由权的忽视。应该将两方面的专家、学者和立法官员集中起来,设立一部专门的传染病强制隔离法,予以详细规定,使之更加完善。

设立一部专门的传染病强制隔离法,应该包括如下内容:

(一)完善隔离和控制实施程序

在执法程序这个问题上,既要明确它的理想状态,即在程序和效率之间,以及公平之间,在国家整体利益和个人利益之间,力求选取一个最佳点,又要考虑当前中国的现状,做出我们自己的现实的选择,如果执法程序规定的过于严格和缺少灵活性,容易导致延误处理事件的最佳时机,会影响抗击突发传染病危机的实际成效。下面从表明身份、司法令状、时限制度和说明理由制度做些说明:

1. 表明身份制度 可以取得相对人的信任,可以防止有人借机实施违法行为此制度是有益无害的,在传染病防治法当中也作了简单规定,可以再加以细化一些。司法令状就我国的现实环境来看,实施有困难,因此不建议在隔离法中应用司法令状。就对涉及人身自由的卫生强制隔离决定做出机构实行法院备案制度,紧急情况下可以事后备案,实行备案而不是像国外一些国家那样采取司法令状是考虑到效率和中国社会的现状。随着我国法治的不断进步和完善,在时机成熟的时候,也应该引入司法令状的制度,通过司法令状制度逐步规范强制隔离行为。

2. 时限制度 我国现有的法律当中没有就时限问题做更多的规定,时限对公民权利的影响还很大,例如:被隔离人员的隔离时限,财产被征用之后的归还时限等,法律都没有作出明确的规定,应该在可能的情况下,在技术上明确作出对期限的限制,就传染病的复杂性而言,可以给出最长时限以利于保护公民的权益。

3. 说明理由制度 为了确保相对人的知情权,引入说明理由制度,在立法上明确规定出需要说明的内容、方式和时间。以书面方式为好,而且在说明理由上事实和法律依据要讲清楚,符合逻辑,而不能敷衍了事,流于形式。

4. 告知程序 行政机关做出的强制隔离决定应该于事前或者事中以某种形式告知被执行人,一般应为书面且为事前,特殊而紧急的情况下可以例外,在事后告知。这些程序性的手续的履行为被执行人实现诉权提供了依据。在行政强制法作出原则性规定后,关于表明身份、司法备案制度、说明理由和时限制度、决定告知程序等在传染病隔离法当中应该出台详细规定,对实施条件、时间和方式作出详细的规定,以便更好地补充和完善这方面的法律事项,力求使之细化和具体,更加具有科学性、可操作性,防止应对突发传染病疫情和突发公共卫生事件时盲目和权力的滥用。

(二)明确主体和职责

在现有的法律、法规的规定中,执法主体比较乱,应该通过行政协助制度,让更多的职能部门参与到各项具体的工作中,以实现不同组织间的资源和信息共享,以提高行政效率。但是,法定的执法主体则应相对集中,这样才能做到责任明确、职责分明。避免互相推诿,避免混乱和肆意侵犯人权。明确强制隔离主体和协助原则,有利于解决执法主体较为混乱的问题。

根据新修订的《中华人民共和国传染病防治法》的规定,有关强制隔离和传染病防治工作的协助主体是公安、居委会和村委会等,但目前有关行政协助的权限、程序及法律后果等都没有明确的法律依据。尤其是对于公安机关来讲,他们的协助是非常重要的,公安机关如何协助执行强制隔离,对于不服从人员如何进行强制,对于逃跑人员如何抓捕和强制。这些规定如果能进一步明确具体,在实际工作中,将是非常必要的。

因此,我们应当明文规定要公安机关介入。

(三)明确隔离、关闭对象

明确隔离、关闭对象这个问题在过去的大规模的传染性非典型肺炎疫情当中,被无限度的扩大化,造成了不必要的社会和家庭的损失,扰乱了正常的社会生活和秩序。2008年北京在处理手足口病的过程中同样也存在扩大化的问题。卫生部门和疾病控制部门在日常传染病暴发疫情处理过程中,对于患者、疑似病例这方面比较容易判定,根据国家关于传染病的诊断标准来判定,对于密切接触者可以是根据经验和专业内部约定俗成的模式来做,对于具体的各个传染病的密切接触者规定非常明确的范围的界定,可以有效避免权力滥用。

(四)完善隔离标准和方式

对于卫生强制隔离要本着适当比例原则,在隔离地点和方式的选择上灵活处理,公安机关的协助制度处理好,在小规模的疫情中,可以选择居家隔离。制定出居家隔离、住院隔离和集体隔离的标准和条件。集中隔离时,对于病人和疑似病人和密切接触者也制定出详细的规定。对于隔离的保障条件来讲,也要详细规定出具体设置和条件,比如通风条件、防止交叉传染的条件,生活条件、与外界的联系方式,医疗保障条件等内容。让上述人员心中有数,明白自己不会因为集中隔离这种方式而被他人传染上疾病。

这些非常具体的规定是被隔离人员最为关心的问题,必须人人不明确,对于行政机关采取卫生强制隔离来讲,是会遇到重重阻力的,应该由法律中明确。

(五)完善救助、补偿和救济制度

对于被隔离人员的补偿,我国传染病防治法第41条第2款仅规定了对被隔离人员的生活保障或工作报酬的落实,对于贫困人员经济方面的救助没有具体规定和标准,对于被隔离人员的其它损失没有作出规定。这样做不仅不够人性化,而且同时也增加了现实工作的难度。为了更好地防控重大传染病疫情,建议完善对贫困人员经济方面的救助,对被隔离人员的其他经济损失给于补偿。对于物品征用方面,县级以上人民政府应为补偿的主体,本着正当公平、合理的原则,给予被征用者充分的补偿。我国政府应当考虑到被征用人的各种损失,提高补偿的标准,保障被征用者的利益。补偿范围要包括直接财产损失和间接财产损失。法律上应该对于这两种损失给出明确的标准,公平地补偿被征用者,从而保障被征用者获得补偿的权利。我国目前的法律对于征用补偿的规定还很不具体,欠缺可操作性,为维护被征用者的合法权益,应当完善这方面的立法内容,从而完善征用补偿制度。

卫生强制隔离过程中产生的违法行为有超越权限、执法程序违法等。如果相对人认为强制本身或者强制程序违法,可以依法向有关机关提出保护。强制隔离后的救济包括要求行政补偿或者是通过诉讼获得行政赔偿,行政赔偿属于国家赔偿。

行政补偿:是指国家行政机关因实施合法的行政行为而损害相对人合法利益,应依法承担的行政补偿责任。

行政赔偿:是指国家行政机关及其工作人员,在执行职务过程中,违法行使职权,侵犯公民、法人或其他组织的合法权益并造成损害,应依法承担的赔偿责任。行政补偿是针对合法行政行为的一种救济途径,如果强制隔离对公民权利义务的影响已经超过其应尽的社会义务范围,国家就应该对其损失和牺牲给予公平、合理的补偿,在法律中应该明确规定补偿范围和标准以及方式。

(六)明确法律责任

因为现实社会的复杂性,现实当中部门林立,分割严重,难于协作,要在各个部门之间分清责任,在法律上明确其各自的法律职责以及不履行职责的法律后果。明确、具体,以此促使各部门严格履行职责。

最后,在传染病强制隔离法中,可以制定具体的隔离法实施办法。此外,一些医学上特别专业的问题,尽快制定传染病防治法实施办法。《传染病防治法实施办法》过去有,而修订了新的传染病防治法之后,旧的实施办法自然就宣告作废了,目前是空白阶段,应该尽快完善我国重大传染病疫情这个领域内的各项法律法规,使之能够更加适应频发的公共危机,使我们的社会更加和谐和繁荣发展。

(七)完善监督机制

"监督"一词,根据我国《辞源》的解释,是指监察督促之意。在现代社会,监督已成为国家民主政治的重要内容,它的实质是指权力的制约、督导、防止权力的滥用和腐败,国家如无必要的监督机制,就很难正常地运作和发展。因此,现代国家都把监督制度作为国家的基本机制之一。

卫生强制隔离是卫生行政部门在处理重大传染病疫情时所行驶的行政权,对此种权力的监督属于行政监督,按照广义的理解,行政监督包括:国家权力机关的监督;行政系统内部特设的监督,如监察、审计、会计监督;司法机关实施的监督;政党、各种社会组织、人民群众及社会舆论的监督等。完善监督机制包括以下几个方面:

1. 国家权力机关的监督方面　2006年8月出台的《中华人民共和国各级人民代表大会常务委员会监督法》对各级人大及其常委会的监督重点内容、方式、途径都作了比较具体的规定,但是由于众多原因导致此法执行得不是很好,问题屡屡出现。笔者认为应该加强人大职能,加强立法机构对各项法律、法规的监督。根据宪法第62条、67条的规定,全国人民代表大会常务委员会有权撤销国务院制定的同宪法、法律相抵触的应急行政法规、决定和命令;有权撤销省、自治区、直辖市国家权力机关制定的同宪法、法律和行政法规相抵触的地方性法规和决议;国务院有权改变或者撤销各部、各委员会发布的不适当的应急命令、指示和规章;有权改变或者撤销地方各级国家行政机关的不适当的应急决定和命令。这方面的监督应当到位,发现问题,及时清理,从而维护法律的尊严,而不仅仅是停留在理论上。

2. 行政机关内部监督方面　我国现有的法律还是比较重视上级部门对下级部门的监督,重视执法机关内部自身的监督。对于执法机构内部来讲,要进一步加强自身监督,制定要求和标准,明确处罚,定期检查,发现违法违纪的问题,坚决处理,防止酿成大的危机。同时,执法机构的上级主管部门要加强对下级单位的监督,不姑息,不流于形式。随着政府近些年问责制度的不断推行,笔者相信这方面的监督会逐渐到位。司法监督方面,这里我们讲的"司法监督"并不是指对司法机关司法活动的监督,而是专指司法机关对行政机关行政行为的法律监督,也称司法机关的监督,具体指国家司法机关依照法定职权和程序对行政机关及其工作人员的监督。

3. 司法机关的监督方面　这方面还是比较滞后和被动的,侧重于对于重大事件事后责任人的追究和惩治,在事前预防方面和事中监督方面的作用显得比较薄弱。国家会完善相关法律,使得监督法制化、规范化;司法机关内部完善监督手段,使得监督更加科学有效;提高司法机关人员素质,人员专业化,这样更有利于完成监督使命。

修改《行政诉讼法》,把抽象行政行为纳入行政诉讼的受案范围。行政诉讼法第2条规定"公民、法人或者其他组织认为行政机关和行政机关工作人员的具体行政行为侵犯其合法权益,有权依照本法向人民法院提起诉讼"。行政诉讼法第12条规定了人民法院对公民、法人或者其他组织不受理诉讼的范围,其中第2款规定"行政法规、规章或者行政机关制定、发布的具有普遍约束力的决定、命令"。抽象行政行为是行政主体针对其全部管辖地域内的对象作出具有普遍约束力的行为,由此我们可以看出,我国现行的行政诉讼法是将抽象行政行为排除在受理范围之内的。修改行政诉讼法以后,使得司法机关依据法律可以受理对于抽象行政行为的诉讼。修改并完善行政诉讼法,使得司法机关可以依据合理原则,对行政机关的自由裁量权进行审查,因为从现实来看,行政机关自由裁量权太大了,存在很多问题。社会舆论监督尤其是媒体监督方面,完善新闻立法,以法律形式明确规定舆论的监督权,为舆论监督提供法律保障,保障新闻工作者的舆论监督权不受外界侵犯,使新闻媒体工作者能更好地依法履行监督职责。各种社会组织和群众监督方面,我国宪法规定中华人民共和国公民对国家机关及其工作人员有提出批评、建议、控告、检举的权利,但目前尚无具体规定。要想行使监督权利,要有一套办法和具体制度,国家要加强这方面制度的完善,为社会组织和群众监督创造条件。政府在重大传染病疫情面前,政策要公开、透明,告知广大公众,这样既有利于争取到群众的配合,同时也便于各方行使监督权。

随着交通运输的日益发达,随着世界各国政治、经济往来的日益频繁,人和货物的快速而广泛的流动日益加剧,这些社会不断进步的因素对于防控传染梦却是非常不利的,2003年传染性非典型肺炎疫情的广泛蔓延,也证明了这一点。

在目前行政强制法即将出台的大背景下,要建立一部专门的传染病强制隔离法,在专门的传染病强制隔离法中,完善监督机制,从而达到依法治国,依法行政的目的,保障广大群众的根本利益。在隔离法中不能作出详尽规定的,要制定出传染病强制隔离全的实施办法来细化和完善,同时建议尽快出台传染病防治法的实施办法,以弥守旧的实施办法作废之空缺。

重大传染病疫情的防控是面对公众的,由此引发的卫生强制隔离也是牵扯互千家万户的。目前我国政府对官员的问责制度不断加强,政府官员为官的职责力日益加大,加上既往传统思维模式的影响,这些因素都容易导致卫生强制隔弄权的滥用,由于涉及范围广,影响巨大,这个问题必须靠有效的立法予以解决。

(八)法律责任

1.行政责任

(1)行政处罚 传染病防治法及其实施办法规定,单位或个人有违法行为的,由县级以上人民政府卫生行政部门视违法情节给予警告、限期改进、责令赔偿损失或处以罚款;有造成传染病流行危险的,由卫生行政部门报请同级政府采取强制措施。

(2)行政处分 传染病防治法及其实施办法规定,有犯有相关行为的单位和个人,对主管人员和直接责任者由所在单位或者上级机关给予行政处分。

2.刑事责任 刑法第330条规定,违反传染病防治法的规定,有下列情形之一,引起甲类传染病传播或者有传播严重危险的,处3年以下有期徒刑或者拘役,后果特别严重的,处3年以上7年以下有期徒刑:①供水单位供应的饮用水不符合国家规定的卫生标准的;②拒绝按照卫生行政机构提出的卫生要求,对传染病病原体污染的污水、污物、粪便进行消毒处理的;③准许或者纵容传染病病人、病原携带者和疑似传染病病人从事国务院卫生行政部门规定禁止从事的易使该传染病扩散的工作的;④拒绝执行卫生监督机构依照传染病防治法提出的预防、控制措施的。

单位犯前款罪的,对单位判处罚金,并对其直接负责的主管人员和其他直接负责人员依照上述规定处罚。

刑法第331条规定,从事实验、保藏、携带、运输传染病菌种、毒种的人员,违反国务院卫生行政部门的有关规定,造成传染病菌种、毒种扩散,后果严重的,处3年以下有期徒刑或者拘役;后果特别严重的,处3年以上7年以下有期徒刑。

刑法第360条规定,明知自己患有梅毒、淋病等严重性病仍卖淫、嫖娼的,处5年以下有期徒刑、拘役或者管制,并处罚金。

3.民事责任　单位或个人违反《传染病防治法》的规定,导致传染病传播、流行,给他人人身、财产造成伤害的,应当依法承担民事责任。

第四节　性病、艾滋病防治的法律规定

一、性病防治的法律规定

1.性病　①《中华人民共和国传染病防治法》乙类传染病中的艾滋病、淋病和梅毒。②软下疳、性病性淋巴肉芽肿、非淋菌性尿道炎、尖锐湿疣、生殖器疱疹。

国家对性病防治实行预防为主、防治结合、综合治理的方针。各级卫生行政部门应在各级人民政府的领导下,开展性病防治工作。

2.性病防治管理办法

(1)性病防治机构和从事性病防治诊断治疗业务的个体医发现艾滋病、淋病和梅毒及疑似病人时,必须按规定向所在地卫生防疫机构报告。

(2)各级医疗预防保健机构和个体医发现本办法第二条第二款规定性病患者及疑似患者时,应当按规定向所在地县级性病防治机构报告。

前款规定的报告办法由各省、自治区、直辖市卫生行政部门规定。

(3)性病防治机构对所在地区的艾滋病、淋病和梅毒疫情,必须及时向上级性病防治机构报告。

性病防治机构对所在地区其他性病疫情,必须按月向上级性病防治机构报告。

(4)从事性病防治、卫生防疫、传染病管理监督的人员,不得隐瞒、谎报或者授意他人隐瞒、谎报疫情。

(5)未经卫生行政部门许可,擅自开展性病专科诊治业务的单位和个人,由卫生行政部门予以取缔。

(6)对违反本办法的单位和个人,由卫生行政部门根据情节,按照《中华人民共和国传染病防治法》及有关法律法规的规定处理,并可建议有关部门给予行政处分。

(7) 各省、自治区、直辖市可根据本办法制定实施细则。

二、艾滋病防治的法律规定

1. 艾滋病的概念　艾滋病是英文 AIDS 的音译,它的医学全称是"获得性免疫缺陷综合征"。中文根据英文全称(Acquired Immune Deficiency Syndrome)的字头缩写"AIDS",音译为"艾滋病"。

这个命名表达了艾滋病的完整概念,从中可以了解艾滋病三个明确定义。第一,获得性:表示在病因方面是后天获得而不是先天具有的,是由 HIV 引起的传染病。第二,免疫缺陷:表示在发病机制方面,主要是造成人体免疫系统的损伤而导致免疫系统的防护功能减低、丧失。第三,综合征:表示在临床症状方面,由于免疫缺陷导致的各种系统的机会性感染、肿瘤而出现的复杂症状群。

艾滋病,是指人类免疫缺陷病毒(HIV)引起的获得性免疫缺陷综合征。

艾滋病防治坚持预防为主、防治结合的方针,建立政府组织领导、部门各负其责、全社会共同参与的机制,加强宣传教育,采取行为干预和关怀救助等措施,实行综合防治。

1988 年发布了《艾滋病监测管理的若干规定》,将艾滋病防治工作纳入法制化管理轨道。

2004 年,云南省人民政府颁布了我国第一部艾滋病防治的地方规章《云南省艾滋病防治办法》。

2006 年颁布《艾滋病防治条例》。

2. 艾滋病的起源　艾滋病起源于非洲,是一个慈善机构向非洲的一个国家捐献了一批抵御流行病的疫苗,但是他们不知道做疫苗的黑猩猩竟然携带艾滋病病毒。由美国、欧洲等专家组成了一个研究小组,通过野外调查和基因分析,证实了人类的艾滋病病毒来自于野生的黑猩猩。

艾滋病虽然最初是在非洲传播,但由于携带艾滋病病毒的移民进入美国,所以第一例艾滋病患者是在美国发现并确认的。随后,艾滋病迅速蔓延到各大洲,我国发现的第一例艾滋病患者是一位来我国旅游的外籍青年。

3. 艾滋病的发展　自 1981 年首次在美国确认艾滋病以来,二十几年间全世界累计感染艾滋病病毒的人数有 6 500 万,其中死于艾滋病的有 250 万人。艾滋病在世界范围的迅速蔓延严重地威胁着人类的生存与发展,引起了世界卫生组织以及各国政府的重视,于是联合国采取了积极的防治措施以遏制艾滋病的进一步恶化,其中包括联合国第 58 届大会上中国提出的强化艾滋病防治的措施,即增强政府的责任。政府承诺对经济困难的艾滋病患者免费提供治疗药物,同时由中央和地方政府投资,加强传染病医疗救助体系建设,建立艾滋病防治专业队伍;完善法律、法规,加强对危险行为的干预措施;保护艾滋病患者的合法权益,反对社会歧视;积极开展国际合作。全球防治艾滋病的努力取得了显著的进展,艾滋病传播呈现缓和局势,新增艾滋病毒感染者的数量以及因艾滋病死亡的人数都逐渐下降;但全球艾滋病患者的总数依然居高不下。

4. 艾滋病病毒感染者与艾滋病患者的不同　从艾滋病病毒进入人体内起,人体就开始了同它的斗争。病毒在人体内的繁殖需要一定的时间。在开始阶段,感染者的免疫功能还没有受到严重破坏,因而没有明显的症状,我们把这样的人称为艾滋病病毒感染者。

当感染者的免疫功能被破坏到一定程度后,其他病菌就会乘虚而入,使人发生多种疾病,一般被称为机会性感染,如严重的腹泻、肺炎或某些癌症等,这时感染者就成为艾滋病患者了。

从艾滋病病毒感染者发展到艾滋病患者可由数月至数年,一般为8～10年,最长可达19年以上。

艾滋病的临床表现具体如下。

(1)一般症状　持续发热、虚弱、盗汗,持续广泛性全身淋巴结肿大。特别是颈部、腋窝和腹股沟淋巴结肿大更明显。淋巴结直径在1 cm以上,质地坚实,可活动,无疼痛。体重下降在3个月之内可达10%以上,最多可降低40%,病人消瘦特别明显。

(2)呼吸道症状　长期咳嗽、胸痛、呼吸困难,严重时痰中带血。

(3)消化道症状　食欲下降、厌食、恶心、呕吐、腹泻,严重时可便血。通常用于治疗消化道感染的药物对这种腹泻无效。

(4)神经系统症状　头晕、头痛、反应迟钝、智力减退、精神异常、抽搐、偏瘫、痴呆等。

(5)皮肤和黏膜损害　单纯疱疹、带状疱疹、口腔和咽部黏膜炎症及溃烂。

(6)肿瘤　可出现多种恶性肿瘤,位于体表的卡波西肉瘤可见红色或紫红色的斑疹、丘疹和浸润性肿块。

5.健康人要避免感染艾滋病病毒　艾滋病主要通过性接触、血液和母婴三种途径传播。

当健康人的皮肤和黏膜出现了伤口,而这些伤口又恰好接触到含有艾滋病病毒的血液、精液、阴道分泌液、乳汁和伤口渗出液等,就有可能感染艾滋病病毒。

6.艾滋病的治疗　自1985年在美国首次发现艾滋病以来,艾滋病已在全世界蔓延。虽然人类同艾滋病的斗争已有20多年,但到目前为止,仍未发明有效的疫苗和治愈该疾病的方法。

7.感染艾滋病病毒的表现

(1)艾滋病的潜伏期　指从感染艾滋病病毒到出现艾滋病症状和体征的时间,一般为6个月～5年,亦有长达10余年者;艾滋病的窗口期(指从感染艾滋病病毒到形成抗体所需时间)一般为5周左右。

(2)从感染艾滋病病毒到出现症状,可分为四个时期。

急性感染期:有发热、乏力、咽痛、全身不适等上呼吸道感染症状。个别有头痛、皮疹、脑膜炎或急性多发性神经炎。

无症状感染期:常无任何症状及体征。但艾滋病病毒抗体阳性检出率几乎达100%。

全身性持续性淋巴结肿大期:持续原因不明的全身淋巴结肿大,全身有两处以上部位淋巴结肿大,一般1 cm大小,不疼痛。

艾滋病期:原因不明的免疫功能低下。持续不规则低热超过1个月。慢性腹泻超过4～5次/天,3个月内体重下降>10%。患者有突发的咳嗽、气短、血氧分压下降等肺功能衰竭症状,常合并有口腔念珠菌感染、巨细胞病毒(CMV)感染、弓体虫病、隐球菌脑膜炎,以及进展迅速的活动性肺结核、皮肤黏膜的卡波西肉瘤、淋巴瘤等。

8. 艾滋病传播的主要途径 艾滋病的传播途径主要有三种：①同艾滋病病毒感染者发生无保护的性行为；②接受了被艾滋病病毒污染的血液；③被艾滋病病毒感染的母亲传染给未出生的婴儿。

9. 吸毒是感染艾滋病病毒的途径之一 吸毒者常常共用针管、针头，如果其中有一人感染了艾滋病病毒，注射器就会被污染，那么艾滋病病毒就会通过针具传染给其他吸毒者。

10. 输血时预防艾滋病的办法 如果输入了带艾滋病病毒的血液，接受血液的人几乎无一幸免，都会感染艾滋病病毒。所以，保证输血和血液制品的安全是预防艾滋病病毒经过血液传播的重要屏障。个人安全用血要做到：①尽量避免不必要的输血；②如果必须输血，有权利了解血液是否经过艾滋病病毒抗体检测；③不要为了"增加抵抗力"而盲目使用血液制品。

11. 预防母婴传播艾滋病病毒 首先是要保护妇女不受艾滋病病毒的感染，这样孕妇就不会将病毒传染给孩子。如果感染了艾滋病病毒的妇女，仍想要生育孩子，那么应该定期到医院接受医生的产前指导。生孩子时，可采用剖宫产。孩子出生后，要避免母乳喂养。

12. 一般的日常生活接触与感染艾滋病病毒的关系 一般的生活接触是不会感染艾滋病的。下面这些行为，都不会传播艾滋病病毒：①与艾滋病病毒感染者握手、拥抱、抚摸；②与艾滋病病毒感染者共同进餐；③与艾滋病病毒感染者一起使用公共设施，如厕所、游泳池、公共浴池、电话机、公共汽车；④与艾滋病病毒感染者一起居住、咳嗽、打喷嚏、谈话。

13. 怎样对待艾滋病病毒感染者 如果身边发现了艾滋病病毒感染者，不用害怕，更不能歧视、排斥他们。对待艾滋病病毒感染者的正确态度是同情、关心并尽力帮助他们，使他们能够正常生活和工作，不扩散他们的病情。

14. 艾滋病是能够预防的 首先艾滋病病毒的传播途径非常明确，通过血液传播、性传播和母婴传播；其次，艾滋病病毒在体外环境下很脆弱，很容易被杀死，因此艾滋病病毒不通过空气、食物、水等一般性日常生活接触传播。另外，艾滋病病毒不能在蚊虫体内生存，不能通过蚊虫叮咬传播。因此，艾滋病的传播主要与人类的社会行为有关，完全可以通过规范人们的社会行为而被阻断，是能够预防的。

三、艾滋病对社会的危害

艾滋病是一个健康问题，同时也是一个社会问题，社会中的每一个成员都有可能成为艾滋病流行的直接或间接受害者。艾滋病对个人、家庭和社会都造成不可忽视的危害。

1. 艾滋病对个人的危害 生理上讲，艾滋病病毒感染者一旦发展成艾滋病患者，健康状况就会迅速恶化，患者身体上要承受巨大的痛苦，最后被夺去生命。心理、社会上讲，艾滋病病毒感染者一旦知道自己感染了艾滋病病毒，心理上会产生巨大的压力。另外，艾滋病病毒感染者容易受到社会的歧视，很难得到亲友的关心和照顾。

2. 艾滋病对家庭的危害 社会上对艾滋病患者及感染者的种种歧视态度会殃及其家庭，他们的家庭成员和他们一样，也要背负其沉重的心理负担。由此容易产生家庭不和，甚至导致家庭破裂。因为多数艾滋病患者及感染者处于养家糊口的年龄，往往是家庭经济的主要来源。当他们本身不能再工作，又需要支付高额的医药费时，其家庭经济状况就会很快恶化。有艾滋病患者的家庭,其结局一般都是留下孤儿无人抚养,或留下父母无人养老送终。

3. 艾滋病对社会的危害　艾滋病主要侵害那些年富力强的20~45岁的成年人,而这些成年人是社会的生产者、家庭的抚养者、国家的保卫者。艾滋病削弱了社会生产力,减缓了经济增长,人均出生期望寿命降低,民族素质下降,国力减弱。社会的歧视和不公正待遇将许多艾滋病患者及感染者推向社会,造成社会的不安定因素,使犯罪率升高,社会秩序和社会稳定遭到破坏。

4. 艾滋病对儿童的影响　艾滋病使千千万万的儿童沦为孤儿,使千万无辜儿童被迫承受失去亲人的痛苦,还要经常忍受人们的歧视、失学、营养不良以及过重的劳动负担。艾滋病是我们人类共同的敌人,消灭艾滋病需要全社会的共同努力,需要培养预防艾滋病的社会责任感,需要从我做起。

四、艾滋病的处罚规定

有下列行为之一的单位或个人,由卫生行政部门给予50元以上3 000元以下罚款,并强制采取预防、治疗和消毒措施:①隐瞒病情不申报,逃避查验的;②已知系艾滋病患者或感染者,有传播艾滋病行为的;③瞒报携带被艾滋病病毒感染或可能造成艾滋病传播的血液和血液制品、毒株、生物组织、动物及其他物品入境的;④拒绝执行为预防和控制艾滋病流行所采取的各项措施的。

医疗卫生机构未履行职责,有下列情形之一的,由县级以上人民政府卫生主管部门责令限期改正,通报批评,给予警告;造成艾滋病传播、流行或者其他严重后果的,对负有责任的主管人员和其他直接责任人员依法给予降级、撤职、开除的处分,并可以依法吊销有关机构或者责任人员的执业许可证件;构成犯罪的,依法追究刑事责任:①未履行艾滋病监测职责的;②未按照规定免费提供咨询和初筛检测的;③对临时应急采集的血液未进行艾滋病检测,对临床用血艾滋病检测结果未进行核查的,或者将艾滋病检测阳性的血液用于临床的;④未遵守标准防护原则,或者未执行操作规程和消毒管理制度,发生艾滋病医院感染或者医源性感染的;⑤未采取有效的卫生防护措施和医疗保健措施的;⑥推诿、拒绝治疗艾滋病病毒感染者或者艾滋病患者的其他疾病,或者对艾滋病病毒感染者、艾滋病患者未提供咨询、诊断和治疗服务的;⑦未对艾滋病病毒感染者或者艾滋病患者进行医学随访的;⑧未按照规定对感染艾滋病病毒的孕产妇及其婴儿提供预防艾滋病母婴传播技术指导的。

医院受罚缘自医疗废物

案例介绍:

2004年6月5日,桂林市环保局接到群众举报:位于桂林瓦窑的坝上卫生院将用过的注射器、输液管、医用纱布、棉签等医疗废弃物随意扔到了附近的垃圾堆里,严重污染环境。桂林市环保局环境监察大队随机派人调查。执法人员现场调查发现,距离该卫生院不远的一个生活垃圾站有大量的使用过的一次性注射器、输液管、带血的纱布、棉签等医疗废弃物。执法人员对坝上卫生院有关人员进行调查,被调查人员承认生活垃圾站的一次性注射器等医疗废弃物是医院倾倒的,并且承认称他们一直是这么做的,也从来没有人告诉他们不可以这么做。执法人员在调查中还发现,该卫生院还将用过的一次性输液器作为废品卖给了废品收购人员。

桂林市环保局环境监察大队认为该卫生院的上述行为违反了《固体废物污染环境防治法》和《医疗废物管理条例》的规定,依法作出限期改正并罚款1万元的处罚决定。

案情评析

1. 坝上卫生院将医疗废物扔到了附近的垃圾堆违法。

医疗废物是医疗卫生机构在医疗活动中产生的废物,具有感染性、毒性等危害因素,处理不当极易传播疾病、污染环境,危害公众健康、安全。为了实现医疗废物的无害化处理,2003年6月,国务院颁布了《医疗废物管理条例》(简称《条例》)。《条例》借鉴国际上医疗废物处理的先进经验,确立了我国医疗废物集中无害化处理制度。《条例》第17条规定:医疗卫生机构应当建立医疗废物的暂时贮存设备、设施,不得露天存放医疗废物,医疗废物暂时贮存的时间不得超过2天;第19条规定:医疗卫生机构应当根据就近集中处置的原则,及时将医疗废物交由医疗废物集中处置单位处置。

显然,该卫生院将医疗废物随意扔到了附近的垃圾堆违反了上述规定。

2. 对卫生院的罚款处罚合理但不适当。

桂林市环境监察大队认定该卫生院存在将医疗废物混入生活垃圾,并擅自将一部分医疗废物出售给没有资质的收购人的行为,该行为违反了《条例》第14条(禁止任何单位和个人转让、买卖医疗废物)和第19条(医疗卫生机构应当根据就近集中处置的原则,及时将医疗废物交由医疗废物集中处置单位处置)的规定,对该卫生院的处罚应为:责令限期改正,给予警告,并处5 000元以上1万元以下的罚款。

练习题

1. 根据病原微生物的传染性、感染后对个体或者群体的危害程度,我国病原微生物分类是 ( )
   A. 二类　　　　　　　　　　　　B. 三类
   C. 四类　　　　　　　　　　　　D. 五类
   E. 六类

2. 《中华人民共和国传染病防治法》中规定的甲类传染病为 ( )
   A. 传染性非典型肺炎、高致病性禽流感　　B. 艾滋病、梅毒
   C. 鼠疫、霍乱　　　　　　　　　　　　　D. 手足口病

E. 埃博拉病毒
3.《中华人民共和国传染病防治法》于2004年8月28日修订通过,施行时间是 ( )
   A. 2004年12月1日 B. 2004年8月28日
   C. 1989年09月1日 D. 1989年2月21日
   E. 2007年12月3日
4. 国家对传染病防治的方针是 ( )
   A. 预防为主 B. 防治结合、分类管理
   C. 依靠科学、依靠群众 D. 以上三项
   E. 都不是
5.《中华人民共和国传染病防治法》规定的法定管理的传染病有多少种? ( )
   A. 35 B. 28
   C. 38 D. 40
   E. 25
6. 流动人员中的传染病患者、病原携带者和疑似传染病患者的传染病报告、处理由( )负责。
   A. 出发地 B. 目的地
   C. 诊治地 D. 户口所在地
   E. 火车等交通工具所属单位
7. 对已经发生甲类传染病病例的场所,( )可以实施隔离措施,并同时向上一级人民政府报告;接到报告的上级人民政府应当即时作出是否批准的决定。
   A. 所在地的县级以上地方人民政府 B. 省级以上地方人民政府
   C. 卫生部 D. 国务院
   E. 区级政府
8. 艾滋病患者赵某因拒绝出入境检验检疫机构的流行病学调查和指导收到批评教育,为了保护社会和其他公民的健康权益,赵某应当履行相关义务,但不包括 ( )
   A. 采取必要的防护措施,防止感染他人
   B. 就医时将感染或者发病的事实如实告知接诊医生
   C. 公开本人及家属的姓名、住址、工作单位等信息
   D. 将感染或者发病的事实及时告知与其有性关系者
   E. 接受疾病预防控制机构或出入境检验检疫机构的流行病学调查与指导
9. 对通过检疫传染病疫区的交通工具及其停靠场所实施的紧急措施是 ( )
   A. 卫生检疫 B. 临时隔离
   C. 医学检查 D. 卫生检测
   E. 卫生处理
10. 医疗机构应当实行传染病( )制度,对传染病患者或者疑似传染病患者,应当引导至相对隔离的分诊点进行初诊。
    A. 隔离、消毒 B. 预检、分诊
    C. 分类、隔离 D. 定点、隔离
    E. 都不是

参考答案:1.C 2.C 3.A 4.D 5.C 6.C 7.A 8.C 9.E 10.B

(洛阳职业技术学院 宫鲜静)

第六章 突发公共卫生事件应急条例

学习要点

本章重点内容有突发公共卫生事件的含义、预防与应急准备、报告与信息发布、应急处理，以及违反《突发公共卫生事件应急条例》的法律责任。

情境引入

新世纪以来的突发公共卫生事件有：2003年传染性非典型肺炎疫情暴发，2008年安徽阜阳暴发手足口病疫情，2008年重大食品安全事故"三鹿奶粉事件"，2009年人感染甲型H1N1流感病毒，2010年美国墨西哥湾原油泄漏事件，2011年日本福岛第一核电站泄漏事件，2015年天津港口爆炸事件等。这些事件都严重影响了人民生命财产、社会经济发展乃至国家安全，打乱了正常的生活和工作，且在一定程度上引起了社会的恐慌，公共卫生受到前所未有的关注。

第一节 概述

一、突发公共卫生事件的概念

《中华人民共和国突发事件应对法》指出，"本法所称突发事件，是指突然发生，造成或者可能造成严重社会危害，需要采取应急处置措施予以应对的自然灾害、事故灾难、公共卫生事件和社会安全事件"。突发公共事件发生后，规范应对活动，保护生命财产和社会秩序，需要有相关法律规范应对。其中，公共卫生事件应对的主要法律依据，是《突发公共卫生事件应急条例》，另有《国家突发公共卫生事件应急预案》《国家突发公共事件医疗卫生救援应急预案》《突发公共卫生事件与传染病疫情监测信息报告管理办法》对具体应对做出了详细的法律规定。

《突发公共卫生事件应急条例》指出,本条例所称突发公共卫生事件,是指突然发生,造成或者可能造成社会公众健康严重损害的重大传染病疫情、群体性不明原因疾病、重大食物和职业中毒及其他严重影响公众健康的事件。

重大传染病包括甲类传染病,乙类与丙类传染病暴发或多例死亡,罕见的或已消灭的传染病,临床及病原学特点与原有疾病特征明显异常的疾病,新出现传染病的疑似病例等。

重大的传染病疫情是指传染病在集中的时间、地点发生,导致大量的传染病病人出现,其发病率远远超过平常的发病水平。

群体性不明原因的疾病是指在一定时间内,某个相对集中的区域内同时或者相继出现多个共同临床表现患者,又暂时不能明确诊断的疾病。这种疾病可能是传染病,可能是群体性疾病,也可能是某种中毒。

中毒是指由于吞服、吸入有毒物质,或有毒物质与人体接触所产生的有害影响。重大食物和职业中毒事件是指由于食物和职业的原因而发生的人数众多或者伤亡较重的中毒事件。

同一般的事件相比,突发公共卫生事件主要具有3个方面的特征。

1. 突发性　突发公共卫生事件往往是突然发生的、突如其来、不易预测甚至是不可预测。

2. 公共卫生属性　突发公共卫生事件针对的不是特定的人,而是不特定的社会群体。

3. 危害性　突发公共卫生事件对公众健康的损害和影响要达到一定程度,或者是从发展趋势看,属于可能对公众健康造成严重影响的事件。

二、突发公共卫生事件的分级

根据突发公共卫生事件性质、危害程度、涉及范围,突发公共卫生事件划分为特别重大(Ⅰ级)、重大(Ⅱ级)、较大(Ⅲ级)和一般(Ⅳ级)四级。

特别重大(Ⅰ级)突发公共卫生事件主要包括以下几种。

1. 肺鼠疫、肺炭疽在大中城市发生并有扩散趋势,或肺鼠疫、肺炭疽疫情波及两个以上的省份,并有进一步扩散趋势。

2. 发生传染性传染性非典型肺炎型肺炎、人感染高致病性禽流感病例,并有扩散趋势。

3. 涉及多个省份的群体性不明原因疾病,并有扩散趋势。

4. 发生新传染病或我国尚未发现的传染病发生或传入,并有扩散趋势,或发现我国已消灭的传染病重新流行。

5. 发生烈性病菌株、毒株、致病因子等丢失事件。

6. 周边及与我国通航的国家和地区发生特大传染病疫情,并出现输入性病例,严重危及我国公共卫生安全的事件。

7. 国务院卫生行政部门认定的其他特别重大突发公共卫生事件。

重大(Ⅱ级)突发公共卫生事件主要包括以下几种。

1. 在一个县(市)行政区域内,一个平均潜伏期内(6天)发生5例以上肺鼠疫、肺炭疽病例,或者相关联的疫情波及2个以上的县(市)。

2.发生传染性传染性非典型肺炎型肺炎、人感染高致病性禽流感疑似病例。

3.腺鼠疫发生流行,在一个市(地)行政区域内,一个平均潜伏期内多点连续发病20例以上,或流行范围波及2个以上市(地)。

4.霍乱在一个市(地)行政区域内流行,1周内发病30例以上,或波及2个以上市(地),有扩散趋势。

5.乙类、丙类传染病波及2个以上县(市),1周内发病水平超过前5年同期平均发病水平2倍以上。

6.我国尚未发现的传染病发生或传人,尚未造成扩散。

7.发生群体性不明原因疾病,扩散到县(市)以外的地区。

8.发生重大医源性感染事件。

9.预防接种或群体预防性服药出现人员死亡。

10.一次食物中毒人数超过100人并出现死亡病例,或出现10例以上死亡病例。

11.一次发生急性职业中毒50人以上,或死亡5人以上。

12.境内外隐匿运输、邮寄烈性生物病原体、生物毒素造成我境内人员感染或死亡的。

13.省级以上人民政府卫生行政部门认定的其他重大突发公共卫生事件。

较大(Ⅲ级)突发公共卫生事件主要包括以下几种。

1.发生肺鼠疫、肺炭疽病例,一个平均潜伏期内病例数未超过5例,流行范围在一个县(市)行政区域以内。

2.腺鼠疫发生流行,在一个县(市)行政区域内,一个平均潜伏期内连续发病10例以上,或波及2个以上县(市)。

3.霍乱在一个县(市)行政区域内发生,1周内发病10~29例,或波及2个以上县(市),或市(地)级以上城市的市区首次发生。

4.一周内在一个县(市)行政区域内,乙、丙类传染病发病水平超过前5年同期平均发病水平1倍以上。

5.在一个县(市)行政区域内发现群体性不明原因疾病。

6.一次食物中毒人数超过100人,或出现死亡病例。

7.预防接种或群体预防性服药出现群体心因性反应或不良反应。

8.一次发生急性职业中毒10~49人,或死亡4人以下。

9.市(地)级以上人民政府卫生行政部门认定的其他较大突发公共卫生事件。

一般(Ⅳ级)突发公共卫生事件主要包括以下几种。

1.腺鼠疫在一个县(市)行政区域内发生,一个平均潜伏期内病例数未超过10例。

2.霍乱在一个县(市)行政区域内发生,1周内发病9例以下。

3.一次食物中毒人数30~99人,未出现死亡病例。

4.一次发生急性职业中毒9人以下,未出现死亡病例。

5.县级以上人民政府卫生行政部门认定的其他一般突发公共卫生事件。

三、突发公共卫生事件处理方针与原则

随着人口增长规模越来越大,人口流动迁移愈来愈广泛,人员往来越来越频繁,城市发展速度越来越快,人口密度空前加大,在一国内部暴发的传染病会在全球范围内迅速传播,由一国的危机传导为全球性危机。

为了有效预防、及时控制和消除突发公共卫生事件的危害,保障公众身体健康与生命安全,维护正常的社会秩序,2003年国务院颁布了《突发公共卫生事件应急条例》(以下简称《条例》),2006年卫生部(现更名为国家卫生和计划生育委员会)颁布了《国家突发公共卫生事件应急预案》,2011年根据《国务院关于废止和修订部分行政法规的决定》修订了《突发公共卫生事件应急条例》,标志着我国的突发公共卫生应急处理工作全面纳入法治化轨道。通过立法,建立起"信息通畅、反应快捷、指挥有力、责任明确"的处理突发公共卫生事件的应急法律制度。

突发公共卫生事件(以下简称突发事件)的处理,应当遵循预防为主、常备不懈的方针,贯彻统一领导、分级负责、反应及时、措施果断、依靠科学、加强合作的原则。

1. 预防为主,常备不懈 提高全社会对突发公共卫生事件的防范意识,落实各项防范措施,做好人员、技术、物资和设备的应急储备工作。对各类可能引发突发公共卫生事件的情况要及时进行分析、预警,做到早发现、早报告、早处理。

2. 统一领导,分级负责 突发公共卫生事件通常事件紧,要求高,需要投入多方面的人力、物力及各部门的通力合作才能完成,所以必须加强领导,统一指挥,做到组织健全、责任明确、反应迅速、决策快捷、指挥有效。

3. 依法规范,措施果断 处理突发公共卫生事件,必须认真执行有关法律法规,不应强调应急任务而违规操作。依法处理,才能确保操作合规,为处理的有效性打下良好基础。

4. 依靠科学,加强合作 突发公共安全事件往往涉及多部门、多单位,因此必须明确分工、各司其职、通力协作、共同完成。卫生部门负责医疗急救和采取疾病预防控制措施;公安部门负责做好现场的治安保卫,封锁疫区,疏散人员,对拒绝隔离治疗的患者和中毒患者采取必要的措施;物资供应部门负责组织药品器械的生产和供应;供水部门负责落实消除水污染的应急措施;环卫部门负责及时清运疫区的垃圾、粪便,并进行无害化处理;环境保护部门负责对被污染的环境和水源及时采取控制措施等。

5. 表彰先进,必要补助 对参加突发事件应急处理的医疗卫生人员,给予适当补助和保健津贴;对参加突发事件应急处理作出贡献的人员,给予表彰和奖励;对因参与应急处理工作致病、致残、死亡的人员,按照国家有关规定,给予相应的补助和抚恤。

第二节 突发公共卫生事件处理中的主要制度

制度完善是从容应对、妥善处置突发公共卫生事件的关键。《突发公共卫生事件应急条例》为及时有效处理此类突发事件,建立起了信息畅通、反应快捷、指挥有力、责任明确的一整套应急法律制度。

一、预防与应急准备

(一)制定应急预案

突发事件应急预案是经一定程序制定的处置突发事件的事先方案。突发事件应急预案,能够有效预防、及时控制和消除突发公共卫生事件及其危害,指导和规范各类突发公共卫生事件的应急处理工作,最大程度地减少突发公共卫生事件对公众健康造成的危害,保障公众身心健康与生命安全。

1. 国务院卫生行政主管部门按照分类指导、快速反应的要求,制定全国突发事件应急预案,报请国务院批准。

卫生部制定的全国突发事件应急预案,要做到两点:一是要做到分类指导。所谓分类指导,就是对不同性质的突发事件制定不同的应急预案。二是要做到快速反应。所谓快速反应,就是一旦发生突发事件,应急预案马上可以启动,应急处理机制马上可以作出反应。

2. 省、自治区、直辖市人民政府根据全国突发事件应急预案,结合本地实际情况,制定本行政区域的突发事件应急预案。

地方行政区域突发应急预案应符合两点要求:一是要落实全国突发事件应急预案。全国突发事件应急预案是建立统一、高效、有权威的突发事件应急处理体系的基础,所以,各地要将全国突发事件应急预案融入到本地区的突发事件应急预案中去,确保其保持正常运行状态。二是要结合本地实际情况。全国突发事件应急预案规定的是一般性的、共同性的制度、内容、程序、方法等,它带有普遍性,但是,各地情况不同,遇到的问题不同,存在的困难也不同,所以,要根据自己的特点,制定适合当地实际的突发事件应急预案。

3. 全国突发事件应急预案应当包括以下主要内容:突发事件应急处理指挥部的组成和相关部门的职责;突发事件的监测与预警;突发事件信息的收集、分析、报告、通报制度;突发事件应急处理技术和监测机构及其任务;突发事件的分级和应急处理工作方案;突发事件预防、现场控制,应急设施、设备、救治药品和医疗器械及其他物资和技术的储备与调度;突发事件应急处理专业队伍的建设和培训。

突发事件应急预案应当根据突发事件的变化和实施中发现的问题及时进行修订、补充。《突发公共卫生事件应急条例》明确规定的七个方面的内容是突发事件应急预案不可缺少的组成部分。同时,突发事件的发生和发展是不以人的意志为转移的,因此,突发事件的变化往往超出人们事先的设想。这就需要审时度势,根据新出现的情况和问题,及时修订、补充应急预案,使应急预案更好地适应新的形势,指导应急工作。

(二)应急知识教育与训练

地方各级人民政府应当依照法律、行政法规的规定,做好传染病预防和其他公共卫生工作,防范突发公共卫生事件的发生。县级以上人民政府卫生行政主管部门和其他有关部门,应当对公众开展突发公共卫生事件应急知识的专门教育,增强全社会对突发公共卫生事件的防范意识和应对能力。突发公共卫生事件应急知识教育与训练具体包括以下主要内容:①以卫生应急知识普及为重点,提高公众的预防、避险、自救、互救等能力;②以典型案例为样本,增强公众的卫生安全意识和法制意识;③动员社会各界积极参与并做好科普宣教的经费保障。

(三)建立防控和应急体系

1.国家建立统一的预防控制体系 预防为主、常备不懈是突发事件应急工作的方针,建立和完善突发事件预防控制体系是对这一工作方针的具体落实。只有建立一个完善的预防控制体系,才能及时发现突发事件,准确判定突发事件的类别和危害程度,体现"信息通、反应快"的要求,为有效处置突发事件奠定良好的基础,保证突发事件应急处理工作的顺利开展。

2.防控体系 地方各级人民政府应当依照法律、行政法规的规定,做好传染病预防和其他公共卫生工作,防范突发事件的发生。

县级以上地方人民政府应当建立和完善突发公共卫生事件监测与预警系统。县级以上地方人民政府卫生行政主管部门,应当指定机构负责开展突发事件的日常监测,并确保监测与预警系统的正常运行。监测与预警工作应当根据突发事件的类别,制定监测计划,科学分析、综合评价监测数据。对早期发现的潜在隐患及可能发生的突发事件,应当依照条例规定的报告程序和时限及时报告。

3.应急组织体系 为了便于对突发事件的处理进行统一领导、统一指挥,及时采取相应的应急措施、有效地应对突发事件,需要建立统一、高效、有权威的处理机制,完善相应的组织体系,明确不同部门的职责。

首先,指挥机构。突发事件发生后,国务院设立全国突发事件应急处理指挥部,由国务院有关部门和军队有关部门组成,国务院主管领导人担任总指挥,负责对全国突发事件应急处理的统一领导、统一指挥。卫生部在国务院统一领导下,负责组织、协调全国突发公共卫生事件应急处理工作,并根据突发公共卫生事件应急处理工作的实际需要,提出成立全国突发公共卫生事件应急指挥部。国务院卫生行政主管部门和其他有关部门,在各自的职责范围内做好突发事件应急处理的有关工作。

突发事件发生后,省、自治区、直辖市人民政府成立地方突发事件应急处理指挥部、省、自治区、直辖市人民政府主要领导人担任总指挥,负责领导、指挥本行政区域内突发事件应急处理工作。

地方各级人民政府卫生行政部门依照职责和法律规定,在本级人民政府统一领导下,负责组织、协调本行政区域内突发公共卫生事件应急处理工作,并根据突发公共卫生事件应急处理工作的实际需要,向本级人民政府提出成立地方突发公共卫生事件应急指挥部的建议。县级以上地方人民政府有关部门,在各自的职责范围内做好突发事件应急处理的有关工作。

(四)突发事件的日常防治工作

国务院卫生行政部门设立卫生应急办公室(突发公共卫生事件应急指挥中心),负责全国突发公共卫生事件应急处理的日常管理工作。各省、自治区、直辖市人民政府卫生行政部门及军队、武警系统要参照国务院卫生行政部门突发公共卫生事件日常管理机构的设置及职责,结合各自实际情况,指定突发公共卫生事件的日常管理机构,负责本行政区域或本系统内突发公共卫生事件应急的协调、管理工作。各市(地)级、县级卫生行政部门要指定机构负责本行政区域内突发公共卫生事件应急的日常管理工作。

(五)专家咨询委员会

国务院卫生行政部门和省级卫生行政部门负责组建突发公共卫生事件专家咨询委员会。市(地)级和县级卫生行政部门可根据本行政区域内突发公共卫生事件应急工作需要,组建突发公共卫生事件应急处理专家咨询委员会。

(六)应急处理专业技术机构

医疗机构、疾病预防控制机构、卫生监督机构、出入境检验检疫机构是突发公共卫生事件应急处理的专业技术机构。应急处理专业技术机构要结合本单位职责开展专业技术人员处理突发公共卫生事件能力培训,提高快速应对能力和技术水平,在发生突发公共卫生事件时,要服从卫生行政部门的统一指挥和安排,开展应急处理工作。

(七)应急物资储备

国务院有关部门和县级以上地方人民政府及其有关部门,应当根据突发事件应急预案的要求,保证应急设施、设备、救治药品和医疗器械等物资储备。

应急物资储备包括应急期间需要的处置突发事件的专业应急物资、在突发事件发生后使用的基本物资及与生产息息相关的重要物资三大类。有关部门根据各自职能,完成各自应急物资储备任务。应急物资的日常管理由各相关部门通过建立相关的储备物资管理制度自行管理。

(八)急救医疗服务网络的建设

县级以上各级人民政府应当加强急救医疗服务网络的建设,配备相应的医疗救治药物、技术、设备和人员,提高医疗卫生机构应对各类突发事件的救治能力。设区的市级以上地方人民政府应当设置与传染病防治工作需要相适应的传染病专科医院,或者指定具备传染病防治条件和能力的医疗机构承担传染病防治任务。

县级以上地方人民政府卫生行政主管部门,应当定期对医疗卫生机构和人员开展突发事件应急处理相关知识、技能的培训,定期组织医疗卫生机构进行突发事件应急演练,推广最新知识和先进技术。

二、报告与信息发布

(一)监测

突发公共卫生事件具有高度不确定性,包括发生时间、范围、强度等不可完全预测,一旦发生,演变迅速,不仅对人们健康、精神造成极大的危害,还严重影响经济、政治方面,因此,需要对事件处置和演变的全过程加以监测,时间结束后还要评价应急处置的效果,这也需要监测。监测贯穿了突发事件应急管理的全过程。

1. **国家的职责** 国家建立公共卫生信息监测体系,构建覆盖国家、省、市(地)、县(区)疾病预防控制机构、医疗卫生机构和卫生行政部门的信息网络系统,并向乡(镇)、村和城市社区延伸。国家建立公共卫生信息管理平台、基础卫生资源数据库和管理应用软件,以适应突发公共卫生事件监测的信息采集、汇报、分析等报告的需要。

2. **各地疾病预防控制机构职责** 按照属地化管理原则,各地疾病预防控制机构负责,对行政辖区内的突发公共卫生事件进行监测、信息报告与管理;负责收集、核实辖区内突发公共卫生事件和其他信息资料;设置专门的举报、咨询热线电话,接受突发公共卫生事件报告、咨询和监督；设置专门工作人员搜集各种来源的突发公共卫生事件信息。

3. 各级各类医疗机构职责　各级各类医疗机构承担责任范围内突发公共卫生事件和传染病疫情监测信息报告人物，建立突发公共卫生事件和传染病疫情信息监测报告制度，建立或制定专门的部门和人员，配备必要的设备，保证突发公共卫生事件监测信息的网络直接报告。对医生和实习生进行有关突发公共卫生事件和传染病疫情监测信息报告工作的培训。配合疾病预防控制机构开展流行病学调查和标本采样。

(二) 预警

预警是监测的目的之一，是指危险出现之前的预先告警。通过对事态发展的定量和定性的判断，为做出相应的反应做出提示或警示。突发公共卫生事件的预警，是指根据收集、整理的突发公共卫生事件相关信息资料，分析和评估事件发展趋势与危害程度，在事件发生之前或早期发出警报，以便相关责任部门及事件影响目标人群及时作出反应，预防或减少事件的危害。

预警机制可以通过对突发公共事件发生的可能性较大的领域所发生的各种异常情况，进行连续监测，分析其产生的原因，及时发布相关预警信息，为政府及其相关部门的决策提供服务；可以帮助政府对分阶段期间内可能会发生的各种形式的危机事先有一个充分的估计，并做好应急准备，选择最佳应对策略，事先"为之于未有，治之于未乱"。

(三) 报告制度

国家建立突发事件应急报告制度。国务院卫生行政主管部门制定突发事件应急报告规范，建立重大、紧急疫情信息报告系统。

1. 报告情形　有下列情形之一的，省、自治区、直辖市人民政府应当在接到报告1小时内，向国务院卫生行政主管部门报告：①发生或者可能发生传染病暴发、流行的；②发生或者发现不明原因的群体性疾病的；③发生传染病菌种、毒种丢失的；④发生或者可能发生重大食物和职业中毒事件的。

2. 报告时限　国务院卫生行政主管部门对可能造成重大社会影响的突发公共卫生事件，应当立即向国务院报告。

省、自治区、直辖市人民政府应当在接到报告1小时内，向国务院卫生行政主管部门报告。国务院卫生行政主管部门对可能造成重大社会影响的突发公共卫生事件，应当立即向国务院报告。

突发公共卫生事件监测机构、医疗卫生机构和有关单位发现有以上规定情形之一的，应当在2小时向所在地县级人民政府卫生行政主管部门报告；接到报告的卫生行政主管部门应当在2小时内向本级人民政府报告，并同时向上级人民政府卫生行政主管部门和国务院卫生行政主管部门报告。县级人民政府应当在接到报告后2小时内向设区的市级人民政府或者上一级人民政府报告；设区的市级人民政府应当在接到报告后2小时内向省、自治区、直辖市人民政府报告。

3. 现场调查　突发公共卫生事件与传染病疫情现场调查应包括以下工作内容：①流行病学个案调查、密切接触者追踪调查和传染病发病原因、发病情况、疾病流行的可能因素等调查；②相关标本或样品的采样、技术分析、检验；③突发公共卫生事件的确

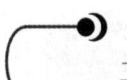

证;④卫生监测,包括生活资源受污染范围和严重程度,必要时应在突发事件发生地及相邻省市同时进行。

4.应对措施　各级卫生行政部门应当组织疾病预防控制机构等有关领域的专业人员,建立流行病学调查队伍,负责突发公共卫生事件与传染病疫情的流行病学调查工作。疾病预防控制机构发现传染病疫情或接到传染病疫情报告时,应当及时采取下列措施:①对传染病疫情进行流行病学调查,根据调查情况提出划定疫点、疫区的建议,对被污染的场所进行卫生处理,对密切接触者,在指定场所进行医学观察和采取其他必要的预防措施,并向卫生行政部门提出疫情控制方案。②传染病暴发、流行时,对疫点、疫区进行卫生处理,向卫生行政部门提出疫情控制方案,并按照卫生行政部门的要求采取措施。③指导下级疾病预防控制机构实施传染病预防、控制措施,组织、指导有关单位对传染病疫情的处理。

各级疾病预防控制机构负责管理国家突发公共卫生事件与传染病疫情监测报告信息系统,各级责任报告单位使用统一的信息系统进行报告。各级各类医疗机构应积极配合疾病预防控制机构专业人员进行突发公共卫生事件和传染病疫情调查、采样与处理。

国家建立突发公共卫生事件的信息发布制度。国务院卫生行政主管部门负责向社会发布突发公共卫生事件的信息。必要时,可以授权省、自治区、直辖市人民政府卫生行政主管部门向社会发布本行政区域内突发公共卫生事件的信息。信息发布应当及时、准确、全面。

(四)通报制度

国务院卫生行政主管部门应当根据发生突发事件的情况,及时向国务院有关部门和各省、自治区、直辖市人民政府卫生行政主管部门及军队有关部门通报。突发事件发生地的省、自治区、直辖市人民政府卫生行政主管部门,应当及时向毗邻省、自治区、直辖市人民政府卫生行政主管部门通报。接到通报的省、自治区、直辖市人民政府卫生行政主管部门,必要时应当及时通知本行政区域内的医疗卫生机构。县级以上地方人民政府有关部门,已经发生或者发现可能引起突发公共卫生事件的情形时,应当及时向同级人民政府卫生行政主管部门通报。

(五)举报制度

任何单位和个人对突发事件,不得隐瞒、缓报、谎报或者授意他人隐瞒、缓报、谎报。任何单位和个人有权向政府及有关部门报告突发事件隐患,有权向上一级政府举报当地政府和有关部门的"不作为"行为。国家公布统一的突发公共卫生事件报告、举报电话。接到报告的地方人民政府、卫生行政主管部门依照规定报告的同时,应当立即组织力量对报告事项调查核实、确证,采取必要的控制措施,并及时报告调查情况。不同类别的突发公共卫生事件的调查应当按照《国家突发公共卫生事件应急预案》规定要求执行。

突发事件举报制度的建立,是国家动员和利用社会力量和信息,防止和弥补政府信息报告失灵或迟缓的有力手段,既有利于上级人民政府直至中央政府在最短的时间内了解和掌握突发事件发生的信息,也有利于督促地方各级政府及有关部门恪尽职守,严格履行法定的报告和应急处置职责,以最大限度地防止和减轻突发事件造成的影响和危害。

(六) 信息发布制度

国家建立突发事件的信息发布制度。国务院卫生行政主管部门负责向社会发布突发事件的信息。必要时,可以授权省、自治区、直辖市人民政府卫生行政主管部门向社会发布本行政区域内突发事件的信息。信息发布应当及时、准确、全面。

建立信息发布制度,能够使全社会和广大公众迅速、及时、准确地了解突发事件的真相及相关信息,不仅有助于动员社会公众投入到处置和应对突发事件的行动中,减少因信息闭塞而造成的不必要损失。更重要的是,这一制度有利于遏制以往一遇突发事件小道消息、谣言满天飞的现象,能够最大限度地稳定人心,维护社会稳定。

三、应急处理

(一) 应急原则

发生突发公共卫生事件时,各级政府、各有关部门按照分级响应的原则,做出相应级别应急响应。同时,根据突发公共卫生事件发生、发展的客观规律,注重分析事件发展趋势和控制效果,对事态和影响不断扩大的事件,应及时提高响应级别;对范围有限、不会进一步扩散的事件,应相应降低响应级别。

国务院有关部门和地方各级人民政府及有关部门对在学校、区域性或全国性重要活动期间等发生的突发公共卫生事件,要高度重视,可相应提高报告和反应级别,确保迅速、有效控制突发公共卫生事件,维护社会稳定。

突发公共卫生事件处置要采取边调查、边核实、边处置、边抢救的方式,以有效措施控制事态发展。

(二) 应急反应措施

1. 评估与判断 在发生或开始发生突发公共卫生事件时,首先应由卫生行政主管部门组织专家判断是否启动应急预案。在全国范围内或者跨省、自治区、直辖市范围内启动全国突发事件应急预案,由国务院卫生行政主管部门报国务院批准后实施。省、自治区、直辖市启动突发事件应急预案,由省、自治区、直辖市人民政府决定,并向国务院报告。

2. 启动 经评估与判断,决定需要启动应急预案时,在启动前,县级以上各级人民政府有关部门应当根据突发公共卫生事件的实际情况,积极采取必要的应急措施,做好应急处理准备。应急预案启动后,突发事件发生地的人民政府有关部门,应当立即到达规定岗位,服从突发事件应急处理指挥部统一指挥,采取有关的控制措施。医疗卫生机构、监测机构和科学研究机构,应当服从突发公共卫生事件应急处理指挥部的统一指挥,相互配合、协作,集中力量开展相关的科学研究工作。

3. 指定卫生专业机构与职责 国务院卫生行政主管部门或者其他有关部门指定的专业技术机构,有权进入突发事件现场进行调查、采样、技术分析和检验。对地方突发事件的应急处理工作进行技术指导,有关单位和个人应当予以配合,任何单位和个人不得以任何理由予以拒绝。

省级以上人民政府行政主管部门或者其他有关部门指定的突发公共卫生事件应急处理专业技术机构,负责突发事件的技术调查、确证、处置、控制和评价工作。

4. 督察与指导　全国突发公共卫生事件应急处理指挥部对突发事件应急处理工作进行督察和指导，地方各级人民政府及其有关部门应当予以配合。

省、自治区、直辖市突发公共卫生事件应急处理指挥部对本行政区域内突发事件应急处理工作进行督察和指导。

（三）组织实施与控制措施

1. 人员和疫区的控制　突发公共卫生事件应急处理指挥部有权根据应急处理的需要，在必要时决定对人员进行疏散或者隔离，并可以依法对传染病疫区实行封锁。但对疫区的封锁应按《中华人民共和国传染病防治法》的规定执行。突发事件应急处理指挥部也可根据突发事件应急处理的需要，对食物和水源采取控制措施。

对传染病患者和疑似传染病患者，应当采取就地隔离、就地观察、就地治疗的措施。对需要治疗者应当交医疗卫生机构治疗。

在突发事件中需要接受隔离治疗、医学观察措施的患者，疑似患者和传染病患者密切接触者在卫生行政主管部门或者有关机构采取医学措施时应当予以配合；拒绝配合的，由公安机关依法协助强制执行。

2. 交通检疫　交通工具上发现根据国务院卫生行政主管部门的规定需要采取应急控制措施的传染病患者、疑似传染病患者，其负责人应当以最快的方式通知前方停靠点，并向交通工具的营运单位报告。交通工具的前方停靠点和营运单位应当立即向交通工具营运单位行政主管部门和县级以上地方人民政府卫生行政主管部门报告。卫生行政主管部门接到报告后，应当立即组织有关人员采取相应的医学处置措施。

交通工具上的传染病患者密切接触者，由交通工具停靠点的县级以上各级人民政府卫生行政主管部门或者铁路、交通、民用航空行政主管部门，根据各自的职责，依照传染病防治法律、行政法规的规定，采取控制措施。

涉及国境口岸和入出境的人员、交通工具、货物、集装箱、行李、邮包等需要采取传染病应急控制措施的，依照国境卫生检疫法律、行政法规的规定办理。

3. 医疗救助　有关部门、医疗卫生机构应当对传染病做到早发现、早报告、早隔离、早治疗。及早切断传播途径，防止传播、扩散。

《条例》对医疗卫生机构的具体职责作出了规定：①医疗卫生机构应当对因突发事件致病的人员提供医疗救护和现场救援，对就诊病人必须接诊治疗，并书写详细、完整的病历记录；对需要转送的病人，应当按照规定将病人及其病历记录的复印件转送至接诊的或者指定的医疗机构。②医疗卫生机构内应当采取卫生防护措施，防止交叉感染和污染。③医疗卫生机构应当对传染病病人密切接触者采取医学观察措施，传染病病人密切接触者应当予以配合。④医疗机构收治传染病病人、疑似传染病病人，应当依法报告所在地的疾病预防控制机构。接到报告的疾病预防控制机构应当立即对可能受到危害的人员进行调查，根据需要采取必要的控制措施。

4. 群防群治　传染病暴发、流行时，街道、乡镇及居民委员会、村民委员会应当组织力量，团结协作，群防群治，协助卫生行政主管部门和其他有关部门、医疗卫生机构做好疫情信息的收集和报告、人员的分散隔离、公共卫生措施的落实工作，向居民、村民宣传传染病防治的相关知识。

（四）应急反应终止

突发公共卫生事件应急反应的终止需符合以下条件：突发公共卫生事件隐患或相

关危险因素消除,或末例传染病病例发生后经过最长潜伏期无新的病例出现。

特别重大突发公共卫生事件由国务院卫生行政部门组织有关专家进行分析论证,提出终止应急反应的建议,报国务院或全国突发公共卫生事件应急指挥部批准后实施。

特别重大以下突发公共卫生事件由地方各级人民政府卫生行政部门组织专家进行分析论证,提出终止应急反应的建议,报本级人民政府批准后实施,并向上一级人民政府卫生行政部门报告。

上级人民政府卫生行政部门要根据下级人民政府卫生行政部门的请求,及时组织专家对突发公共卫生事件应急反应的终止的分析论证提供技术指导和支持。

(五)善后处理

1. **后期评估** 突发公共卫生事件结束后,卫生行政部门应在本级政府领导下,组织有关人员对突发公共卫生事件的处置情况进行评估。评估内容主要包括事件概况、现场调查处置概况、病人救治情况、处置措施效果评估、应急处置过程中存在的问题和取得的经验及改进建议。评估报告上报本级政府和上一级卫生行政部门。

2. **抚恤和补助** 对因参与应急处置工作致病、致残、死亡的人员按照国家有关规定,给予相应的补助和抚恤;对参加应急处置一线工作的专业技术人员应根据工作需要制订合理的补助标准,给予补助。

3. **奖惩** 突发公共卫生事件结束后,对参加突发公共卫生事件应急处置做出贡献的先进集体和个人,进行表彰;对在突发公共卫生事件应急处置工作中表现突出而英勇献身的人员,要按有关规定追认烈士。对在突发公共卫生事件预防、报告、调查、控制和处置过程中,有玩忽职守、失职、渎职等行为的有关责任人,要依法依规给予行政处分,构成犯罪的,依法追究其刑事责任。

4. **征用物资补偿** 突发公共卫生事件应急工作结束后,对应急处置期间紧急调集、征用有关单位、企业、个人的物资和劳务进行评估,给予合理补偿。

第三节 法律责任

现行法律对突发公共卫生事件应急处理过程中,政府机关、医疗机构及个人的义务作出了规定。如果相关主体不依法履行相应的义务,并造成社会危害后果,也应当承担相应的法律责任。

一、各级政府组织违反条例规定的法律责任

1. **不履行报告义务** 县级以上地方人民政府及其卫生行政主管部门未依照本条例的规定履行报告职责,对突发事件隐瞒、缓报、谎报或者授意他人隐瞒、缓报、谎报的,对政府主要领导人及其卫生行政主管部门主要负责人,依法给予降级或者撤职的行政处分;造成传染病传播、流行或者对社会公众健康造成其他严重危害后果的,依法给予开除的行政处分;构成犯罪的,依法追究刑事责任。

2. **不履行职责** 国务院有关部门、县级以上地方人民政府及其有关部门未依照本

条例的规定,完成突发事件应急处理所需要的设施、设备、药品和医疗器械等物资的生产、供应、运输和储备的,对政府主要领导人和政府部门主要负责人依法给予降级或者撤职的行政处分;造成传染病传播、流行或者对社会公众健康造成其他严重危害后果的,依法给予开除的行政处分;构成犯罪的,依法追究刑事责任。

3. 不履行协助义务　突发事件发生后,县级以上地方人民政府及其有关部门对上级人民政府有关部门的调查不予配合,或者采取其他方式阻碍、干涉调查的,对政府主要领导人和政府部门主要负责人依法给予降级或者撤职的行政处分;构成犯罪的,依法追究刑事责任。

4. 失职或渎职　县级以上各级人民政府卫生行政主管部门和其他有关部门在突发事件调查、控制、医疗救治工作中玩忽职守、失职、渎职的,由本级人民政府或者上级人民政府有关部门责令改正、通报批评、给予警告;对主要负责人、负有责任的主管人员和其他责任人员依法给予降级、撤职的行政处分;造成传染病传播、流行或者对社会公众健康造成其他严重危害后果的,依法给予开除的行政处分;构成犯罪的,依法追究刑事责任。

5. 拒绝履行应急处理职责　县级以上各级人民政府有关部门拒不履行应急处理职责的,由同级人民政府或者上级人民政府有关部门责令改正、通报批评、给予警告;对主要负责人、负有责任的主管人员和其他责任人员依法给予降级、撤职的行政处分;造成传染病传播、流行或者对社会公众健康造成其他严重危害后果的,依法给予开除的行政处分;构成犯罪的,依法追究刑事责任。

二、医疗卫生机构违反条例规定的法律责任

医疗卫生机构有下列行为之一的,由卫生行政主管部门责令改正、通报批评、给予警告;情节严重的,吊销《医疗机构执业许可证》,对主要负责人、负有责任的主管人员和其他直接责任人员依法给予降级或者撤职的纪律处分;造成传染病传播、流行或者对社会公众健康造成其他严重危害后果,构成犯罪的,依法追究刑事责任。

1. 未依照本条例的规定履行报告职责,隐瞒、缓报或者谎报的。
2. 未依照本条例的规定及时采取控制措施的。
3. 未依照本条例的规定履行突发事件监测职责的。
4. 拒绝接诊患者的。
5. 拒不服从突发事件应急处理指挥部调度的。

三、有关单位和个人违反职责的法律责任

在突发事件应急处理工作中,有关单位和个人未依照本条例的规定履行报告职责,隐瞒、缓报或者谎报,阻碍突发事件应急处理工作人员执行职务,拒绝国务院卫生行政主管部门或者其他有关部门指定的专业技术机构进入突发事件现场,或者不配合调查、采样、技术分析和检验的,对有关责任人员依法给予行政处分或者纪律处分;触犯《中华人民共和国治安管理处罚法》,构成违反治安管理行为的,由公安机关依法予以处罚;构成犯罪的,依法追究刑事责任。

四、扰乱社会和市场秩序的法律责任

在突发事件发生期间,散布谣言、哄抬物价、欺骗消费者,扰乱社会秩序、市场秩序的,由公安机关或者工商行政管理部门依法给予行政处罚;构成犯罪的,依法追究刑事责任。

2016年3月15日,一条关于"永寿县有人因吃大盘鸡感染H7N9死亡,乾县5 570头家禽已感染"的消息在微信朋友圈和微信群中大范围传播,一度引发群众的恐慌,造成恶劣社会影响。发现这一行为后,西安永寿县公安局与乾县公安局取得联系,并与永寿县卫生和计划生育局、农牧局、市场和质量监督管理局联系核实,在确认该消息为虚假信息后,当即抽调专门警力针对此事展开调查。

经调查,嫌疑人孙某在西宝高速某收费站上班。3月15日11时27分,他在未核实真实性的情况下,将微信好友苏某某的永寿、乾县有人感染禽流感的消息直接转发到了朋友圈,致使当天的转播量超过百万,严重扰乱了公众的正常生活秩序。最终,嫌疑人孙某被永寿县公安局依法刑事拘留,他也成为陕西省微信传播疫情谣言被刑拘第一人。

依照《中华人民共和国刑法》第二百九十一条规定,编造虚假的险情、疫情、灾情、警情,在信息网络或者其他媒体上传播,或者明知是上述虚假信息,故意在信息网络或者其他媒体上传播,严重扰乱社会秩序的,处3年以下有期徒刑、拘役或者管制;造成严重后果的,处3年以上7年以下有期徒刑。即使是通过互联网来进行传播疫情谣言的活动,同样也要承担相应的法律责任,为其行为付出应有的代价。

1. 突发公共卫生事件的概念界定及其特点是什么?
2. 试述突发公共卫生事件应急工作原则、应急处理技术、监测机构及任务。
3. 突发公共卫生事件发生后,各级政府的职责有哪些?
4. 突发公共卫生事件应急报告的情形有哪些?
5. 突发公共卫生事件举报制度有何积极作用?
6. 突发公共卫生事件发生后,应如何进行应急处理?
7. 各级政府在突发公共卫生事件中,违反法律规定应承担何种法律责任?
8. 突发公共卫生事件中,散布谣言、哄抬物价的行为应如何进行处理?

9. 你认为应该如何做好"禽流感"的信息发布工作,以解决相关网络谣言随意散播引发公众恐慌的问题?

10. 结合所学的知识,对我国2003年"传染性非典型肺炎"事件处理工作进行分析。

参考法规:

《中华人民共和国突发事件应对法》(2007年8月30日第十届全国人民代表大会常务委员会第二十九次会议通过 2007年8月30日中华人民共和国主席令第69号公布 自2007年11月1日起施行)

《国家突发公共卫生事件应急预案》(2006年2月26日)

《国家突发公共事件医疗卫生救援应急预案》(2006年2月26日)

《全国自然灾害卫生应急预案(试行)》(2009年4月27日 卫应急发【2009】40号)

《突发公共卫生事件与传染病疫情监测信息报告管理办法》(2003年11月7日卫生部令第37号公布 根据2006年8月22日《卫生部关于修改<突发公共卫生事件与传染病疫情监测信息报告管理办法>的通知》修订)、《群体性不明原因疾病应急处置方案(试行)》

(河南推拿职业技术学院 张 珊)

第七章 医疗事故处理法律法规

学习要点

本章阐述了医疗事故相关法律、法规的内容，叙述了医疗事故的概念、特征，预防和处置方法，医疗事故技术鉴定，医疗事故赔偿等具体内容。进一步让学生了解如何正确对待医疗事故及掌握医疗事故预防与处置方法，从而规范自己的医疗行为。

情境引入

在医疗预防保健过程中，医疗纠纷难以避免，医患矛盾作为一种新型的社会矛盾，也会持续存在。根据国家卫生和计划生育委员会统计，2013年全国医疗卫生机构发生医患纠纷约7万件，这也让医患双方备受煎熬。医患纠纷冲击正常医疗秩序，给医疗卫生事业造成巨大损失，影响社会和谐稳定。为了保护患者和医疗机构及其医务人员的合法权益，维护医疗秩序，保障医疗安全，要依法正确处理医疗纠纷。

第一节 概述

医疗事故处理法律法规是调整在处理医疗事故过程中医患关系的法律规范的总称。医疗事故的处理涉及保护医患双方的合法利益，为了正确处理医疗事故，保护患者和医疗机构及其医务人员的合法权益，维护医疗秩序，国务院颁布实施了《医疗事故处理条例》《医疗事故技术鉴定暂行办法》《医疗事故分级标准（试行）》等规章制度，对医疗事故的分级标准、技术鉴定、处理方式、法律责任和损害赔偿等问题都做了相关规定。

一、医疗事故的概念及构成要件

1. 概念　医疗事故是承担医疗损害责任的主要情形,是指医疗机构及其医务人员在医疗活动中,违反医疗卫生管理法律、行政法规、部门规章和诊疗护理规范、常规,过失造成患者人身损害的事故。

2. 构成要件

(1)行为主体是合法的医疗机构及其医务人员　医疗机构是指经国家批设立、取得《医疗机构执业许可证》的合法机构,包括从事疾病诊断、治疗活动的医院、卫生院、疗养院、门诊部、卫生所(室)等。

医务人员是指经过考核和卫生行政部门批准或承认,依法取得执业资格的卫生技术人员。

不符合上述条件的机构和人员从事医事活动造成人身损害的,不构成医疗事故。

(2)行为具有违法性　医疗机构及其医务人员实施违法行为是构成医疗事故的前提。违法行为包括违反相关法律、法规、规章、诊疗技术规范、操作常规等规范性法律文件;违法形式也是多样的,如作为和不作为,前者指行为人实施了法律所禁止的对社会有危险性的行为,后者指行为人有医务实施并且能够实施某种行为却消极的不去实施。

(3)行为人主观上具有过失　过失是行为人对其行为的不良后果应当预见而没有预见或者已经预见但轻信能够避免的主观心理状态,前者为疏忽大意的过失,后者为过于自信的过失。医疗过失行为是医疗机构和医务人员构成医疗事故的必备要件。值得注意的是,这里的过失必须是在整个医疗活动中。

(4)客观上造成了明显损害后果　造成患者明显人身损害后果是构成医疗事故的客观要件。如果满足上述所有要件,但患者没有发生明显损害后果的,不构成医疗事故。"明显损害后果"标准依据《医疗事故分级标准(试行)》认定。

(5)行为与后果之间具有因果关系　侵害行为和损害后果之间的因果关系是指侵害行为和损害后果之间引起和被引起的客观联系。因果关系是归责的前体和基础。医疗事故作为医疗侵权行为的结果,必须要求违法的医疗行为与损害后果之间具有因果关系。

3. 不属于医疗事故的情形　有下列情形之一的,不属于医疗事故:①在紧急情况下为抢救垂危患者生命而采取紧急医学措施造成不良后果的;②在医疗活动中由于患者病情异常或者患者体质特殊而发生医疗意外的;③在现有医学科学技术条件下,发生无法预料或者不能防范的不良后果的;④无过错输血感染造成不良后果的;⑤因患方原因延误诊疗导致不良后果的;⑥因不可抗力造成不良后果的;⑦经患者同意,对患者进行试验性诊疗发生不良后果的。

按《医疗事故处理条例》规定,不属于医疗事故的,医疗机构不承担赔偿责任,但按《侵权责任法》的规定,不构成医疗事故的并不一定能免除赔偿责任,针对此问题将在第十章做进一步阐述。

二、医疗事故的处理原则和分级

(一)医疗事故的处理原则

处理医疗事故,应当遵循公开、公平、公正、及时、便民的原则,坚持实事求是的科学态度,做到事实清楚、定性准确、责任明确、处理恰当。

(二)医疗事故的分级

为了科学划分医疗事故等级,正确处理医疗事故争议,保护患者和医疗机构及其医务人员的合法权益,根据《医疗事故处理条例》,2002年7月19日经卫生部部务会讨论通过了《医疗事故分级标准(试行)》(以下简称《标准》),自2002年9月1日起施行。《标准》中医疗事故一级乙等至三级戊等对应伤残等级一至十级。

1. 一级医疗事故 指造成患者死亡、重度残疾的医疗事故。
(1)一级甲等医疗事故 死亡。
(2)一级乙等医疗事故 重要器官缺失或功能完全丧失,其他器官不能代偿,存在特殊医疗依赖,生活完全不能自理。例如造成患者下列情形之一的:①植物人状态;②极重度智能障碍;③临床判定不能恢复的昏迷;④临床判定自主呼吸功能完全丧失,不能恢复,靠呼吸机维持;⑤四肢瘫,肌力0级,临床判定不能恢复。

2. 二级医疗事故 指造成患者中度残疾、器官组织损伤导致严重功能障碍的医疗事故。
(1)二级甲等医疗事故 器官缺失或功能完全丧失,其他器官不能代偿,可能存在特殊医疗依赖,或生活大部分不能自理。例如造成患者下列情形之一的:①双眼球摘除或双眼经客观检查证实无光感;②小肠缺失90%以上,功能完全丧失;③双侧有功能肾缺失或孤立有功能肾缺失,用透析替代治疗;④四肢肌力Ⅱ级(二级)以下(含Ⅱ级),临床判定不能恢复;⑤上肢一侧腕上缺失或一侧手功能完全丧失,不能装配假肢,伴下肢双膝以上缺失。
(2)二级乙等医疗事故 存在器官缺失、严重缺损、严重畸形情形之一,有严重功能障碍,可能存在特殊医疗依赖,或生活大部分不能自理。例如造成患者下列情形之一的:①重度智能障碍;②单眼球摘除或经客观检查证实无光感,另眼球结构损伤,闪光视觉诱发电位(VEP)P100波潜时延长>160 ms,矫正视力<0.02,视野半径<5°;③双侧上颌骨或双侧下颌骨完全缺失;④一侧上颌骨及对侧下颌骨完全缺失,并伴有颜面软组织缺损大于30 cm²;⑤一侧全肺缺失并需胸改术;⑥肺功能持续重度损害;⑦持续性心功能不全,心功能四级;⑧持续性心功能不全,心功能三级伴有不能控制的严重心律失常;⑨食管闭锁,摄食依赖造瘘;⑩肝缺损3/4,并有肝功能重度损害;⑪胆道损伤致肝功能重度损害;⑫全胰缺失;⑬小肠缺损大于3/4,普通膳食不能维持营养;⑭肾功能部分损害不全失代偿;⑮两侧睾丸、副睾丸缺损;⑯阴茎缺损或性功能严重障碍;⑰双侧卵巢缺失;⑱未育妇女子宫全部缺失或大部分缺损;⑲四肢瘫,肌力Ⅲ级(三级)或截瘫、偏瘫,肌力Ⅲ级以下,临床判定不能恢复;⑳双上肢腕关节以上缺失、双侧前臂缺失或双手功能完全丧失,不能装配假肢;㉑肩、肘、髋、膝关节中有4个以上(含四个)关节功能完全丧失;㉒重型再生障碍性贫血(Ⅰ型)。
(3)二级丙等医疗事故 存在器官缺失、严重缺损、明显畸形情形之一,有严重功能障碍,可能存在特殊医疗依赖,或生活部分不能自理。例如造成患者下列情形之一的:①面部重度毁容;②单眼球摘除或客观检查无光感,另眼球结构损伤,VEP>155 ms,矫正视力<0.05,视野半径<10°;③一侧上颌骨或下颌骨完全缺失,伴颜面部软组织缺损大于30 cm²;④同侧上、下颌骨完全性缺失;⑤双侧甲状腺或孤立甲状腺全缺失;⑥双侧甲状旁腺全缺失;⑦持续性心功能不全,心功能三级;⑧持续性心功能不全,心功能二级伴有不能控制的严重心律失常;⑨全胃缺失;⑩肝缺损2/3,并有肝功能重度损害;⑪一侧有功能肾缺失或肾功能完全丧失,对侧肾功能不全代偿;⑫永久性输尿管腹壁造瘘;⑬膀胱全缺失;⑭两侧输精管缺损不能修复;⑮双上肢肌力Ⅳ级(四级),双下肢肌力0级,临床判定不能恢复;⑯单肢两个大关节(肩、肘、腕、髋、膝、踝)功能完全丧失,不能行关节置换;⑰一侧上肢肘上缺失或肘、腕、手功能完全丧失,不能手术重建功能或装配假肢;⑱一手缺失或功能完全丧失,另一手功能丧失50%以上,不能手术重建功能或装配假肢;⑲一手腕上缺失,另一手拇指缺失,不能手术重建功能或装配假肢;⑳双手拇、示指均缺失或功能完全丧失无法矫正;㉑双侧膝关节或者髋关节功能完全丧失,不能行关节置换;㉒一下肢膝上缺失,无法装配假肢;㉓重型再生障碍性贫血(Ⅱ型)。

(4)二级丁等医疗事故 存在器官缺失、大部分缺损、畸形情形之一,有严重功能障碍,可能存在一般医疗依赖,生活能自理。造成患者下列情形之一的为二级丁等医疗事故:①中度智能障碍;②难治性癫痫;③完全性失语,伴有神经系统客观检查阳性所见;④双侧重度周围性面瘫;⑤面部中度毁容或全身瘢痕面积大于70%;⑥双眼球结构损伤,较好眼VEP>155 ms,矫正视力<0.05,视野半径<10°;⑦双耳经客观检查证实听力在原有基础上损失大于91 dB;⑧舌缺损大于全舌2/3;⑨一侧上颌骨缺损1/2,颜面部软组织缺损大于20 cm²;⑩下颌骨缺损长6 cm以上的区段,口腔、颜面软组织缺损大于20 cm²;⑪甲状旁腺功能重度损害;⑫食管狭窄只能进流食;⑬吞咽功能严重损伤,依赖鼻饲管进食;⑭肝缺损2/3,功能中度损害;⑮肝缺损1/2伴有胆道损伤致严重肝功能损害;⑯胰缺损,胰岛素依赖;⑰小肠缺损2/3,包括回盲部缺损;⑱全结肠、直肠、肛门缺失,回肠造瘘;⑲肾上腺功能明显减退;⑳大、小便失禁,临床判定不能恢复;㉑女性双侧乳腺缺失;㉒单肢肌力Ⅱ级(二级),临床判定不能恢复;㉓双前臂缺失;㉔双下肢瘫;㉕一手缺失或功能完全丧失,另一手功能正常,不能手术重建功能或装配假肢;㉖双拇指完全缺失或无功能;㉗双膝以下缺失或无功能,不能手术重建功能或装配假肢;㉘一侧下肢膝上缺失,不能手术重建功能或装配假肢;㉙一侧膝以下缺失,另一侧前足缺失,不能手术重建功能或装配假肢;㉚双足全肌瘫,肌力Ⅱ级(二级),临床判定不能恢复。

3.三级医疗事故 指造成患者轻度残疾、器官组织损伤导致一般功能障碍的医疗事故。

(1)三级甲等医疗事故 存在器官缺失、大部分缺损、畸形情形之一,有较重功能障碍,可能存在一般医疗依赖,生活能自理。例如造成患者下列情形之一的:①不完全失语并伴有失用、失写、失读、失认之一者,同时有神经系统客观检查阳性所见;②不能修补的脑脊液瘘;③尿崩,有严重离子紊乱,需要长期依赖药物治疗;④面部轻度毁容;⑤面颊部洞穿性缺损大于20 cm²;⑥单侧眼球摘除或客观检查无光感,另眼球结构损伤,VEP>150 ms,矫正视力0.05~0.10,视野半径<15°;⑦双耳经客观检查证实听力

在原有基础上损失大于 81 dB;⑧鼻缺损 1/3 以上;⑨上唇或下唇缺损大于 1/2;⑩一侧上颌骨缺损 1/4 或下颌骨缺损长 4 cm 以上区段,伴口腔、颜面软组织缺损大于 10 cm²;⑪肺功能中度持续损伤;⑫胃缺损 3/4;⑬肝缺损 1/2 伴较重功能障碍;⑭慢性中毒性肝病伴较重功能障碍;⑮脾缺失;⑯胰缺损 2/3 造成内、外分泌腺功能障碍;⑰小肠缺损 2/3,保留回盲部;⑱尿道狭窄,需定期行尿道扩张术;⑲直肠、肛门、结肠部分缺损,结肠造瘘;⑳肛门损伤致排便障碍;㉑一侧肾缺失或输尿管狭窄,肾功能不全代偿;㉒不能修复的尿道瘘;㉓膀胱大部分缺损;㉔双侧输卵管缺失;㉕阴道闭锁丧失性功能;㉖不能修复的Ⅲ度(三度)会阴裂伤;㉗四肢瘫,肌力Ⅳ级(四级),临床判定不能恢复;㉘单肢瘫,肌力Ⅲ级(三级),临床判定不能恢复;㉙肩、肘、腕关节之一功能完全丧失;㉚利手全肌瘫,肌力Ⅲ级(三级),临床判定不能恢复;㉛一手拇指缺失,另一手拇指功能丧失 50% 以上;㉜一手拇指缺失或无功能,另一手除拇指外三指缺失或无功能,不能手术重建功能;㉝双下肢肌力Ⅲ级(三级)以下,临床判定不能恢复,大、小便失禁;㉞下肢双膝以上缺失伴一侧腕上缺失或手功能部分丧失,能装配假肢;㉟一髋或一膝关节功能完全丧失,不能手术重建功能;㊱双足全肌瘫,肌力Ⅲ级(三级),临床判定不能恢复;㊲双前足缺失;㊳慢性再生障碍性贫血。

(2)三级乙等医疗事故　器官大部分缺损或畸形,有中度功能障碍,可能存在一般医疗依赖,生活能自理。例如造成患者下列情形之一的:①轻度智能减退;②癫痫中度;③不完全性失语,伴有神经系统客观检查阳性所见;④头皮、眉毛完全缺损;⑤一侧完全性面瘫,对侧不完全性面瘫;⑥面部重度异常色素沉着或全身瘢痕面积达 60%~69%;⑦面部软组织缺损大于 20 cm²;⑧双眼球结构损伤,较好眼 VEP>150 ms,矫正视力 0.05~0.1,视野半径<15°;⑨双耳经客观检查证实听力损失大于 71 dB;⑩双侧前庭功能丧失,睁眼行走困难,不能并足站立;⑪甲状腺功能严重损害,依赖药物治疗;⑫不能控制的严重器质性心律失常;⑬胃缺损 2/3 伴轻度功能障碍;⑭肝缺损 1/3 伴轻度功能障碍;⑮胆道损伤伴轻度肝功能障碍;⑯胰缺损 1/2;⑰小肠缺损 1/2(包括回盲部);⑱腹壁缺损大于腹壁 1/4;⑲肾上腺皮质功能轻度减退;⑳双侧睾丸萎缩,血清睾酮水平低于正常范围;㉑非利手全肌瘫,肌力Ⅳ级(四级),临床判定不能恢复,不能手术重建功能;㉒一拇指完全缺失;㉓双下肢肌力Ⅳ级(四级),临床判定不能恢复,大、小便失禁;㉔一髋或一膝关节功能不全;㉕一侧踝以下缺失或一侧踝关节畸形,功能完全丧失,不能手术重建功能;㉖双足部分肌瘫,肌力Ⅳ级(四级),临床判定不能恢复,不能手术重建功能;㉗单足全肌瘫,肌力Ⅳ级,临床判定不能恢复,不能手术重建功能。

(3)三级丙等医疗事故　器官大部分缺损或畸形,有轻度功能障碍,可能存在一般医疗依赖,生活能自理。例如造成患者下列情形之一的:①不完全性失用、失写、失读、失认之一者,伴有神经系统客观检查阳性所见;②全身瘢痕面积 50%~59%;③双侧中度周围性面瘫,临床判定不能恢复;④双眼球结构损伤,较好眼 VEP>140 ms,矫正视力 0.01~0.30,视野半径<20°;⑤双耳经客观检查证实听力损失大于 56 dB;⑥喉保护功能丧失,饮食时呛咳并易发生误吸,临床判定不能恢复;⑦颈颏粘连,影响部分活动;⑧肺叶缺失伴轻度功能障碍;⑨持续性心功能不全,心功能二级;⑩胃缺损 1/2 伴轻度功能障碍;⑪肝缺损 1/4 伴轻度功能障碍;⑫慢性轻度中毒性肝病伴轻度功能障碍;⑬胆道损伤,需行胆肠吻合术;⑭胰缺损 1/3 伴轻度功能障碍;⑮小肠缺损 1/2 伴

轻度功能障碍;⑯结肠大部分缺损;⑰永久性膀胱造瘘;⑱未育妇女单侧乳腺缺失;⑲未育妇女单侧卵巢缺失;⑳育龄已育妇女双侧输卵管缺失;㉑育龄已育妇女子宫缺失或部分缺损;㉒阴道狭窄不能通过二横指;㉓颈部或腰部活动度丧失50%以上;㉔腕、肘、肩、踝、膝、髋关节之一丧失功能50%以上;㉕截瘫或偏瘫,肌力Ⅳ级(四级),临床判定不能恢复;㉖单肢两个大关节(肩、肘、腕、髋、膝、踝)功能部分丧失,能行关节置换;㉗一侧肘上缺失或肘、腕、手功能部分丧失,可以手术重建功能或装配假肢;㉘一手缺失或功能部分丧失,另一手功能丧失50%以上,可以手术重建功能或装配假肢;㉙一手腕上缺失,另一手拇指缺失,可以手术重建功能或装配假肢;㉚利手全肌瘫,肌力Ⅳ级(四级),临床判定不能恢复;㉛单手部分肌瘫,肌力Ⅲ级(三级),临床判定不能恢复;㉜除拇指外3指缺失或功能完全丧失;㉝双下肢长度相差4 cm以上;㉞双侧膝关节或者髋关节功能部分丧失,可以行关节置换;㉟单侧下肢膝上缺失,可以装配假肢;㊱双足部分肌瘫,肌力Ⅲ级(三级),临床判定不能恢复;㊲单足全肌瘫,肌力Ⅲ级(三级),临床判定不能恢复。

(4)三级丁等医疗事故 器官部分缺损或畸形,有轻度功能障碍,无医疗依赖,生活能自理。例如造成患者下列情形之一的:①边缘智能;②发声及言语困难;③双眼结构损伤,较好眼VEP>130 ms,矫正视力0.3~0.5,视野半径<30°;④双耳经客观检查证实听力损失大于41 dB或单耳大于91 dB;⑤耳郭缺损2/3以上;⑥器械或异物误入呼吸道需行肺段切除术;⑦甲状旁腺功能轻度损害;⑧肺段缺损,轻度持续肺功能障碍;⑨腹壁缺损小于1/4;⑩一侧肾上腺缺失伴轻度功能障碍;⑪一侧睾丸、附睾缺失伴轻度功能障碍;⑫一侧输精管缺损,不能修复;⑬一侧卵巢缺失,一侧输卵管缺失;⑭一手缺失或功能完全丧失,另一手功能正常,可以手术重建功能及装配假肢;⑮双大腿肌力近Ⅴ级(五级),双小腿肌力Ⅲ级(三级)以下,临床判定不能恢复,大、小便轻度失禁;⑯双膝以下缺失或无功能,可以手术重建功能或装配假肢;⑰单侧下肢膝上缺失,可以手术重建功能或装配假肢;⑱一侧膝以下缺失,另一侧前足缺失,可以手术重建功能或装配假肢。

(5)三级戊等医疗事故 器官部分缺损或畸形,有轻微功能障碍,无医疗依赖,生活能自理。例如造成患者下列情形之一的:①脑叶缺失后轻度智力障碍;②发声或言语不畅;③双眼结构损伤,较好眼VEP>120 ms,矫正视力<0.6,视野半径<50°;④泪器损伤,手术无法改进溢泪;⑤双耳经客观检查证实听力在原有基础上损失大于31 dB或一耳听力在原有基础上损失大于71 dB;⑥耳郭缺损大于1/3而小于2/3;⑦甲状腺功能低下;⑧支气管损伤需行手术治疗;⑨器械或异物误入消化道,需开腹取出;⑩一拇指指关节功能不全;⑪双小腿肌力Ⅳ级(四级),临床判定不能恢复,大、小便轻度失禁;⑫手术后当时引起脊柱侧弯30°以上;⑬手术后当时引起脊柱后凸成角(胸段大于60°、胸腰段大于30°、腰段大于20°以上);⑭原有脊柱、躯干或肢体畸形又严重加重;⑮损伤重要脏器,修补后功能有轻微障碍。

4.四级医疗事故 指造成患者明显人身损害的其他后果的医疗事故。例如造成患者下列情形之一的:①双侧轻度不完全性面瘫,无功能障碍;②面部轻度色素沉着或脱失;③一侧眼睑有明显缺损或外翻;④拔除健康恒牙;⑤器械或异物误入呼吸道或消化道,需全麻后内窥镜下取出;⑥口周及颜面软组织轻度损伤;⑦非解剖变异等因素,拔除上颌后牙时牙根或异物进入上颌窦需手术取出;⑧组织、器官轻度损伤,行修补术后无功能障碍;⑨一拇指末节1/2缺损;⑩一手除拇指、示指外,有两指近侧指间关节无功能;⑪一足拇趾末节缺失;⑫软组织内异物滞留;⑬体腔遗留异物已包裹,无须手术取出,无功能障碍;⑭局部注射造成组织坏死,成人大于体表面积2%,儿童大于体表面积5%;⑮剖宫产术引起胎儿损伤;⑯产后胎盘残留引起大出血,无其他并发症。

第二节 医疗事故的预防与处置

一、医疗事故的预防

医疗机构及其医务人员在医疗活动中,必须严格遵守医疗卫生管理法律、行政法规、部门规章和诊疗护理规范、常规,恪守医疗服务职业道德。

1. 加强法律和道德教育 医疗机构应当对其医务人员进行医疗卫生管理法律、行政法规、部门规章和诊疗护理规范、常规的培训和医疗服务职业道德教育。

2. 落实制度保障 医疗机构应当设置医疗服务质量监控部门或者配备专(兼)职人员,具体负责监督本医疗机构的医务人员的医疗服务工作,检查医务人员执业情况,接受患者对医疗服务的投诉,向其提供咨询服务。医疗机构应当制定防范、处理医疗事故的预案,预防医疗事故的发生,减轻医疗事故的损害。

发生或者发现医疗过失行为,医疗机构及其医务人员应当立即采取有效措施,避免或者减轻对患者身体健康的损害,防止损害扩大。

3. 加强病历管理 医疗机构应当按照国务院卫生行政部门规定的要求,书写并妥善保管病历资料。因抢救急危患者,未能及时书写病历的,有关医务人员应当在抢救结束后6小时内据实补记,并加以注明。严禁涂改、伪造、隐匿、销毁或者抢夺病历资料。

发生医疗事故争议时,死亡病例讨论记录、疑难病例讨论记录、上级医师查房记录、会诊意见、病程记录应当在医患双方在场的情况下封存和启封。封存的病历资料可以是复印件,由医疗机构保管。

4. 严格物品的封存与检验 疑似输液、输血、注射、药物等引起不良后果的,医患双方应当共同对现场实物进行封存和启封,封存的现场实物由医疗机构保管;需要检验的,应当由双方共同指定的、依法具有检验资格的检验机构进行检验;双方无法共同指定时,由卫生行政部门指定。

疑似输血引起不良后果,需要对血液进行封存保留的,医疗机构应当通知提供该血液的采供血机构派员到场。

5. 尸体的解剖检查制度 患者死亡,医患双方当事人不能确定死因或者对死因有异议的,应当在患者死亡后48小时内进行尸检;具备尸体冻存条件的,可以延长至7天。尸检应当经死者近亲属同意并签字。尸检应当由按照国家有关规定取得相应资格的机构和病理解剖专业技术人员进行。承担尸检任务的机构和病理解剖专业技术人员有进行尸检的义务。

医疗事故争议双方当事人可以请法医病理学人员参加尸检,也可以委派代表观察尸检过程。拒绝或者拖延尸检,超过规定时间,影响对死因判定的,由拒绝或者拖延的一方承担责任。

患者在医疗机构内死亡的,尸体应当立即移放太平间。死者尸体存放时间一般不得超过2周。逾期不处理的尸体,经医疗机构所在地卫生行政部门批准,并报经同级公安部门备案后,由医疗机构按照规定进行处理。

二、医疗事故预防与处置中患方的权利

切实保障患者的权利,对于督促和监督医疗机构及其医务人员依法、认真开展医疗活动,预防医疗事故发送具有重要的作用和意义。《条例》对患者权利的保护主要体现为以下两个方面:

1. 病历复印　患者有权复印或者复制其门诊病历、住院志、体温单、医嘱单、化验单(检验报告)、医学影像检查资料、特殊检查同意书、手术同意书、手术和麻醉记录单、病理资料、护理记录及国务院卫生行政部门规定的其他病历资料。患者依照前款规定要求复印或者复制病历资料的,医疗机构应当提供复印或者复制服务并在复印或者复制的病历资料上加盖证明印记。复印或者复制病历资料时,应当有患者在场。医疗机构按患者的要求,为其复印或者复制病历资料,可以按照规定收取工本费。具体收费标准由省、自治区、直辖市人民政府价格主管部门会同同级卫生行政部门规定。

2. 病情告知　在医疗活动中,医疗机构及其医务人员应当将患者的病情、医疗措施、医疗风险等如实告知患者,及时解答其咨询;但是,应当避免对患者产生不利后果。

三、医疗事故报告制度

医务人员在医疗活动中发生或者发现医疗事故、可能引起医疗事故的医疗过失行为或者发生医疗事故争议的,应当立即向所在科室负责人报告,科室负责人应当及时向本医疗机构负责医疗服务质量监控的部门或者专(兼)职人员报告;负责医疗服务质量监控的部门或者专(兼)职人员接到报告后,应当立即进行调查、核实,将有关情况如实向本医疗机构的负责人报告,并向患者通报、解释。发生医疗事故的,医疗机构应当按照规定向所在地卫生行政部门报告。中医、中西医结合、民族医医疗机构发生医疗事故的,还应当同时逐级报告至国家中医药管理局。

发生下列重大医疗过失行为的,医疗机构应当在12小时内向所在地卫生行政部门报告:①导致患者死亡或者可能为二级以上的医疗事故;②导致3人以上人身损害后果;③国务院卫生行政部门和省、自治区、直辖市人民政府卫生行政部门规定的其他情形。

司法鉴定与医疗事故技术鉴定的区别

医疗事故鉴定同司法鉴定之间是存在差异的。司法鉴定是指人民法院在受理医疗损害赔偿民事诉讼案件中,依职权或应医患任何一方当事人的请求,委托具有专门知识的人对患方所诉医疗损害结果与医方过

错有无因果关系等专门性问题进行分析、判断并提供鉴定结论的活动。司法鉴定的目的,是为医疗损害赔偿民事诉讼中遇到的专门性问题提供的一项技术服务。二者同属于技术鉴定,归纳起来,二者之间有以下几点区别。

1. 鉴定的性质不同　医疗事故技术鉴定属于行政鉴定;司法鉴定属于医疗过错鉴定。

2. 鉴定的目的不同　医疗事故技术鉴定是为医疗卫生行政部门处理医疗纠纷与医疗事故提供技术服务;司法鉴定是为医疗损害赔偿民事诉讼、医疗纠纷与事故行政处理引发的行政诉讼及涉嫌"医疗事故罪"的刑事诉讼提供技术服务。

3. 鉴定的决定权不同　医疗事故技术鉴定的决定权在于医疗卫生行政部门,依《条例》的规定,医疗纠纷双方当事人也可共同提请鉴定。司法鉴定的决定权在司法机关。

4. 鉴定的委托方式不同　医疗事故技术鉴定的委托方式有二种:一是卫生行政部门转交;二是当事人双方共同委托。司法鉴定包括两种方式:一是法院决定鉴定,由法院内的技术部门统一对外委托;二是申请鉴定,即由当事人向法院提出鉴定申请,法院同意后,双方当事人协商确定鉴定机构与鉴定人员,达不成一致的,由法院指定。

5. 受理鉴定的权限不同　医疗事故鉴定只有卫生行政部门移交和当事人共同委托医学会两种方式。司法鉴定的权限却十分广泛,只要诉讼过程中需要鉴定,都可以采取司法鉴定的方式进行。

6. 鉴定主体的范围不同　医疗事故技术鉴定只能由医学会组织医疗事故技术鉴定专家组进行。司法鉴定则可由司法机关交由法定的鉴定机构进行。

7. 鉴定主体的责任方式不同　医疗事故技术鉴定由医学会出具鉴定书,专家组成员无须在鉴定书上签名盖章;司法鉴定的鉴定人需在鉴定书上签字或盖章,实行个人负责制。

8. 司法鉴定文书与医疗事故技术鉴定书的区别　①司法鉴定文书由司法鉴定机构出具,有鉴定人的签名;医疗事故技术鉴定书由医学会出具,无鉴定人的签名。②司法鉴定文书对争议焦点和鉴定结论的分析十分详尽;医疗事故技术鉴定书分析部分一般比较原则。③司法鉴定为一次鉴定;医疗事故技术鉴定一般为两级鉴定。

第三节　医疗事故技术鉴定

医疗损害责任中涉及有关医疗专业技术问题,包括医疗过错及其参与度,医疗损害后果及程度,医疗行为与患者人身损害是否有因果关系等事项,对这些问题要由法定机构和专业人士进行分析、判断和认定,作出鉴定结论。目前在我国医疗损害技术

鉴定包括医疗事故技术鉴定和医疗过错司法鉴定。医疗事故技术鉴定是指由医学会根据有关法律规定,组织临床医学专家和法医学专家组成的专家组,运用医学、法医学的知识和技术,对涉及医疗事故争议的相关专业技术问题进行分析、鉴别和认定并作出鉴定结论的活动。医疗过错司法鉴定是指司法鉴定机构指派鉴定人对接受委托鉴定的医疗损害责任纠纷争议的医疗专业技术问题进行分析、鉴别和认定并作出鉴定结论的活动。

一、医疗事故技术鉴定组织

(一)医疗事故技术鉴定机构

医疗事故技术鉴定工作是由医学会组织专家进行鉴定,一般分为两级。设区的市级地方医学会和省、自治区、直辖市直接管辖的(县)市地方医学会负责组织首次鉴定。省、自治区、直辖市地方医学会负责组织再次鉴定工作。必要时,中华医学会可以组织对疑难、复杂并在全国有重大影响的医疗事故争议的技术鉴定工作。

(二)专家库

负责组织医疗事故技术鉴定工作的医学会应当建立专家库。专家库由具备下列条件的医疗卫生专业技术人员组成:①有良好的业务素质和执业品德;②受聘于医疗卫生机构或者医学教学、科研机构并担任相应专业高级技术职务3年以上。符合第①项规定条件并具备高级技术任职资格的法医可以受聘进入专家库。

负责组织医疗事故技术鉴定工作的医学会依法聘请医疗卫生专业技术人员和法医进入专家库,可以不受行政区域的限制。

(三)专家鉴定组

医疗事故技术鉴定,由负责组织医疗事故技术鉴定工作的医学会组织专家鉴定组进行。

1. 专家的产生 参加医疗事故技术鉴定的相关专业的专家,由医患双方在医学会主持下从专家库中随机抽取。在特殊情况下,医学会根据医疗事故技术鉴定工作的需要,可以组织医患双方在其他医学会建立的专家库中随机抽取相关专业的专家参加鉴定或者函件咨询。

2. 鉴定原则

(1)合议原则 专家鉴定组进行医疗事故技术鉴定,实行合议制。专家鉴定组人数为单数,涉及的主要学科的专家一般不得少于鉴定组成员的二分之一;涉及死因、伤残等级鉴定的,并应当从专家库中随机抽取法医参加专家鉴定组。

(2)回避原则 专家鉴定组成员有下列情形之一的,应当回避,当事人也可以以口头或者书面的方式申请其回避:①是医疗事故争议当事人或者当事人的近亲属的;②与医疗事故争议有利害关系的;③与医疗事故争议当事人有其他关系,可能影响公正鉴定的。

(3)独立鉴定原则 专家鉴定组依照医疗卫生管理法律、行政法规、部门规章和诊疗护理规范、常规,运用医学科学原理和专业知识,独立进行医疗事故技术鉴定,对医疗事故进行鉴别和判定,为处理医疗事故争议提供医学依据。专家鉴定组成员不得接受双方当事人的财物或者其他利益。

任何单位或者个人不得干扰医疗事故技术鉴定工作,不得威胁、利诱、辱骂、殴打专家鉴定组成员。

二、医疗事故技术鉴定程序

(一)启动

1. 卫生行政部门移交鉴定　卫生行政部门接到医疗机构关于重大医疗过失行为的报告或者医疗事故争议当事人要求处理医疗事故争议的申请后,对需要进行医疗事故技术鉴定的,交由负责医疗事故技术鉴定工作的医学会组织鉴定。

2. 医患双方共同委托鉴定　医患双方协商解决医疗事故争议,需要进行医疗事故技术鉴定的,由双方当事人共同委托负责医疗事故技术鉴定工作的医学会组织鉴定。

3. 司法机关委托鉴定　人民法院在医疗事故争议民事审判中,根据当事人的申请或者依职权决定进行医疗事故司法鉴定的,交由条例所规定的医学会组织鉴定。

(二)调查取证

负责组织医疗事故技术鉴定工作的医学会可以向双方当事人调查取证。专家鉴定组应当认真审查双方当事人提交的材料,听取双方当事人的陈述及答辩并进行核实。

当事人应当按照规定提交有关医疗事故技术鉴定的材料、书面陈述及答辩。医疗机构提交的有关医疗事故技术鉴定的材料应当包括下列内容:①住院患者的病程记录、死亡病例讨论记录、疑难病例讨论记录、会诊意见、上级医师查房记录等病历资料原件;②住院患者的住院志、体温单、医嘱单、化验单(检验报告)、医学影像检查资料、特殊检查同意书、手术同意书、手术及麻醉记录单、病理资料、护理记录等病历资料原件;③抢救急危患者,在规定时间内补记的病历资料原件;④封存保留的输液、注射用物品和血液、药物等实物,或者依法具有检验资格的检验机构对这些物品、实物作出的检验报告;⑤与医疗事故技术鉴定有关的其他材料。

在医疗机构建有病历档案的门诊、急诊患者,其病历资料由医疗机构提供;没有在医疗机构建立病历档案的,由患者提供。

医患双方应当依照本条例的规定提交相关材料,并积极配合调查。当事人任何一方不予配合,影响医疗事故技术鉴定的,由不予配合的一方承担责任。

(三)期限

1. 鉴定通知时限　负责组织医疗事故技术鉴定工作的医学会应当自受理医疗事故技术鉴定之日起5天内通知医疗事故争议双方当事人提交所需材料。

2. 提交材料时限　当事人应当自收到医学会的通知之日起10天内提交有关材料、书面陈述及答辩。

3. 调查鉴定时限　医学会应当自接到当事人提交的有关材料、书面陈述及答辩之日起45天内组织鉴定并出具医疗事故技术鉴定书。

4. 再次鉴定时限　当事人对首次医疗事故技术鉴定结论不服的,可以自收到首次鉴定结论之日起15天内向医疗机构所在地的卫生行政部门提出再次鉴定的申请。

(四)结论

专家鉴定组应当认真审查双方当事人提交的材料,听取双方当事人的陈述及答辩并进行核实。专家鉴定组应当遵循以事实为依据、符合医学科学原理的原则,坚持依法办事,在事实清楚、证据确凿的基础上,综合分析患者的病情和个体差异,作出科学而公正的鉴定结论,并制作医疗事故技术鉴定书。鉴定结论以专家鉴定组成员的过半数通过,鉴定过程应当如实记载。

医疗事故技术鉴定书应当包括下列主要内容:①双方当事人的基本情况及要求;②当事人提交的材料和负责组织医疗事故技术鉴定工作的医学会的调查材料;③对鉴定过程的说明;④医疗行为是否违反医疗卫生管理法律、行政法规、部门规章和诊疗护理规范、常规;⑤医疗过失行为与人身损害后果之间是否存在因果关系;⑥医疗过失行为在医疗事故损害后果中的责任程度;⑦医疗事故等级;⑧对医疗事故患者的医疗护理医学建议。

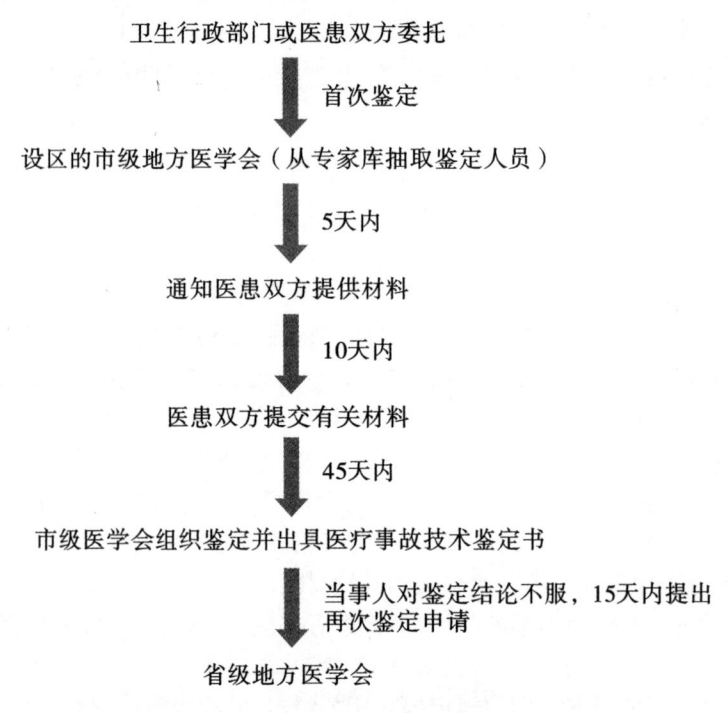

第四节　医疗事故的行政处理与监督

一、医疗事故的行政处理

医疗事故的行政处理是指卫生行政部门应当依照《医疗事故处理条例》和有关法律、行政法规、部门规章的规定,对发生医疗事故的医疗机构和医务人员作出行政处理。

1. 卫生行政部门审查　卫生行政部门对医疗事故争议处理申请审查的内容主要包括以下几个方面。①申请处理的医疗事故争议,是否属于本级卫生行政部门管辖的范围。②发生医疗事故争议的医疗主体方,是否具备法定的行医资格,对非法行医活动引起的争议事件卫生行政部门不能按医疗事故争议立案受理。③医疗事故争议行政处理申请人,第一,是对患方申请人的认定,是否符合《医疗事故处理条例》规定的处理申请人资格;第二,对医疗机构申请人的认定,如果申请人是医疗机构应当出具医疗机构法定代表签发的申请书和机构执业许可证复印件,以确认其是否为合法医疗机构。④是否符合法定的申请处理时限,依据《医疗事故处理条例》规定,医疗事故争议的处理申请,应当在知道或应当知道其身体受到伤害1年内提出,没有正当理由在1年后提出的处理申请不予受理。⑤医疗事故争议处理申请有无明确的争议相对方。⑥是否向人民法院提起诉讼。已向人民法院提起诉讼的医疗事故争议,卫生行政部门不予受理。

卫生行政部门应当自收到医疗事故争议处理申请之日起10天内进行审查。

2. 卫生行政部门受理　卫生行政部门对收到医疗事故争议处理申请经审查后,作出是否受理的决定。对于符合《条例》上述相关规定的,予以受理,需要进行医疗事故技术鉴定的,应当自作出受理决定之日起5天内将有关材料交由负责医疗事故技术鉴定工作的医学会组织鉴定并书面通知申请人;不予受理的,应当书面通知申请人并说明理由。

当事人对首次医疗事故技术鉴定结论有异议,申请再次鉴定的,卫生行政部门应当自收到申请之日起7天内交由省、自治区、直辖市地方医学会组织再次鉴定。

二、医疗事故的监督

1. 审核　卫生行政部门收到负责组织医疗事故技术鉴定工作的医学会出具的医疗事故技术鉴定书后,应当对参加鉴定的人员资格和专业类别、鉴定程序进行审核;必要时,可以组织调查,听取医疗事故争议双方当事人的意见。

卫生行政部门经审核,对符合本条例规定作出的医疗事故技术鉴定结论,应当作为对发生医疗事故的医疗机构和医务人员作出行政处理及进行医疗事故赔偿调解的依据;经审核,发现医疗事故技术鉴定不符合本条例规定的,应当要求重新鉴定。

2. 报告　医疗事故争议由双方当事人自行协商解决的,医疗机构应当自协商解决之日起7天内向所在地卫生行政部门作出书面报告,并附具协议书。

医疗事故争议经人民法院调解或者判决解决的,医疗机构应当自收到生效的人民法院的调解书或者判决书之日起7天内向所在地卫生行政部门作出书面报告,并附具调解书或者判决书。

3. 上报　县级以上地方人民政府卫生行政部门应当按照规定逐级将当地发生的医疗事故及依法对发生医疗事故的医疗机构和医务人员作出行政处理的情况,上报国务院卫生行政部门。

三、法律责任

(一)卫生行政部门及其工作人员的法律责任

卫生行政部门违反《条例》的规定,有下列情形之一的,由上级卫生行政部门给予警告并责令限期改正;情节严重的,对负有责任的主管人员和其他直接责任人员依法给予行政处分:①接到医疗机构关于重大医疗过失行为的报告后,未及时组织调查的;②接到医疗事故争议处理申请后,未在规定时间内审查或者移送上一级人民政府卫行政部门处理的;③未将应当进行医疗事故技术鉴定的重大医疗过失行为或者医疗事故争议移交医学会组织鉴定的;④未按照规定逐级将当地发生的医疗事故及依法对发生医疗事故的医疗机构和医务人员的行政处理情况上报的;⑤未依照本《条例》规定审核医疗事故技术鉴定书的。

卫生行政部门的工作人员在处理医疗事故过程中违反《条例》的规定,利用职务上的便利收受他人财物或者其他利益,滥用职权,玩忽职守,或者发现违法行为不予查处,造成严重后果的,依照《中华人民共和国刑法》关于受贿罪、滥用职权罪、玩忽职守罪或者其他有关罪的规定,依法追究刑事责任;尚不够刑事处罚的,依法给予降级或者撤职的行政处分。

(二)医疗机构的法律责任

1. 发生医疗事故的法律责任　医疗机构发生医疗事故的,由卫生行政部门根据医疗事故等级和情节,给予警告;情节严重的,责令限期停业整顿直至由原发证部门吊销执业许可证,对负有责任的医务人员依照刑法关于医疗事故罪的规定,依法追究刑事责任;尚不够刑事处罚的,依法给予行政处分或者纪律处分。

2. 违反相关法律规定的法律责任

(1)医疗机构违反《条例》的规定,有下列情形之一的,由卫生行政部门责令改正;情节严重的,对负有责任的主管人员和其他直接责任人员依法给予行政处分或者纪律处分:①未如实告知患者病情、医疗措施和医疗风险的;②没有正当理由,拒绝为患者提供复印或者复制病历资料服务的;③未按照国务院卫生行政部门规定的要求书写和妥善保管病历资料的;④未在规定时间内补记抢救工作病历内容的;⑤未按照本《条例》的规定封存、保管和启封病历资料和实物的;⑥未设置医疗服务质量监控部门或者配备专(兼)职人员的;⑦未制定有关医疗事故防范和处理预案的;⑧未在规定时间内向卫生行政部门报告重大医疗过失行为的;⑨未按照本《条例》的规定向卫生行政部门报告医疗事故的;⑩未按照规定进行尸检和保存、处理尸体的。

(2)医疗机构或者其他有关机构违反本条例的规定,有下列情形之一的,由卫生行政部门责令改正,给予警告;对负有责任的主管人员和其他直接责任人员依法给予行政处分或者纪律处分;情节严重的,由原发证部门吊销其执业证书或者资格证书:①承担尸检任务的机构没有正当理由,拒绝进行尸检的;②涂改、伪造、隐匿、销毁病历资料的。

(三)医务工作人员法律责任

对发生医疗事故的有关医务人员,卫生行政部门责令暂停6个月以上1年以下执业活动;情节严重的,吊销其执业证书。

参加医疗事故技术鉴定工作的人员违反《条例》的规定,接受申请鉴定双方或者一方当事人的财物或者其他利益,出具虚假医疗事故技术鉴定书,造成严重后果的,依照《中华人民共和国刑法》关于受贿罪的规定,依法追究刑事责任;尚不够刑事处罚的,由原发证部门吊销其执业证书或者资格证书。

(四)其他人员及组织法律责任

以医疗事故为由,寻衅滋事、抢夺病历资料,扰乱医疗机构正常医疗秩序和医疗事故技术鉴定工作,依照刑法关于扰乱社会秩序罪的规定,依法追究刑事责任;尚不够刑事处罚的,依法给予治安管理处罚。

(五) 不属于医疗事故的法律责任

非法行医,造成患者人身损害,不属于医疗事故,触犯法律的,依法追究刑事责任;有关赔偿,由受害人直接向人民法院提起诉讼。

检察机关提前介入浙江、山东两起医疗事故案

记者从最高人民检察院获悉,浙江、山东两地检察机关已分别对目前备受社会关注的两起因违反操作规程致患者血液感染医疗事故案件提前介入调查、引导侦查取证。

2017年2月,浙江省杭州市发生浙江省中医院主管技师赵某未严格执行操作规程,造成医源性艾滋病病毒感染事件。2月8日,杭州市上城区公安分局对赵某立案侦查。现查明:赵某违反"一人一管一抛弃"操作规程,在操作中重复使用吸管造成交叉污染,导致患者感染艾滋病病毒,经检测确诊感染5例。案件发生后,上城区检察院提前介入该案,派员参与专案组会议,对侦查取证工作进行引导。目前,该案正在侦查中。

2017年1月16日,山东省青岛市城阳区人民医院一名常年在透析室阴性区域透析的患者金某,因出现肝功能损害症状,经检测乙肝病毒标志物显示其乙肝表面抗原阳性、乙肝核心抗体阳性。城阳区人民医院将金某转入透析室阳性区域进行透析的同时,陆续对另外155名在该院透析的患者进行传染六项检测,又新发现8名乙肝表面抗原阳性患者。经卫生部门初步调查,这是一起因该院血液透析室违反操作规程导致的严重感染事件。该事件发生后,山东省检察院第一时间启动重大敏感案事件快速反应机制,指导青岛市检察院调查核实相关情况,引导公安机关展开初查等工作。

最高检侦查监督厅有关负责人表示,青岛和杭州两起医疗事故案事件性质恶劣,涉及受害人较多,社会影响较大,最高检侦查监督厅会密切关注和跟踪掌握这两起案事件进展情况,加强办案指导,督促当地检察机关及时跟进案件,引导公安机关全面、客观收集、固定证据,做好协调对接,确保案件依法处理,最大限度保护人民群众的合法权益。

第五节 医疗事故的赔偿

发生医疗事故的赔偿等民事责任争议,医患双方可以协商解决;不愿意协商或者协商不成的,当事人可以向卫生行政部门提出调解申请,也可以直接向人民法院提起民事诉讼。

一、赔偿争议的解决途径

1. 双方协商　当事人双方协商解决医疗事故的赔偿等民事责任争议的,应当制作协议书。协议书应当载明双方当事人的基本情况和医疗事故的原因、双方当事人共同认定的医疗事故等级及协商确定的赔偿数额等,并由双方当事人在协议书上签名。

2. 卫生行政部门调解　已确定为医疗事故的,卫生行政部门应医疗事故争议双方当事人请求,可以进行医疗事故赔偿调解。调解时,应当遵循当事人双方自愿原则,并应当依据《规定》计算赔偿数额。经调解,双方当事人就赔偿数额达成协议的,制做调解书,双方当事人应当履行;调解不成或者经调解达成协议后一方反悔的,卫生行政部门不再调解。

3. 诉讼　医患双方在经过协商、调解达不成一致意见时可以向人民法院提起民事诉讼,也可以不经过协商调解而直接提起诉讼。诉讼是解决医疗事故赔偿等民事责任争议的最终途径。

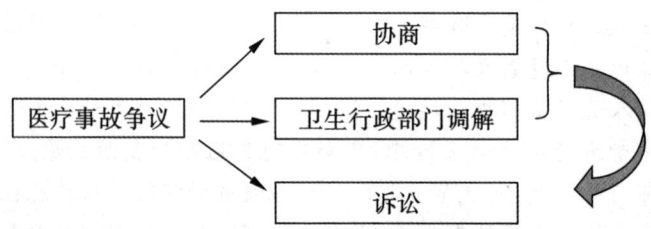

二、医疗事故赔偿的原则

医疗事故赔偿,应当考虑下列因素,确定具体赔偿数额:①医疗事故等级;②医疗过失行为在医疗事故损害后果中的责任程度;③医疗事故损害后果与患者原有疾病状况之间的关系。

不属于医疗事故的,医疗机构不承担赔偿责任。

三、医疗事故赔偿的范围

医疗事故赔偿,按照下列项目和标准计算:

1. 医疗费　按照医疗事故对患者造成的人身损害进行治疗所发生的医疗费用计算,凭据支付,但不包括原发病医疗费用。结案后确实需要继续治疗的,按照基本医疗费用支付。

2. 误工费　患者有固定收入的,按照本人因误工减少的固定收入计算,对收入高于医疗事故发生地上一年度职工年平均工资3倍以上的,按照3倍计算;无固定收入的,按照医疗事故发生地上一年度职工年平均工资计算。

3. 住院伙食补助费　按照医疗事故发生地国家机关一般工作人员的出差伙食补助标准计算。

4. 陪护费　患者住院期间需要专人陪护的,按照医疗事故发生地上一年度职工年平均工资计算。

5. 残疾生活补助费　根据伤残等级,按照医疗事故发生地居民年平均生活费计算,自定残之月起最长赔偿30年;但是,60周岁以上的,不超过15年;70周岁以上的,不超过5年。

6. 残疾用具费　因残疾需要配置补偿功能器具的,凭医疗机构证明,按照普及型器具的费用计算。

7. 丧葬费　按照医疗事故发生地规定的丧葬费补助标准计算。

8. 被扶养人生活费　以死者生前或者残疾者丧失劳动能力前实际扶养没有劳动能力的人为限,按照其户籍所在地或者居所地居民最低生活保障标准计算。对不满16周岁的,扶养到16周岁。对年满16周岁但无劳动能力的,扶养20年;但是,60周岁以上的,不超过15年;70周岁以上的,不超过5年。

9. 交通费　按照患者实际必需的交通费用计算,凭据支付。

10. 住宿费　按照医疗事故发生地国家机关一般工作人员的出差住宿补助标准计算,凭据支付。

11. 精神损害抚慰金　按照医疗事故发生地居民年平均生活费计算。造成患者死亡的,赔偿年限最长不超过6年;造成患者残疾的,赔偿年限最长不超过3年。

医疗事故赔偿费用,实行一次性结算,由承担医疗事故责任的医疗机构支付。

女婴接种疫苗后死亡,医院判赔53万余元

湖南蔡某夫妇抱着3个月大的女儿第4次到沅陵县某医院接种疫苗。晚上,他们发现女儿脸发凉,鼻子和口腔有带黏液血丝,当即送医院急救。救治无效,女儿死亡。经蔡某夫妇同意,医院委托怀化市第一人民医院进行尸检,出具意见为"病毒性感染,有可能导致呼吸、循环功能衰竭"。

农村讲究死者为大,入土为安。蔡某夫妇埋葬了女儿。在与医院协商赔偿的过程中,双方对鉴定意见产生分歧,经协商,双方委托湖南省湘雅司法鉴定中心鉴定。然而,该中心以尸体解剖后提取的检材没有保留,仅依据送检的病理切片无法得出死亡原因为由不予受理。蔡某多次找到沅陵县某医院要求赔偿,医院均以蔡某无法提供证据证明是医疗事故为由予以拒绝。

蔡某夫妇无奈将医院诉至法院,要求赔偿。法院责令被告沅陵县某医院举出其医疗行为与原告蔡某女儿死亡无关的证据,包括接种人员的接种证、医院的接种记录等。但被告未在规定时间内提交有关证据。

沅陵县法院经审理认为,被告本应严格遵循《疫苗流通和预防接种条例》实施接种,但接种人员没有经过专业培训并考核合格,没有查验接种证并做好记录,且在纠纷发生后,没有对疫苗批次药品及现场实物进行封存,违反了《医疗事故处理条例》的规定。

据此,沅陵县法院判决被告赔偿原告女儿死亡赔偿金46万余元,丧葬费2万元及精神损失费5万元,共计53万余元。判决后,被告不服上诉,怀化市中级法院判决:驳回上诉,维持原判。

练习题

1. 医疗事故的鉴定应由 ( )
   A. 医师学会负责　　　　　　　　B. 医学会负责
   C. 医疗事故技术鉴定专家组负责　　D. 卫生行政部门负责
   E. 法院负责

2. 患者在医疗机构内死亡的,尸体应立即移放太平间。死者尸体存放时间一般不得超过 ( )
   A. 5天　　　　　　　　　　　　B. 6天
   C. 1周　　　　　　　　　　　　D. 2周
   E. 3周

3. 疑似输血引起的不良后果的,医患双方应当共同对现场实物进行封存。封存的现场实物应由 ( )
   A. 患者保管
   B. 医疗机构保管
   C. 患者和医疗机构共同委托的第三人保管
   D. 患者和医疗机构任何一方均可以保管
   E. 医疗机构所在地的卫生行政部门保管

4. 因为抢救危急患者,未能及时书写病历的,有关医务人员应在抢救结束后几小时内据实补记,并加以注明 ( )
   A. 1小时　　　　　　　　　　　B. 2小时
   C. 3小时　　　　　　　　　　　D. 5小时
   E. 6小时

5. 《医疗事故处理条例》规定,医疗机构发生下列重大医疗过失行为,应当在12小时内向所在地卫生行政部门报告,这些重大医疗过失行为不包括 ( )
   A. 因医疗过失导致患者死亡的　　　B. 可能为二级医疗事故的
   C. 可能为三级医疗事故的　　　　　D. 可能为一级医疗事故的
   E. 因医疗过失导致3人以上人身损害后果的

6. 《医疗事故处理条例》规定,造成患者轻度残疾、器官组织损伤导致一般功能障碍的属于 ( )

A. 一级医疗事故　　　　　　　　　B. 二级医疗事故
C. 三级医疗事故　　　　　　　　　D. 四级医疗事故
E. 严重医疗差错

7. 构成医疗事故的要件之一是　　　　　　　　　　　　　　　　　　　　　　　(　　)
   A. 直接故意　　　　　　　　　　B. 间接故意
   C. 过失　　　　　　　　　　　　D. 意外事件
   E. 紧急避险

8. 某患者因上呼吸道感染静脉滴注青霉素。护士按照操作规程给药。第2天用完药后,患者回到家中感到不适,3小时后加重,紧急送到医院抢救,后抢救无效死亡。家属认为是青霉素过敏致死,反映到市卫生局。市卫生局委托市医学会组织专家进行医疗事故鉴定,鉴定结论为:不属于医疗事故。

(1) 依据首次鉴定的结论,患者死亡的性质为　　　　　　　　　　　　　　　(　　)
   A. 医疗事故　　　　　　　　　　B. 医疗差错
   C. 医疗意外　　　　　　　　　　D. 医疗纠纷
   E. 难以避免的并发症

(2) 如果家属不服市医学会的鉴定结论,则可以　　　　　　　　　　　　　　(　　)
   A. 自收到首次鉴定结论之日起5天内向医疗机构所在地卫生行政部门提出再次鉴定的申请
   B. 自收到首次鉴定结论之日起10天内向医疗机构所在地卫生行政部门提出再次鉴定的申请
   C. 自收到首次鉴定结论之日起15天内向医疗机构所在地卫生行政部门提出再次鉴定的申请
   D. 自收到首次鉴定结论之日起20天内向医疗机构所在地卫生行政部门提出再次鉴定的申请
   E. 自收到首次鉴定结论之日起30天内向医疗机构所在地卫生行政部门提出再次鉴定的申请

参考答案:1. B　2. C　3. B　4. E　5. C　6. C　7. C　8.(1)C　(2)C

(漯河医学高等专科学校　崔　岚)

第八章 侵权责任法与医疗纠纷

学习要点

本章概述了医疗损害责任的基本特征、构成要件，医疗机构应承担医疗损害责任的情形，对医疗侵权责任法中不承担和减轻侵权责任的情形进行的规定。

情境引入

2010年6月28日，卫生部下发了关于做好《中华人民共和国侵权责任法》（以下简称《侵权责任法》）贯彻实施工作的通知。通知中，明确强调《侵权责任法》对于明确医疗侵权责任，规范医疗活动具有重要意义。各级卫生行政部门集中梳理工作制度，抓好医疗质量安全核心制度的落实；各级各类医疗机构规范开展医疗工作，提高医疗质量，保障医疗安全。医疗机构要做好医患沟通，保障患者权益，健全医患沟通告知制度，完善知情同意相关制度，切实履行说明义务，病历记录管理工作及紧急医疗措施审批程序。同时，多措并举，做好投诉管理，医疗纠纷人民调解与医疗责任保险制度，开展"平安医院"创建活动，构建和谐医患关系。

第一节 概述

一、概念

侵权责任是指民事主体因实施侵权行为而应承担的民事法律后果。侵权责任是指任何人都对他人承担这样一种义务，即不因为自己的错误（过错）行为而侵害了他人的合法权益，否则，即能构成侵权行为，要对受害方承担责任。《中华人民共和国侵权责任法》(以下简称《侵权责任法》)是为保护民事主体的合法权益,明确侵权责任,预防并制裁侵权行为,促进社会和谐稳定而制定的法律。由第十一届全国人大常委会第十二次会议审议于2009年12月26日通过,自2010年7月1日起实施。

二、侵权责任的法律特征和适用

《侵权责任法》是调整有关侵害他人人身、财产权益的行为而产生的相关侵权责任关系的法律规范的总和。侵权责任法的法律特征如下:

1.侵权责任是民事主体因违反法律规定的义务而应承担的法律后果　民事义务有法定义务和约定义务,法定义务是通过法律的强制性规范、禁止性规范设定的义务。这种义务对于每个自然人、法人具有普遍的适用性,违反此种义务,即构成侵权行为责任。而约定义务则是特定当事人之间设定的某种义务,违反约定义务,构成违约责任。

2.侵权责任以侵权行为为前提要件　侵权责任产生的基础是侵权行为,没有侵权行为则不存在承担侵权责任的问题。侵权责任正是行为人实施侵权行为应承担的法律后果。

3.承担侵权责任的形式具有多样性　侵权责任的行为人或责任人除了要承担赔偿损失、返还财产等财产责任外,在很多情况下,还可能同时承担停止侵害、恢复名誉、消除影响、赔礼道歉等非财产形式的责任。

《侵权责任法》的适用是根据最高人民法院《关于适用〈侵权责任法〉若干问题的解释》【法发〔2010〕23号】的通知规定。

(1)《侵权责任法》实施后发生的侵权行为引起的民事纠纷案件,适用本法规定。

(2)侵权行为发生在《侵权责任法》实施前,但损害后果出现在《侵权责任法》实施后的民事纠纷案件,适用本法规定。

(3)人民法院适用《侵权责任法》审理民事纠纷案件,根据当事人的申请或者依职权决定进行医疗损害鉴定的,依法组织鉴定。

(4)人民法院适用《侵权责任法》审理民事纠纷案件,如受害人有被抚养人的,应当将被抚养人生活费用计入到残疾赔偿金或死亡赔偿金中。

三、制定侵权责任法的宗旨

在《侵权责任法》颁布之前,医疗损害纠纷的举证责任,根据最高人民法院《民事诉讼证据规定》第四条第一款(八)项的规定,因医疗行为引起的侵权诉讼,医疗机构要对医疗行为与损害结果之间不存在因果关系及不存在医疗过错承担举证责任,也就是常说的"举证责任倒置",并在实践中被广泛使用。但《医疗事故处理条例》中规定为过错责任原则,这造成了司法实践中的不统一。并且《侵权责任法》颁布之前,我国仅在《中华人民共和国民法通则》中将侵权责任保护范围定为"财产和人身",较为模糊。《侵权责任法》明确指提出,为保护民事主体的合法权益,明确侵权责任,预防并制裁侵权行为,促进社会和谐稳定,是制定本法的宗旨。它增加了精神损害赔偿、隐私权保护、同命同价等新的法律规定,尤其在第七章专门对医疗损害责任进行了法律规定,对医院管理、医疗行为起到了规范作用,对于维护医患双方合法权益、构建和谐医患关系具有重要的意义。

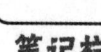

四、侵权责任及构成要件

(一)侵权行为和侵权责任

侵权行为是侵权人实施的侵害他人人身权、财产权和法律保护的利益的行为,分为一般侵权行为和特殊侵权行为,前者是指行为人因过错实施某种行为致人损害的,应适用一般责任条款(第六条第一款)的侵权行为;后者是指在责任构成方面有特殊性(第七条)的侵权行为。

侵权责任是指侵权人对自己的加害行为造成的损害后果依法应承担的各种民事责任。侵权责任的意义主要在于弥补损害,同时具有保护民事权益、教育和惩处侵权人及分担损失、平衡社会利益的功能。承担侵权责任的主体成为侵权人,包括自己实施了加害行为人的人和对他人、物件造成损害依法应负有赔偿等救济义务的人,有权主张损害赔偿等请求的人称为被侵权人,包括侵权行为和准侵权行为的直接被侵权人和法律规定有请求权的人。

行为人损害他人民事权益,不论行为人有无过错,法律规定应承担侵权责任的,应依第七条规定承担责任。侵权责任分为过错责任和无过错责任。过错责任是指行为人因过错侵害他人民事权益,应依法第六条第一款承担侵权责任。过错责任原则是承担民事责任的一般形态,是《侵权责任法》的主要归责原则,是以行为人的主观心理状态作为确定和追究责任的依据。医疗损害侵权属于一般的过错责任,而不属于特殊的过错推定责任和无过错责任。在判定医疗损害赔偿责任时,医护人员有过错才承担赔偿责任,无过错就不承担赔偿责任。无过错责任是指无论侵权人有无过错,法律规定应当承担民事责任的,侵权人应当对其行为造成的损害承担侵权责任。医疗损害赔偿采用无过错原则有利于保护处于弱势地位的被侵权人的利益,但会造成医护人员因害怕承担责任而有所顾忌,会阻碍医疗技术的进步,影响医疗卫生事业的发展。

(二)侵权责任方式

侵权责任方式是指侵权人依法应当对侵权损害承担的不利法律后果的形式和类别。《侵权责任法》规定,承担侵权责任的方式主要有以下 8 种,可以单独适用,也可合并适用。

1.停止侵害 是指依被侵权人请求、判令侵权人停止正在实施的侵权行为的一种侵权责任方式,适用于各种正在进行的侵权行为,对于已经终止和尚未实施的侵权行为不适用。

2.排除妨碍 是指依被侵权人请求、判令侵权人以一定的积极行为除去妨碍,使被侵权人正常行使合法权益的侵权责任方式,适用于侵害所有权、物权、知识产权的情况。

3.消除危险 是指依人身或财产受到现实威胁的被侵权人之请求,法院判令造成此威胁或对此威胁负有排除义务的侵权人消除威胁状况,保障被侵权人人身、财产安全的侵权责任方式,适用于对他人权利或合法利益造成威胁的情况。

4.返还财产 是指法院依法被侵权人的请求,判令非法侵占他人财产的侵权人将侵占的财产返还给被侵权人的侵权责任方式,适用的前提是被侵占的财产尚存在并有返还的价值。

5.恢复原状　是指依被侵权人的请求,判令毁损他人财产的侵权人通过修理等手段、使受到损坏的他人财产恢复到受损坏前状况的侵权责任方式,适用于财产受到损害的情况。

6.赔偿损失　是指侵权人通过支付一定数额的金钱对被侵权人的损害予以经济的侵权责任,适用于:①财产损失;②对人身损害案件中各种相关财产损失的赔偿;③对死亡与残疾损害后果的赔偿;④法律、司法解释规定的各种精神损害赔偿。

7.赔礼道歉　是指侵权人通过口头或者书面方式向被侵权人进行道歉,以取得其谅解的一种侵权责任方式,只适用于医疗行为造成人身侵害的情况。

8.消除影响、恢复名誉　是指依被侵权人请求,法院责令侵权人在一定范围内采取适当方式消除对被侵权人名誉的不利影响,以使其名誉得到恢复的一种侵权责任方式。赔礼道歉、消除影响、恢复名誉侵权责任方式主要适用于人格权受到侵害的情况,尤其适用于侵害患者的姓名权、肖像权、名誉权、荣誉权等情况。

(三)侵权责任赔偿

1.财产损失赔偿　财产损失赔偿是指侵权人承担的以支付一定数额的金钱救济被侵权人财产上的损失的一种侵权责任方式,与人身损害赔偿和精神损害赔偿相对应、一起共同构成我国赔偿损失制度。侵权人无论是侵害被侵权人的人身权还是财产权,都可能发生财产损失,即使是对生命权、健康权的侵害,也会发生直接或间接的财产损失。

财产损失赔偿原则:①完全赔偿原则,又称赔偿实际损失的原则,是指侵权人对自己的侵权行为给被侵权人造成的实际损失承担赔偿责任,主要适用于"物损"的情况;②适当赔偿原则,是综合考虑案件的各种情况,对被侵权人的财产损失予以适当的赔偿,适当赔偿的结果常少于完全赔偿的数额。

2.附带财产损失的赔偿　附带财产损失包括侵权行为侵害被侵权人的人身权益产生的全部财产损失。《侵权责任法》第十六条对人身损害案件中的附带财产损失——医疗费、护理费、交通费等费用,治疗、康复支出的合理费用,以及因误工减少的收入等做出了明确的规定。侵权人有可能因为侵害他人的人身权益而获利,对附带财产损失的赔偿数额可以依据侵权人的获利情况确定。对于侵权人的获利情况,被侵权人可以进行举证和证明,人民法院也可以依职权查明。在无法适用"赔偿实际损失"规律和"赔偿侵权所获利益"的情况下,双方当事人可以就赔偿数额进行协商,在不违反法律和第三人利益的情况下,达成协议的,法院应当予以认可;不能达成协议的,由法院根据具体情况确定赔偿数额。

3.人身损害赔偿　人身损害赔偿是指以赔偿损失的侵权责任方式去救济生命、身体和健康权受到侵害的被侵权人或其近亲属。依据《侵权责任法》规定,我国人身损害赔偿制度赔偿的项目主要有:各种合理费用(医疗费、护理费、交通费、康复费等),残疾赔偿金和残疾生活辅助用具费,死亡赔偿金和丧葬费。

(1)死亡赔偿　是指在被侵权人因遭受侵权而死亡的情况下,侵权人对死者近亲属承担的综合性的赔偿责任,包括对死亡后果的赔偿、因死亡而产生的一系列其他损害后果的赔偿。

(2)丧葬赔偿　是指侵权人对侵害他人生命致人死亡时发生的丧葬费用的经济赔偿,从请求权上看,支付丧葬费、医疗费等合理费用的人实际上是为无因管理所支付的费用。

(3) 残疾赔偿 是指被侵权人的身体、健康受到侵害,出现伤残的损害后果,尤其是出现残疾的损害后果,侵权人对其支付的各相关项目的赔偿,主要包括残疾赔偿金、被侵权人精神损害赔偿、残疾生活辅助用具费、医疗费和其他相关费用。

4. 精神损害赔偿 精神损害赔偿是以金钱赔偿方式救济被侵权人精神损害的侵权责任方式,包括对精神痛苦、肉体疼痛和其他严重精神反常后果的赔偿。依据"侵害他人人身权益,造成他人严重精神损害的,被侵权人可以请求精神损害赔偿"和相关司法解释,精神损害赔偿不包括死亡赔偿和残疾赔偿。《侵权责任法》只对严重的精神损害给予赔偿的救济,赔偿的目的是补偿与惩罚相结合,过低的赔偿数额既无法补偿被侵权人所受到的损害,也难以惩戒、教育侵权人,更无法警戒社会其他成员;目前条件下,数百元至数万元或十多万元的精神损害赔偿请求,都是可以支持的,超过这一幅度,则需要极其特殊的理由。

(四)侵权责任的构成要件

侵权责任是指赔偿损失与恢复原状(赔礼道歉、消除影响、恢复名誉等),构成要件有以下几种。

1. 加害行为 是指行为人施行了违反相关的法律法规,并侵犯被侵权人民事权益的不法行为,它是任何侵权责任都必须具备的要件。

2. 损害 是指被侵权人的加害行为或物的内在危险的实现而造成的人身、精神或财产方面的损失结果。它是一般侵权责任尤其是赔偿损失、恢复原状等侵权责任的构成要件。损害应由原告进行举证或证明,但对于某些非财产上的损害如社会评价的降低,原告方无法进行举证或证明,则采取法律上的推定方式来确定。损害可分为人身损害、精神损害、财产损害。

3. 因果关系 是指加害行为与损害之间的客观联系,即特定的损害事实是否是行为人的行为引起的结果。因果关系是一般侵权责任必须具备的要件,表现为多种形态,主要有一因一果、一因多果和多因多果。一般情况下,证明侵权行为因果关系的责任应由原告方承担;有些情况下,法律要求由被告承担证明因果关系不存在的责任。

4. 过错 包括故意和过失。故意是指行为人明知其行为的后果或行为违反了某种义务而仍希望或放任该结果发生的一种主观心理状态。故意可分为直接故意和间接故意。直接故意是指行为人预见到自己的行为可能导致损害后果,但仍然追求损害后果发生的一种心理状况。间接故意是指行为人预见到损害结果的发生,但是放任这种结果发生的一种心理状态。过失是过错的一种,是指行为人虽非故意,但按其情节应注意并且能避免、因疏忽或轻信而未能避免的一种不良心理状态,是侵权责任法中最常见的过错形态。过错是行为人通过一定行为反映出来,并且这种行为只有外化为违法行为才具有意义。正是行为人在主观上的疏忽或轻信,放任自己的行为而导致损害结果的发生,应对自己的过失承担相应的责任。

第二节 医疗损害责任

医疗损害责任是指医疗机构及医务人员在医疗过程中因过失,或者在法律规定的情况下无论有无过失,造成患者人身损害或者其他损害,应当承担的以损害赔偿为主要方式的侵权责任。

近年来,随着公众维权意识的不断增强,基于医患关系而产生的医疗损害赔偿纠纷案件一直是社会各界关注的热点问题之一。同时,由于医疗损害赔偿纠纷案件是由高技术、高风险特点的医疗行为引起,以及目前有关医疗损害赔偿法律的不完善,导致该类案件一直是人身损害赔偿案件中的难点。因此,有必要对目前医疗损害赔偿纠纷案件的立法、司法状况进行深入地思考,找出在审理医疗损害赔偿纠纷案件中存在的主要问题,并就这些问题探索解决的方法和途径。

一、医疗纠纷的法律适用

2002年9月1日起施行的《医疗事故处理条例》在第五章对医疗事故赔偿进行了规定,明确规定了赔偿的范围及标准。司法审判实践一直参照该条例执行。但2010年7月1日起施行的《侵权责任法》,在第七章也对医疗纠纷中的医疗损害责任进行了明确约定。因对,对于医疗纠纷案件,法院在判决时是适用《医疗事故处理条例》的规定还是适用《侵权责任法》的规定存在冲突。

《侵权责任法》是新法,《医疗事故处理条例》是旧法,根据新法优于旧法的原则,适用《侵权责任法》符合立法原则。因《侵权责任法》由全国人大常委会制定,属于上位法,而《医疗事故处理条例》是由国务院制定,属于下位法,根据上位法优于下位法的原则,医疗纠纷也应适用《侵权责任法》。但是由于《侵权责任法》是一般法,《医疗事故处理条例》是特别法,根据特别法优于一般法的原则,出现了上述法律的竞合。因此,关于法律适用问题,仍需制定相关的法律或司法解释进行明确规定。

二、医疗损害责任

医疗损害是侵权责任的一种重要类型,《侵权责任法》中使用11条的篇幅,设立专章,对医疗损害责任进行了较为系统、科学的规定,这在我国医疗侵权法律发展史上具有里程碑意义。这些规定为医疗机构和相关人员依法行医、依法解决纷争、依法维权提供了法律依据。

医疗损害责任是指医疗机构及医务人员在医疗过程中因过失造成患者人身损害或者其他损害,应当承担的以损害赔偿为主要方式的侵权责任,它属于专家责任和用人责任。

(一) 医疗损害的主体

医疗损害责任的行为主体是医务人员,而不是其他人员。不具有医务人员资格的,即使发生损害,也不认为是医疗损害责任。例如,非法行医造成损害的,则不适用医疗损害责任的法律规范,而应当适用一般侵权行为的规则。医务人员主要包括医师和护士。此外,还有卫生防疫人员、药剂人员及其他技术人员。

1. 医师　根据《中华人民共和国执业医师法》第二条的规定,医师是指依法取得执业医师资格或者执业助理医师资格,经注册在医疗、预防、保健机构中执业的专业,医务人员。从《中华人民共和国执业医师法》第二章的规定可以看出,医师资格分为两档:一档是执业医师资格,一档是执业助理医师资格。执业医师相当于医师职称和职务序列中的医师,执业助理医师相当于医师职称和职务序列中的医士。

根据《中华人民共和国执业医师法》第三十条的规定,执业助理医师应当在执业医师的指导下,在医疗、预防、保健机构中按照其执业类别执业。在乡、民族乡、镇的医疗、预防、保健机构中工作的执业助理医师,可以根据医疗诊治的情况和需要,独立从事一般的执业活动。

2. 护士 根据《护士条例》第二条的规定,护士是指经执业注册取得护士执业证书并从事护理活动,履行保护生命、减轻痛苦、增进健康职责的卫生技术人员。没有经过注册登记的护理人员,不认为是合法执业的护士。

3. 医疗机构 医疗损害责任的责任主体是医疗机构,且须为合法的医疗机构,其他主体不构成医疗损害责任。

一般意义上的医疗机构是指为患者诊断治疗的机构。根据《医疗机构管理条例》第二条规定,医疗机构是指从事疾病诊断、治疗活动的医院、卫生院、疗养院、门诊部、诊所、卫生所(室)及急救站等机构。除此之外,不属于医疗机构。

根据《医疗机构管理条例实施细则》第三条、第四条的规定,医疗机构可以按名称与业务范围分为以下几类:①综合医院、中医医院、中西医结合医院、民族医院、专科医院、康复医院;②妇幼保健院;③中心卫生院、乡(镇)卫生院、街道卫生院;④疗养院;⑤综合门诊部、专科门诊部、中医门诊部、中西医结合门诊部、民族医门诊部;⑥诊所、中医诊所、民族医诊所、卫生所、医务室、卫生保健所、卫生站;⑦村卫生室(所);⑧急救中心、急救站;⑨临床检验中心;⑩专科疾病防治院、专科疾病防治所、专科疾病防治站;⑪护理院、护理站;⑫其他诊疗机构。

(二)医疗损害责任的构成要件

《侵权责任法》第五十四条规定:"患者在诊疗活动中受到损害,医疗机构及其医务人员有过错的,由医疗机构承担赔偿责任。"可见,医疗损害责任的构成要件有4个。

1. 诊疗具有侵害患者人身权利的违法行为 医务人员具有违反性的诊疗行为,在医疗损害中常表现为:①误诊;②贻误治疗;③不当处方;④不当手术和处置;⑤手术或者处置导致患者不应有的伤害;⑥使用不合格的材料导致患者的伤害或其他损失等。

2. 患者或者其近亲属遭受损害 损害既包括对被侵权人生命健康的损害,也包括对被侵权人及其家属的财产的损害,还应包括精神损害。

3. 诊疗行为与损害后果之间的因果关系 大多数情况下,医疗损害的因果联系比较明确,容易查找和证明。但有些案件中,因果关系需经专门的鉴定方能证明。医疗事故由医学会组织专家进行鉴定,其他医疗赔偿纠纷由司法鉴定机构进行鉴定。

4. 医疗机构、医务人员有过错 过错应理解为过失而不包括故意。医务人员在诊疗过程中,若违反了下列义务,即存在过错:违反告知同意义务;违反医疗机构的注意义务,如医疗机构及其医务人员没按规定填写并妥善保管住院志、医嘱单、检验报告、手术及麻醉记录、病理资料、护理记录、医疗费用等病历资料及配合患者查阅、复制病历资料;没保护患者的隐私;违反诊疗规范的实施要求等。

(三)医疗损害责任的种类

1. 医疗技术损害责任 医疗技术损害责任,是指医疗机构及医务人员从事病情的检验、诊断、治疗方法的选择,治疗措施的执行,病情发展过程的追踪,以及术后照护等医疗行为,不符合当时既存的医疗专业知识或技术水准的过失行为,医疗机构所应当承担的侵权赔偿责任。

医疗技术损害责任适用过错责任原则。证明医疗机构及医务人员的医疗损害责任的构成要件,须由原告即受害患者一方承担举证责任,即使是医疗过失要件也由受害患者一方负担。

2.医疗伦理损害责任　医疗伦理损害责任,是指医疗机构及医务人员从事各种医疗行为时,未对患者充分告知或者说明其病情,未提供患者及时有用的医疗建议,未保守与病情有关的各种秘密,或未取得患者同意即采取某种医疗措施或停止继续治疗等,而违反医疗职业良知或职业伦理上应遵守的规则的过失行为,医疗机构所应当承担的侵权赔偿责任。

在诉讼中,对于责任构成的医疗违法行为、损害事实及因果关系的证明,由受害患者一方负责证明。在此基础上实行过错推定,将医疗过失的举证责任全部归之于医疗机构,医疗机构一方认为自己不存在医疗过失,须自己举证,证明自己的主张成立,否则应当承担赔偿责任。

3.医疗产品损害责任　医疗产品损害责任,是指医疗机构在医疗过程中使用有缺陷的药品、消毒药剂、医疗器械及血液及制品等医疗产品,因此造成患者人身损害,医疗机构或者医疗产品生产者、销售者应该承担的医疗损害赔偿责任。

4.医疗损害赔偿　《侵权责任法》明确规定了因药品、消毒药剂、医疗器械的缺陷,或者输入不合格的血液造成患者损害的,患者可以向生产者或者血液提供机构请求赔偿,也可以向医疗机构请求赔偿。诊疗实践中,患者受到缺陷药品、消毒药剂、医疗器械等缺陷或不合格血液等医疗用品及器械所造成的损害的,因为这些医疗用品及器械生产、运输、保管及使用的复杂性和专业技术要求,导致缺陷产生的原因难以明确判断。因此在患者受到损害后,遭遇医疗机构、生产单位等相互推诿,求偿困难的问题。《侵权责任法》这一规定,明确了责任主体,有力保护了患者的合法权益,提高解决此类纠纷的工作效率,利于医患矛盾的缓解。《侵权责任法》第五十九条规定:因药品、消毒药剂、医疗器械的缺陷,或输入不合格的血液造成患者损害的,患者可以向生产者或血液提供机构请求赔偿,也可以向医疗机构请求赔偿;患者向医疗机构请求赔偿的,医疗机构赔偿后,有权向负有责任的生产者或血液提供机构追偿。

同时医疗机构及其医务人员的合法权益受法律保护干扰医疗秩序,妨害医务人员工作、生活的,应依法承担法律责任。医疗机构合法权益有:财产利益(房屋、设备设施、药品、应收费用等)、人格利益(名称权益、名誉权益、荣耀权益、自主开展诊疗活动权益、自主管理权益)。医务人员的合法权益主要有生命健康权、人格权(姓名权、隐私权、名誉权、荣誉权等)、各种财产权、各类职业权益,如依法、依诊疗规范开展医疗活动。

(四)关于责任主体的特殊规定

1.一般责任主体的侵权责任

(1)无民事行为能力人、限制民事行为能力人造成他人损害的,由监护人承担侵权责任。监护人尽到监护责任的可以减轻其侵权责任。

(2)有财产的无民事行为能力人、限制民事行为能力人造成他人损害的,从本人财产中支付赔偿费用。不足部分,由监护人赔偿。

(3)完全民事行为能力人对自己的行为暂时没有意识或者失去控制造成他人损害有过错的,应当承担侵权责任;没有过错的,根据行为人的经济状况对受害人适当补偿。完全民事行为能力人因醉酒、滥用麻醉药品或者精神药品对自己的行为暂时没有意识或者失去控制造成他人损害的,应当承担侵权责任。

(4)用人单位的工作人员因执行工作任务造成他人损害的,由用人单位承担侵权责任。劳务派遣期间,被派遣的工作人员因执行工作任务造成他人损害的,由接受劳务派遣的用工单位承担侵权责任;劳务派遣单位有过错的,承担相应的补充责任。

(5)个人之间形成劳务关系,提供劳务一方因劳务造成他人损害的,由接受劳务一方承担侵权责任。提供劳务一方因劳务自己受到损害的,根据双方各自的过错承担相应的责任。

(6)网络用户、网络服务提供者利用网络侵害他人民事权益的,应当承担侵权责任。网络用户利用网络服务实施侵权行为的,被侵权人有权通知网络服务提供者采取删除、屏蔽、断开链接等必要措施。网络服务提供者接到通知后未及时采取必要措施的,对损害的扩大部分与该网络用户承担连带责任。网络服务提供者知道网络用户利用其网络服务侵害他人民事权益,未采取必要措施的,与该网络用户承担连带责任。

(7)宾馆、商场、银行、车站、娱乐场所等公共场所的管理人或者群众性活动的组织者,未尽到安全保障义务,造成他人损害的,应当承担侵权责任。因第三人的行为造成他人损害的,由第三人承担侵权责任;管理人或者组织者未尽到安全保障义务的,承担相应的补充责任。

(8)无民事行为能力人在幼儿园、学校或者其他教育机构学习、生活期间受到人身损害的,幼儿园、学校或者其他教育机构应当承担责任,但能够证明尽到教育、管理职责的,不承担责任。

(9)限制民事行为能力人在学校或者其他教育机构学习、生活期间受到人身损害,学校或者其他教育机构未尽到教育、管理职责的,应当承担责任。

(10)无民事行为能力人或者限制民事行为能力人在幼儿园、学校或者其他教育机构学习、生活期间,受到幼儿园、学校或者其他教育机构以外的人员人身损害的,由侵权人承担侵权责任;幼儿园、学校或者其他教育机构未尽到管理职责的,承担相应的补充责任。

(五)特殊责任主体的侵权责任

1. 监护人责任　监护人责任,是指监护人对其所监护的被监护人造成他人损害所承担的侵权责任。监护是为了监督和保护无民事行为能力人和限制民事行为能力人的合法权益而设立的一项民事制度。在监护制度下负有监督、保护义务的人为监护人,被监督、保护的人为被监护人。监护人责任的构成要件有:监护人与被监护人之间存在监护关系,被监护人的不法致害行为符合侵权责任的构成要件。《侵权责任法》第三十二条第一款确立了监护人的无过错责任;第二款规定,如果被监护人有财产,监护人承担补充责任或不承担责任。

2. 用人者责任　用人者责任又称使用责任人、雇用人责任,是指用人者(用人单位、个人劳务使用人)对被使用人(工作人员、个人劳务提供人)在从事职务活动时致人损害的行为承担赔偿责任。用人责任属于无过错责任,在认定用人者责任时,不需要考虑用人者的过错,而是看被使用人的行为是否符合侵权责任的构成要件。在确定用人者身份时,需要考察用人者与被使用人之间的使用关系,这种使用关系通常是基于劳动合同、雇用合同等,但是不以签订书面合同为限,使用关系的成立也不以合同有效为前提。其构成要件有:①用人者与被使用人之间存在雇佣关系;②给他人造成损害的行为必须是被使用人为完成工作任务而进行的行为;③被使用人的行为必须是侵权行为。只有被使用人的行为构成侵权行为时,用人者才承担责任。

3. 专家责任　专家责任是指具有特别知识和技能的专业人员在履行专业职能的过程中给他人造成损害所应承担的民事责任。目前我国专家主要包括:律师、医务工作者、注册会计师、建筑师、公证人等。一般来说,专家的执业活动都是为当事人服务,从事的是与当事人的人身、生命健康或财产利益关系重大的事务。如医护人员的执业活动直接关系到患者的生命健康。

4. 专家责任是一种违约责任　在我国虽然专家与当事人之间存在某种合同关系,但专家对相关问题具有专门的知识和技能,而且了解或能够预知合同关系中可能出现的发展变化。而当事人常对有关的专业知识知之甚少,也缺乏聘请专家进行工作的经验,当专家与当事人出现纠纷时,法律应考虑被侵权人在合同责任与侵权责任之间进行有利于自己的选择。

5. 专家责任是一种过错责任　虽然专家责任属于特别的侵权责任,但专家责任本身并非特殊侵权行为。所有的专家责任都是过错责任,但相对于其他过程责任而言,专家责任有一些特殊性:①侵权人为具有某项专业知识的专家;②专家责任通常与用人责任相联系;③行为人实施侵权行为是以与被侵权人存在某种合同关系为前提;④专家责任的认定常需要较强的专门知识;⑤专家责任中的侵权行为通常侵害被侵权人的财产权或人格权。

(六)不承担责任和减轻责任的情形

1. 被侵害人对损害的发生也有过错,可以减轻侵权人的责任。
2. 损害是因受害人故意造成的,行为人不承担责任。
3. 损害是因第三人造成的,第三人应当承担侵权责任。
4. 因不可抗力造成他人损害的,不承担责任。法律另有规定的,依照其规定。
5. 因正当防卫造成损害的,不承担责任。正当防卫超过必要的限度,造成不应有的损害,正当防卫人应当承担适当的责任。
6. 因紧急避险造成损害的,由引起险情发生的人承担责任。如果危险是由自然原因引起的,紧急避险人不承担责任或者给予适当补偿。紧急避险采取措施不当或者超过必要的限度,造成不应有的损害,紧急避险人应当承担适当的责任。

第三节　侵权责任法与医疗机构

一、医务人员的权利和义务

(一)医务人员的权利

《中华人民共和国执业医师法》第二十一条医师在执业活动中享有下列权利。

1. 在注册的执业范围内,进行医学诊查、疾病调查、医学处置,出具相应的医学证明文件,选择合理的医疗、预防、保健方案。

2. 按照国务院卫生行政部门规定的标准,获得与本人执业活动相当的医疗设备基本条件。

3. 从事医学研究、学术交流,参加专业学术团体。

4. 参加专业培训,接受继续教育。

5. 在执业活动中,人格尊严、人身安全不受侵犯。

6. 获得工资报酬和津贴,享受国家规定的福利待遇。

7. 对所在机构的医疗、预防、保健工作和卫生行政部门的工作。

《侵权责任法》第五十五条规定:医务人员在诊疗活动中应当向患者说明病情和医疗措施。需要实施手术、特殊检查、特殊治疗的,医务人员应当及时向患者说明医疗风险、替代医疗方案等情况,并取得其书面同意;不宜向患者说明的,应当向患者的近亲属说明,并取得其书面同意。医务人员未尽到前款义务,造成患者损害的,医疗机构应当承担赔偿责任。

这就规定了医务人员在诊疗活动中的说明、告知义务,也是对患者知情、同意权的保护。《侵权责任法》出台前的诊疗实践中,医生只需要告知患者相关诊疗措施有风险,但要求不严;《侵权责任法》增加了告知的内容,要求医务人员还必须告知医疗替代方案及其风险,并取得患方签字。

(二)医务人员的义务

《中华人民共和国执业医师法》第二十二条,医师在执业活动中履行下列义务:

1. 遵守法律、法规、遵守技术操作规范;
2. 树立敬业精神,遵守执业道德,履行医师职责,尽职尽责为患者服务;
3. 关心、爱护、尊重患者,保护患者的隐私;
4. 努力钻研业务,更新知识,提高专业技术水平;
5. 宣传卫生保健知识,对患者进行健康教育。

(三)侵权责任法中对医务人员和医疗机构的义务的规定

1. 紧急情况下医方有单方行医权,有不得拒绝抢救的义务 不久前,北京一家医院曾发生因患者家属拒绝在手术同意书上签字而导致孕妇死亡的事件,引起了各界的关注和讨论。在患者生命垂危的紧急情况下,是否必须经过其亲属的签字同意,医院才能实施抢救?《侵权责任法》第五十六条对此作出了规定:因抢救生命垂危的患者等紧急情况,不能取得患者或者其近亲属意见的,经医疗机构负责人或者授权的负责人批准,可以立即实施相应的医疗措施。这条规定赋予了医疗机构在紧急情况下的特殊行医权,排除了医疗机构拒绝抢救的借口。同时,在紧急情况下及时抢救生命垂危的患者,也成了医疗机构不可推辞的法定义务。

2. 医疗机构负有不得实施过度检查的义务 《侵权责任法》第六十三条规定:医疗机构及其医务人员不得违反诊疗规范实施不必要的检查。以往,一些医疗机构以经济利益为目的,往往视患者为羔羊,对就诊患者实施不必要的检查,小病大治,开具大处方,形成天价医疗费用,造成患者不必要的损害和损失。《侵权责任法》的这项规定,扩大了对就诊患者的保护力度和范围,加强了对医疗机构的规范和约束,对于控制和降低人民群众反映强烈的医疗费用过高的问题,具有十分重要的意义。

3.医疗机构对患者的隐私负有保密义务 《侵权责任法》第六十二条规定:医疗机构及其医务人员应当对患者的隐私保密。泄露患者隐私或者未经患者同意公开其病历资料,造成患者损害的,应当承担侵权责任。疾病属于个人隐私。患者的病情及健康资料,属于个人隐私。患者到医院看病,往往还可能要将除疾病以外的其他隐私暴露给医生。对于这一切,医疗机构及其医务人员都对患者负有保密义务。不得泄露的患者隐私,包括在诊疗活动中掌握的各种隐私信息不得向外公开、披露;未经患者同意不得公开其医学资料;同时,未经患者同意,医疗机构实习生或其他非医务人员对患者诊疗过程的观摩,也构成对患者隐私的侵害。

《侵权责任法》对患者隐私权进行了全面保护:未经患者同意,医疗机构或医务人员不得窥视、接触患者的身体,也不得将患者作为教学工具;未经患者同意,与诊疗无关的人员不得进入门诊就诊室、检查室、手术室、住院病房;医疗机构及医务人员不得窥视、干涉患者的私人活动,患者为无民事行为能力人或限制行为能力人的除外。医疗机构及医务人员泄露患者隐私或者未经患者同意公开其病例资料,造成患者损害的,应当依照《侵权责任法》第六十二条的规定,确定赔偿责任。

二、医疗机构的免责条件

《侵权责任法》第六十条规定:患者有损害,因下列情形之一的,医疗机构不承担赔偿责任,患者或者其近亲属不配合医疗机构进行符合诊疗规范的诊疗;医务人员在抢救生命垂危的患者等紧急情况下已经尽到合理诊疗义务;限于当时的医疗水平难以诊疗。前款第一项情形中,医疗机构及其医务人员也有过错的,应当承担相应的赔偿责任。

本条是关于医疗机构免责事由的规定。医疗活动是一种高度风险的活动。因为诊疗对象和病症千差万别,虽然医学技术迅猛发展,但对于有些疾病,现代诊疗技术还是无法完全治愈。并且在医疗活动中,某些不良后果的出现是根本无法预见,也是防不胜防的。有些情况下,即便医疗机构和医务人员不存在违法违规的过失行为,进行医疗活动也可能发生患者人身损害的后果。出现这样的情形,即使造成患者损害,医疗机构也不应当承担责任。但是,如果患者或者其近亲属不配合医疗机构进行符合诊疗规范的诊疗,医疗机构及其医务人员也有过错的,医疗机构应当承担相应的责任。

1.患者或者其近亲属不配合医疗机构进行符合诊疗规范的诊疗 在医疗活动中,对患者的诊疗护理一方面需要医务人员的精心工作,另一方面也需要患者及其近亲属的积极配合。从一定意义上讲,患者及其近亲属的积极配合,是充分发挥特定治疗措施取得良好效果的重要保证。但在实践中,有些患者或者其近亲属往往做不到这一点。例如患者或其近亲属不如实向医务人员陈述有关病史;不按照医嘱服药;不接受医生的合理治疗措施;患者或其近亲属拒绝紧急情况下的必要手术;擅自离院出走或者擅自采取其他治疗手段等。患者一旦因此发生意外情况或者延误治疗抢救时机而产生损害后果的,也可能会引起医患之间的医疗争议。对此类患者或者其近亲属拒不配合医疗机构进行符合诊疗规范的诊疗而导致的医疗争议,有人认为应该运用"受害人自负风险"理论来分析。所谓受害人自负风险,是指受害人自己形成并承担了危险。该理论认为,此时受害人虽意识到危险的存在,但可能不知道危险造成损害的机率及特定的损害后果,或虽意识到危险存在,而并不希望后果发生。对受害人自负风险的行为,不能一概作为免责事由,而应具体问题具体分析。我们认为,如果完全是因为患者或者其近亲属自身的原因造成损害的,医疗机构不承担责任。如果患者或近亲属拒不配合医疗机构进行符合诊疗规范的诊疗,但医疗机构也有过错的,应当减轻医疗机构的赔偿责任。例如,医疗机构在解释医疗专门术语方面存在欠缺,履行告知义务不充分,等等。

2.医务人员在抢救生命垂危的患者等紧急情况下已经尽到合理诊疗义务　在患者处于生命垂危等紧急情况下,医疗机构实施的抢救行为具有紧迫性。如对发生车祸,不立即截肢将极可能发生败血症造成死亡的垂危患者,只有截肢才能保住患者的生命。此时,很难要求医务人员像平时那样作出全面的、非常准确的判断。因此,在这种紧急情况下,为了抢救患者的生命而采取的紧急医学措施给患者造成损害的,如医务人员已经尽到合理诊疗义务的,医疗机构不应当承担赔偿责任。

3.限于当时的医疗水平难以诊疗　医学科学处于不断的发展过程中,迄今为止,人类认识疾病和战胜疾病的能力还十分有限,对于大量的疾病,医学仍没有有效的治疗手段。在这种情况下,许多患有疑难杂症患者的损害按照目前的医学科学技术可能既无法预见也无法避免,属于医学上的不可抗力,医疗机构对此不应当承担赔偿责任。

2007年11月21日16点左右,肖某陪已有9个多月身孕的"妻子"李某到北京某医院就诊,经过3个多小时的抢救,因肖某始终不同意医院给李某做剖宫产手术,最终不仅导致胎儿死于腹中,而且也使李某失去了可能抢救的时机,因呼吸、循环衰竭,心跳停止,抢救无效死亡。

孕妇李某的父母起诉称,其女儿李某因感冒、畏寒、咳嗽等病症,在肖某陪同下到北京某医院呼吸内科门诊就诊。院方在没有采取任何诊断手段和急救措施情况下,将李某转到妇产科住院,并对她进行剖宫产手术前准备工作,后因肖某拒绝在手术同意书上签字,手术未能进行。而北京某医院没有对李某采取有效的救助措施,最终造成一尸两命的惨剧,北京某医院具有不可推卸的责任。故诉至法院,要求某医院赔偿其各项损失共计121万元。北京某医院答辩称,李某于2007年11月21日下午在肖某的陪同下到该院呼吸内科门诊就诊。经过检查发现,李某病情危重,医院妇产科、ICU、麻醉科联合对她进行了积极抢救,并请急危重症孕产妇抢救小组组长等专家会诊。期间,因考虑挽救母子生命,建议进行剖宫产手术,但因自称是李某丈夫的肖某拒绝而未能进行。北京某医院认为对李某的诊断、治疗、抢救已充分尽到了法定义务,无任何过错,她的死亡与医院的医疗行为没有因果关系。

2009年1月16日,法院委托中天司法鉴定中心对北京某医院的诊疗行为是否存在过错,以及该过错与李某的死亡后果之间是否存在因果关系进行鉴定。鉴定结果显示"患者李某的死亡主要与其病情危重、病情进展快、综合情况复杂有关。北京某医院对患者李某的诊疗过程存在的不足与患者的死亡无明确因果关系"。

对此鉴定结论,法院在案件审理中曾向鉴定中心再次致函询问,鉴定中心书面回函进一步明确,李某病情危重而且复杂,属于死亡率极高的病例,这些因素是患者最终死亡的主要因素。医院虽然在医疗行为中存在不足,对抢救患者有一定不利影响,但与患者最终死亡无因果关系。

法院经审理认定,北京某医院的医疗行为与李某的死亡后果之间没有因果关系,不构成侵权,不应当承担赔偿责任。最终,法院一审判决驳回了李某父母的诉讼请求。但北京某医院表示愿意给予李某家属经济帮助,考虑到本案的实际情况,法院判定北京某医院支付李某父母10万元的经济补偿。

【特别提示】

医务人员在诊疗活动中,未尽告知义务,造成患者人身损害的,应当依据《侵权责任法》第十六条规定的人身损害赔偿标准进行赔偿;未尽告知义务,造成患者知情同意损害的,应当依据《侵权责任法》第二十二条关于精神损害赔偿的规定,承担赔偿责任。因抢救生命垂危的患者未尽相应的告知批准义务,造成患者损害的,医疗机构应当承担赔偿责任。

三、法定过错推定标准

《侵权责任法》第五十四条明确规定了医疗损害责任一般适用过错责任归责原则,只有在特殊情形下才能推定医疗机构具有过错。第五十八条规定存在三种情形之一的,推定医疗机构有过错:①违反法律、行政法规、规章及其他有关诊疗规范的规定;②隐匿或者拒绝提供与纠纷有关的病历资料;③伪造、篡改或者销毁病历资料。

推定医疗过失的性质

依据《侵权责任法》第五十八条规定,推定医疗机构有过错的,法院即可认定医疗机构有过错;医疗机构不得主张推翻该过错推定。患者的损害有可能是由医务人员的诊疗行为造成的(除医务人员提供相反的证据外),推定该诊疗行为与患者人身损害之间存在因果关系。

四、医疗损害责任的赔偿

1. 医疗损害责任的承担主体　在医疗损害侵权行为中,行为主体可以是医疗机构及其医务人员,但医疗损害责任的承担主体常被指医疗机构,因为医疗机构与医务人员之间,表现为隶属、雇佣、监护、代理等身份关系。

2. 医疗损害责任的赔偿标准　侵害他人造成人身损害的,应当赔偿医疗费、护理费、交通费等为治疗和康复支出的合理费用,以及因误工减少的收入;造成残疾的,还应当赔偿残疾生活辅助用具费和残疾赔偿金;造成死亡的,还应当赔偿丧葬费和死亡赔偿金。

3. 医疗损害责任的免责　依据《医疗事故处理条例》第三十三条规定,在紧急情况下为抢救垂危患者生命而采取紧急措施造成不良后果等6种情形不属于医疗事故;《侵权责任法》第六十条规定,患者有损害,有下列情形之一的,医疗机构不承担赔偿责任:①患者及其近亲属不配合医疗机构进行符合诊疗规范的诊疗;②医务人员在抢救生命垂危患者等紧急情况下已经尽到合理诊疗义务;③限于当时的医疗水平难以诊疗。

五、与医疗损害责任相关的法律要求

1. 医疗损害赔偿　因药品、消毒剂、医疗器械的缺陷,或输入不合格血液造成患者损害的,患者可以向生产者或血液提供机构请求赔偿,也可以向医疗机构请求赔偿;患者向医疗机构请求赔偿的,医疗机构赔偿后,有权向负有责任的生产者或血液提供机构追偿。

2. 医疗机构及其医务人员的合法权益受法律保护　干扰医疗秩序,妨害医务人员工作、生活的,应依法承担法律责任。医疗机构合法权益有:财产利益(房屋、设备设施、药品、应收费用等)、人格利益(名称权益、名誉权益、荣耀权益、自主开展诊疗活动权益、自主管理权益等)。医务人员的合法权益主要有生命健康权、人格权(姓名权、隐私权、名誉权、荣誉权等)、各种财产权、各类职业权益(如依法、依诊疗规范开展医疗活动等)。

六、医疗产品责任

由于有缺陷的药品、器材等的使用给患者造成损害,应按照医疗产品责任的规则处理。

1. 医疗产品　是指医疗机构向患者提供诊疗护理,需要使用的药品、各种器材、辅助材料等,大部分不是由医疗单位生产的,而是由其他厂家生产的。

2. 医疗产品责任的构成　医疗产品责任的构成包括:医疗产品存在缺陷、该缺陷造成患者人身等方面的损害、缺陷与损害之间存在因果关系。医疗产品责任对医务人员是无过错责任;对医疗机构也是无过错责任,其承担责任后获得对生产者的追偿权。

3. 医疗产品责任的承担　若医疗机构是缺陷药品、器材等的生产者,应对其所造成的损害负过错的赔偿责任;若医疗机构不是缺陷药品、器械等的生产者,应对其所造成的损害负无过程的赔偿责任。被侵权人直接向医疗单位主张产品责任的,医疗单位

不得推诿,但在无过错的情形下可向生产者追偿;若医疗单位不能指明具体生产者,应代为承担责任。

案例链接

卫女士因头痛、流涕、咳嗽到某医院就诊。就诊时,医生在未询问其孕产史的情况下,为卫女士进行了X射线胸透检查。在接下来的诊疗过程中,医生得知卫女士已怀孕3个月,遂告知其前往妇幼保健医院继续诊疗。经咨询得知孕妇进行X射线胸透检查可能会对胎儿产生影响。卫女士在另一家医院做了终止妊娠手术。后卫女士将某医院起诉至法院,认为该医院工作人员违反规定,实施不当检查,造成自己被迫终止妊娠。某医院则认为自己是按规程执业,医生开具胸透检查单时,卫女士没有提出异议,在后续治疗中才知其怀孕3个月,为确保安全又告知其到妇幼保健医院继续诊疗。

按照诊疗常规,医院在为女性进行X射线胸透检查时,应询问孕产史并告知可能对妊娠的影响,但本案中医生在未询问其孕产史的情况下进行了X射线胸透检查,未尽到告知义务,其诊疗行为存在一定的过错。虽然无充分的医学证明一次的X射线胸透的辐射剂量可致胎儿畸形,也不能证明医院的过错行为与卫女士的终止妊娠有必然的联系,但确实增加了卫女士的心理负担,医院应承担适当责任。

七、医疗机构与过度医疗

《侵权责任法》第六十三条规定:医疗机构及其医务人员不得违反诊疗规范实施不必要的检查。这是关于过度医疗的规定。根据本条规定,医疗机构及其医务人员不得违反诊疗规范实施不必要的检查。这是一条原则性的规定,医疗机构不得违反诊疗规范实施过度检查。

1. 过度医疗的概念及构成要件 过度医疗是指医疗机构及其医务人员在医疗活动中,违反法定及约定义务,提供了超过患者实际需求的医疗服务,造成患者人身伤害及财产损失的行为。

过度医疗是医疗侵权行为的一种类型,其构成要件有以下几个方面:第一,过度医疗行为的主体必须是医疗机构,其主体不包括非法行医者,也不包括药店服务人员。第二,医疗机构提供了超过患者实际需求的医疗服务。如实施了不必要的检查,等等。此种医疗服务行为超出了治疗疾病的实际需要,对疾病的诊断治疗没有积极效果,是多余且不合理的。第三,过度医疗行为造成患者损害。虽然有过度医疗行为,但没有损害后果的,不属于法律意义上的医疗损害。第四,过度医疗行为和损害后果之间有因果关系。虽存在过度医疗行为,但患者的不良后果是由于患者体质特殊、病情异常或者意外事件、不可抗力等原因所致,亦不属于医疗过度。第五,医疗机构存在过错,即医疗机构违反了法律法规规定的合理诊疗义务。

2. 过度医疗的表现形式　医疗过度主要包括过度检查、过度诊断和过度治疗。具体表现在以下几个方面:一是在医疗检查方面,重复检查、应用高档医疗设备做一般检查及进行不必要的检查;二是在治疗方面,小病大治,开大处方,用高价药;滥用抗生素;延长疗程或住院时间;诱导患者进行不必要的手术;三是在医疗保健方面,用高档设备进行普通体检,用吃补药或补品的方式代替保健。

3. 过度医疗的危害　医疗过度产生了很多不良社会后果。第一,患者(特别是农民)的医疗负担越来越重,造成患者有病不敢医,因病致贫、因病返贫的现象大量存在;第二,使患者的身心健康受到伤害,甚至导致残疾、死亡。大处方、高密度用药,可能引起患者不良反应,增加药源性疾病;不必要的检查使患者接触过多的射线,对患者的健康不利。第三,增加了社会医疗总支出,并且造成医疗服务的公平性下降和卫生投入的宏观效率低下。第四,损害了医疗机构及医务人员的形象,给患者、家属及社会带来负面影响,造成医患关系紧张,矛盾冲突加剧,恶化了医生职业环境。

为了遏制过度医疗的上述危害,本条规定,医疗机构及其医务人员不得违反诊疗规范,实施不必要的检查。

1999 年 12 月 4 日,郑州市 9 岁的男孩陈某某因阑尾炎,到郑州市某医院做阑尾切除手术。手术后 3 小时,陈某某就变成了植物人。12 月 29 日,陈某某在医院死亡。陈某某的父亲陈某为了抢救儿子,医药费等花了 11.4 万元,医院最后开出的账单有 7.5 米长。陈某认为儿子的死亡是由于医院抢救不及时,救治不力造成的,于是就"医院收费问题""治疗过程是否存在过失"及"诉讼期间孩子尸体突然腐败"等问题,先后 3 次把郑州市某医院推上法庭,并提出 500 余万元的索赔。这便是曾轰动全国的"七米账单"系列官司。

2002 年 2 月 26 日,河南省高级法院主持调解,"七米账单"医疗官司最终有了结果:陈某与郑州市某医院达成一揽子调解协议,某医院一次性给付陈某人民币 46 万元整,在陈某某诊疗问题上双方不再追究;同时,陈某对"七米账单案件"撤诉;"腐尸案"按郑州市中院判决某医院赔偿 4 万元执行。陈某某的遗体在调解书生效后 15 日内火化,某医院予以配合。其他事项,双方均不再以任何理由追究。至此,这一系列官司画上句号。

本案虽然以调解方式结案,但从某医院开出的7.5米长账单来看,过度医疗行为的存在是难以否认的。

八、医疗机构与过错推定

《侵权责任法》第五十八条规定:患者有损害,因下列情形之一的,推定医疗机构有过错:违反法律、行政法规、规章及其他有关诊疗规范的规定;隐匿或者拒绝提供与纠纷有关的病历资料;伪造、篡改或者销毁病历资料。

1.医疗机构的过错推定　本条是关于推定医疗机构有过错的三种情况的规定。根据本条规定,如果医疗机构违反法律、行政法规、规章及有关其他诊疗规范的规定,或者有伪造、篡改、销毁、隐匿、拒绝提供病历资料等行为的,可以直接推定医疗机构有过错。

第一,医疗机构违反法律、行政法规、规章及其他有关诊疗规范的规定,可以直接推定医疗机构有过错。这是利用违法推定过失的法理直接证明医疗机构及医务人员具有过错。这一规定可以有效地保护患者的利益。《侵权责任法》作出这一规定的原因在于,越来越多的法律法规针对医务人员的行为提出了法定注意义务的要求,相当多的诊疗规范也对医务人员的行为准则提出了要求,由此逐渐产生了过失推定规则,即医务人员的医疗行为只要违反了上述法定注意义务及行为准则,就被认为是有过失的,此时违法就被推定为过失。

第二,医疗机构伪造、篡改、销毁、隐匿或者拒绝提供与纠纷有关的病历资料的,可以直接推定医疗机构有过错。

病历资料对于查明医疗损害赔偿纠纷案件的事实具有非常重要的意义。实践中,除了拔错牙、手术时左右不分等少数情形外,判断医疗机构是否有过错,基本上要依赖于医疗鉴定,而进行医疗鉴定不可或缺的就是病历资料。

关于病历资料,《医疗机构病历管理规定》第五条规定,医疗机构应当严格病历管理,严禁任何人涂改、伪造、隐匿、销毁、抢夺、窃取病历。《医疗事故处理条例》第九条规定,严禁涂改、伪造、隐匿、销毁或者抢夺病历资料。

根据《医疗机构病历管理规定》第四条的规定,除了部分门(急)诊病历由患者自行保存以外,绝大部分的病历资料都保存在医疗机构。而在目前的一些诉讼中,医疗机构为了逃避责任而伪造、篡改、销毁、隐匿或者拒绝提供与纠纷有关的病历资料的行为时有发生。为了遏制这一现象,本条明确规定,医疗机构伪造、篡改、销毁、隐匿或者拒绝提供与纠纷有关的病历资料的,推定医疗机构有过错。

2.《侵权责任法》对现行医疗诉讼证明责任分配规则的改变　民事诉讼证明责任分配规则以"谁主张,谁举证"为一般原则。但《最高人民法院关于民事诉讼证据的若干规定》第四条的规定,使得医疗诉讼的证明责任分配规则成为特例之一,即适用举证责任倒置规则。由医方对其医疗行为与损害后果之间不存在因果关系及不存在医疗过错进行举证,如果医方举证不能,法院即可判决其承担败诉的不利后果。

另外,最高人民法院对举证责任倒置的含义做了如下解释:第一,患者应当承担初步的举证责任。在医疗侵权损害赔偿诉讼中,患者对其损害赔偿请求权的成立,负有初步举证责任。即原告应当首先证明其与医疗机构之间存在医疗服务合同关系,接受过被告医疗机构的诊断、治疗,并因此受到损害。第二,行为意义上的举证责任是可以转移的。如果患者对损害赔偿请求权成立的证明达到了表见真实的程度,证明责任就向医疗机构转移。医疗机构应当证明其医疗行为与损害结果之间不存在因果关系或者其医疗行为没有过错。如果医疗机构不能提出具有合理说服力、足以使人信赖的证据,医疗机构就要承担败诉的结果。

《侵权责任法》关于医疗损害责任的规定中,对举证责任倒置规则进行了限制,改变了原来的过错推定规则,采用了"谁主张,谁举证"的一般原则。即在一般情况下,对于医疗机构的过错由患者举证证明。只有本条规定的三种例外情形可以推定医疗机构存在过错。《侵权责任法》的上述规定,将有效遏制患者的滥诉行为,并且减少实践中存在的过度医疗和防御性医疗,最终降低所有患者的平均医疗费用。

刘某等与北京某医院医疗损害赔偿纠纷案。患者潘某因呼吸困难到医院急诊科就诊,后因患重症肺炎、感染中毒性休克、多器官功能衰竭,经抢救无效死亡。其近亲属刘某等人将北京某医院诉至法院。在诉讼中,原告对病历资料的真实性予以否认,北京某医院承认誊写护理记录事实,对原告提出的其他病历不真实的问题,亦没有令人信服的解释。上述情况的存在,导致医疗鉴定无法进行。据此,法院认为应该由北京某医院承担无法进行鉴定的后果,推定北京某医院存在过错并判决北京某医院赔偿原告刘某等各项损失共计64余万元。

练习题

1. 侵权责任的构成要素有哪些?
2. 侵权责任方式有哪些?
3. 医疗损害责任的构成要件有哪些?责任方式有哪些?
4. 医疗损害责任与一般侵权责任举证要求有何不同?
5. 医疗损害免责条件有哪些?
6. 简述医疗机构的过错推定。

(河南医学高等专科学校 陈可吟)

第九章 妇幼卫生与计划生育保健法律制度

学习要点

本章概述了妇幼卫生法制建设和妇幼卫生保健服务内容,为学习卫生法律制度和分析、解决卫生法律问题提供了基本原理和思维方法。

情境引入

某市居民王某于2003年4月30日在该市妇保健院做一个妇科小手术,导致子宫穿孔。实施手术者为张某,2001年大学毕业后到该院妇产科工作,2002年参加了全国医师资格考试,2003年底领到执业医师资格证书,但未进行医师注册,王某多次要求该医院及张某赔偿未果,2004年6月7日,王某向该市卫生局请求认定张某诊疗行为为非法行医。

第一节 妇幼卫生法律制度

一、概述

中国现有8.6亿妇女儿童,拥有世界上规模最大的妇女儿童群体。中国重视妇幼卫生法律法规建设。1994年10月全国人大常委会审议通过了《中华人民共和国母婴保健法》(以下简称《母婴保健法》),标志着中国妇幼卫生工作进入了法制化管理的新阶段。《母婴保健法》以《宪法》为依据,是保护妇女儿童健康的基本法,与《婚姻法》《妇女权益保障法》《未成年人保护法》《女职工劳动保护规定》等法律、法规共同为保护妇女儿童健康提供了法律依据。

(一)妇幼卫生法制管理的基本概念

1. 法律 法律是国家制定或认可的,由国家强制力保证实施的,以规定当事人权利和义务为内容的具有普遍约束力的社会规范。

广义的法律:是指法的整体,包括法律、有法律效力的解释及行政机关为执行法律而制定的规范性文件(如规章)。

狭义的法律:专指拥有立法权的国家权力机关依照立法程序制定的规范性文件。中国的十类主要部门法为宪法、行政法、民商法、刑法、经济法、诉讼法、劳动法、自然资源与环境法、军事法、科教文卫法。

2.卫生法 目前我国没有专门的卫生法,只有以公共卫生与医政管理为主的单个法律法规构成的一个相对完整的卫生法体系。医疗方面主要是由《中华人民共和国执业医师法》《医疗机构管理条例》及其实施细则、《护士条例》《中华人民共和国母婴保健法》及其实施办法、《中华人民共和国献血法》等法律、法规构成。卫生法不具有国际效力,不需要国际公认。

3.妇幼卫生法律 由国家制定或认可,并由国家强制力保证实施的,在调整保护妇女和儿童健康中形成的社会关系的法律规范的总和。

(1)基本法律 民法、刑法、诉讼法、国家赔偿法——公民基本生命健康权、公民基本医疗保障、医药卫生工作方针、政策、基本原则、医药卫生资源配置。

(2)卫生专门法律 《中华人民共和国传染病防治法》《中华人民共和国食品卫生法》《中华人民共和国职业病防治法》《中华人民共和国执业医师法》《中华人民共和国献血法》《人口与计划生育法》《母婴保健法》《国境卫生检疫法》《红十字法》等10余部。

(3)其他非基本法律 《中华人民共和国婚姻法》《中华人民共和国环境保护法》《中华人民共和国劳动法》《中华人民共和国残疾人权益保障法》《青少年保护法》《妇女权益保护法》等。

(二)妇幼卫生法制管理调整的对象

1.妇幼卫生组织关系 各级妇幼卫生行政机构和各级各类妇幼卫生机构及组织:医疗机构、疾病预防控制机构、卫生监督机构、妇幼保健机构、健康教育机构、卫生信息机构。

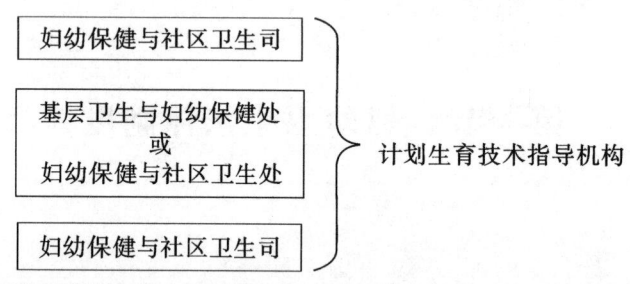

2.妇幼卫生管理关系 妇幼卫生管理关系就是国家妇幼卫生行政机关根据国家法律规定,对妇幼卫生工作进行的计划、组织、指挥、调节和监督等活动,以期达到控制和消灭疾病、提高妇女和儿童健康水平、为社会主义物质文明和精神文明建设服务的目的。

妇幼卫生管理关系包括国家妇幼卫生行政机关(既包括人民政府,也包括政府所属工作部门:地市卫生计生监督局、中医药管理局、食品药品监督管理局)、企事业单位[事业单位包括:疾病预防控制中心、卫生监督所、妇幼保健院(所)、健康教育所、血站、120急救中心、各级政府举办的医院、乡卫生院]、社会团体及公民形成的权利义务关系,为一种纵向的行政法律关系。可能表现为妇幼卫生行政职能管辖关系。如行政许可关系、行政处罚关系、行政赔偿关系、行政复议关系、卫生纠纷与诉讼关系等。

(1)卫生行政许可 书面申请,对申请的审核,许可证的发放,不符合条件的拒绝颁发并说明理由。

(2)卫生行政处罚　卫生行政机关依据卫生法规定,对违反卫生法的相对人所实施的一种行政法律制裁。依据中华人民共和国行政处罚和卫生行政处罚程序。

(3)卫生行政赔偿　是指卫生行政机关及其工作人员违法行使职权,侵害公民,法人或其他组织的合法权益并造成损害,由国家承担赔偿责任的制度。

(4)卫生行政复议　是指公民、法人或其他组织认为卫生行政机关的行政行为造成自己权益的损害,按照法定的程序和条件向作出该具体行政行为的上一级卫生行政机关提出申请,受理申请的行政机关对该具体的行政行为进行复查,并作出复议决定的活动。

国家妇幼卫生行政机关根据国家法律规定,对妇幼卫生工作进行的计划、组织、指挥、调节和监督等活动,以期达到控制和消灭疾病、提高妇女和儿童健康水平、为社会主义物质文明和精神文明建设服务的目的,包括国家妇幼卫生行政机关(既包括人民政府,也包括政府所属工作部门:各级卫生局、中医药管理局、食品药品监督管理局)、企事业单位,如事业单位包括疾病预防控制中心、卫生监督所、妇幼保健院(所)、健康教育所、血站、120急救中心、各级政府举办的医院、乡卫生院等,社会团体及公民形成的权利义务关系,为一种纵向的行政法律关系。可能表现为妇幼卫生行政职能管辖关系,如行政许可关系、行政处罚关系、行政赔偿关系、行政复议关系、卫生纠纷与诉讼关系等。包括妇幼卫生机构及组织的标准、准入、许可;药品、食品、血液制品、化妆品、保健品、医疗器械、生物材料等与健康相关产品的生产、销售及其标准、准入、许可的管理监督等。

如某县妇幼保健院对B型超声鉴定性别,要由县人口计生局、卫生局对其单位进行处罚。并且要对计划生育指导机构及妇幼保健机构进行监管。

3.妇幼卫生服务关系　指妇幼卫生行政机构、妇幼卫生业务机构及组织、有关企业事业单位、社会团体和公民向社会提供妇幼卫生服务,妇幼卫生设施服务等活动。

(1)"降低孕产妇死亡率、消除新生儿破伤风"项目,出生缺陷防治健康教育和社会宣传行动。

(2)实施妇女儿童疾病防治行动,加强乳腺癌、宫颈癌、白血病、先天性心脏病等重大疾病防治。

继续实施并逐步扩大农村妇女乳腺癌、宫颈癌检查及预防艾滋病、梅毒和乙肝母婴传播等重大公共卫生服务项目。

(3)继续实施扩大国家免疫规划项目。全面推行农村儿童白血病、先天性心脏病等重大疾病医疗保障工作,逐步扩大病种范围。这些都是妇幼卫生服务的一些具体的措施。

卫生设施:建设各区县疾控中心、区县卫生监督所和区县妇幼保健中心等基础卫生服务设施。

4.妇幼卫生技术人员管理关系　妇幼卫生技术人员管理关系是对妇幼卫生专业的执业医师、护士、药师、妇幼卫生监督人员及其他妇幼卫生技术人员进行合理配置和管理。

5.妇女和儿童生命健康保护关系

(1)生命权和健康权　包括妇女生育权利、医患权益的保护、妇幼医疗保障、初级卫生保健、妇幼疾病预防与控制、环境污染防治和儿童健康的关系。

(2)妇女权益保障法规定 第三十八条规定:妇女的生命健康权不受侵犯。禁止溺、弃、残害女婴;禁止歧视、虐待生育女婴的妇女和不育的妇女;禁止用迷信、暴力等手段残害妇女;禁止虐待、遗弃病、残妇女和老年妇女。生命健康权,是妇女重要的基本权利。

第四十六条规定:禁止对妇女实施家庭暴力。

6. 现代妇幼卫生与生命科学技术关系 生命科学技术:研究生命现象的科学。生命具有新陈代谢、生长、遗传、刺激反应等特征。这些特征是生命运动的具体反应。生命科学就是研究生命运动及其规律的科学。如DNA研究、生殖医学中遇到的问题。现代妇幼卫生中遇到的一些新的问题,都需要妇幼卫生法律不断调整、完善与规范。

7. 国际妇幼卫生关系 指由我国参加的国际公约和国际条例,并得到我国法律许可的有关国际共同遵守的,我国承诺的妇幼卫生法律关系。

二、妇幼卫生法制建设

妇幼卫生法律是通过禁止性规范、义务性规范、授权性规范3种形式来规范人们的行为的。授权性规范是规定主体享有某种积极行为的权利的法律规范。根据这类规范,主体既可以行使权利,也可以放弃权利。例如,《宪法》第五十八条规定,全国人民代表大会和全国人民代表大会常务委员会行使国家立法权。义务性规范是规定主体必须做出某种积极行为的法律规范。根据这类规范,主体必须履行自己的责任。禁止性规范是规定主体不许做出某种行为的法律规范。根据这类规范,主体必须禁止为某种行为。授权性规范是任意性规范,而义务性规范和禁止性规范都是强制性规范。

1. 妇幼卫生法制的规范作用 ①指引作用;②预测作用;③评价作用;④教育作用;⑤强制作用。

2. 妇幼卫生法律的社会作用 ①贯彻党的妇幼卫生政策,保证国家对妇幼卫生工作的领导;②保障妇女和儿童的生命健康;③促进经济发展,推动妇幼卫生事业的进步;④促进国际妇幼卫生合作与交流。

3. 宪法、卫生法、妇幼卫生法律的关系 三者都是调整妇幼卫生关系的法律规范,都对妇幼卫生事业起到规范作用,但三者又有区别。

(1)作用不同 宪法是国家的根本大法,卫生法是根据宪法基本原则制定的,是一切法律规范的总和。

(2)调整范围不同 宪法调整社会生活,国家事务的各个领域。卫生法调整与人类健康有关的社会关系,妇幼卫生法律调整与妇女和儿童有关的社会关系。

(3)效力不同 宪法作为国家的根本大法,与人类健康有关的一切活动必须遵守卫生法律,妇幼卫生法根据宪法原则而制定,与人类健康有关的一切活动必须遵守妇幼卫生法律,妇幼卫生法根据宪法、卫生法的原则制定,所有与妇女儿童健康有关的活动都必须遵守妇幼卫生法律。

三、妇幼卫生保健服务内容

妇女儿童健康状况反映了全民健康水平、生活质量和社会文明程度。加快妇幼卫生事业发展,对于提高全民族健康素质、促进经济发展、构建和谐社会具有重要意义。自国务院发布2001—2010年中国妇女儿童发展纲要以来,各级卫生行政部门紧紧围绕妇女儿童健康目标,认真贯彻《母婴保健法》,努力提高妇幼卫生服务水平,孕产妇、婴儿和5岁以下儿童死亡率持续下降,妇女儿童健康状况得到明显改善。

2000年9月,在联合国千年首脑会议上,世界各国领导人就消除贫穷、饥饿、疾病、文盲、环境恶化和对妇女的歧视,商定了一套有时限的目标和指标。即消灭极端贫穷和饥饿;普及小学教育;促进男女平等并赋予妇女权利;降低儿童死亡率;改善产妇保健;与艾滋病、疟疾和其他疾病做斗争;确保环境的可持续能力;全球合作促进发展。这些目标和指标被置于全球议程的核心,统称为千年发展目标(MDGs)。

2000年9月联合国首脑会议上由189个国家签署《联合国千年宣言》,正式做出此项承诺。时限为2015年,但是,受经济社会发展水平等诸因素制约,我国在保护和促进妇女儿童健康方面仍面临严峻挑战。

妇女儿童健康水平存在显著的城乡、地区和人群差异,妇幼卫生服务公平性和可及性亟待改善;降低孕产妇和5岁以下儿童死亡率的任务依然十分艰巨,必须大幅降低孕产妇死亡率方能如期实现联合国千年发展目标;出生缺陷、营养性疾病、心理疾患等已成为威胁妇女儿童健康的突出公共卫生问题;妇幼卫生服务能力与妇女儿童日益增长的健康需求不相适应,全面实现妇女儿童健康目标任重道远。

第二节 母婴保健法

一、指导思想

认真贯彻《母婴保健法》等法律、法规,深化医药卫生体制改革,以妇女儿童健康为中心,坚持儿童优先、母亲安全的宗旨,为妇女儿童提供安全、有效、便捷、优质的医疗保健服务,全面实现两纲提出的妇女儿童健康目标。

二、基本原则

1. 坚持以人为本,以维护妇女儿童健康权益为目的,以需求为导向,为妇女儿童提供规范的医疗保健服务。

2. 坚持以保健为中心,以保障生殖健康为目的,保健与临床相结合、面向群体、面向基层和预防为主的妇幼卫生工作方针。

3. 坚持统筹协调,分类指导,努力缩小城乡之间、地区之间、人群之间的妇女儿童健康差距,促进妇幼卫生事业与经济社会协调发展。

4. 坚持中西医并重,充分发挥中医药(民族医药)在妇女儿童医疗保健服务中的作用。

三、母婴保健机构的法律规定

1. 定义 是指依据《母婴保健法》开展母婴保健业务的各级保健机构及其他开展

母婴保健技术服务的机构。凡开展婚前医学检查、遗传病诊断、产前诊断、施行结扎手术和终止妊娠手术的医疗保健机构,必须经卫生行政部门的批准,获得《母婴保健技术服务执业许可证》。

2. **该机构具备条件** ①符合当地医疗保健机构设置规划;②具有《医疗机构执业许可证》;③符合《母婴保健专项服务基本标准》;④符合审批机关规定的其他条件。在医疗保健机构从事母婴保健技术服务及从事家庭接生的人员,应当参加母婴保健法知识培训和业务培训,取得《母婴保健技术考核合格证书》和《家庭接生技术合格证书》后方可从业。各类许可证有效期3年期满后重新申请。中华人民共和国国家卫生健康委员会(国务院卫生行政部门)主管全国母婴保健工作,对全国母婴保健工作实施管理。县级以上卫生行政部门管理本行政区域内的母婴保健工作。县级以上卫生行政部门应当设立母婴保健监督员。主要由卫生行政部门聘任,根据需要也可在妇幼保健院中选聘。母婴保健员由同级卫生行政部门审核认证并报上级卫生行政部门备案。

四、婚前保健和孕产期保健的法律规定

(一)婚前保健的法律规定

1. **定义** 婚前保健服务是指对准备结婚的男女双方,在结婚登记前所进行的婚前医学检查,婚前卫生指导和婚前卫生咨询服务。

2. **内容**

(1)婚前卫生指导 是指对准备结婚的男女双方进行的以生殖健康为核心,与结婚和生育有关的保健知识的宣传教育。

(2)婚前卫生咨询 包括婚配、生育保健等问题的咨询。

(3)婚前医学检查 主要是对男女双方可能影响生育和结婚的疾病进行医学检查。包括严重遗传性疾病、指定传染病、有关精神病的检查。

3. **婚前医学检查** 据卫生部统计,2001年,全国实际参加婚检人数879万人,检出对婚姻有影响的传染病患者14万人,其中性传播疾病20 000余人,艾滋病病毒携带者和艾滋病患者84人,精神病患者15 000多人,严重遗传疾病患者6 500人。2002年婚检的疾病检出率则达9.29%,主要以生殖系统、内科疾病和传染性疾病为主,这一数字意味着每10对新人中就有1对因健康原因应暂缓结婚、不宜结婚、不宜生育等。2003年10月施行《婚姻登记条例》后全国婚前保健工作受到严重影响,婚检人数急速下降,只有以前的1/10。

4. **具体内容**

(1)全身检查 了解心、肺、肝、肾等重要脏器有无异常。

(2)生殖器检查 隐私权是受到保护的。

(3)辅助检查 常规必检项目有血常规、尿常规、乙肝表面抗原、快速转氨酶和梅毒初筛的快速血浆反应素环状卡片试验。其他特殊检查包括询问病史、物理检查和实验室等常规检查,根据结果进一步选用其他各种辅助检查,如染色体核型分析、激素测定、活组织病理检查、B型超声等。

福建省每百名新人中仅8人婚检。虽然有关方面全力以赴,但河南省的婚检率仍

不高,2006年的数据显示:每100名新人中,仅8人婚检。据介绍,自2003年10月实施新的《婚姻登记条例》自愿婚检以来,全国的婚检率由2003年的78.65%急剧下降到1.16%。我省也不例外,从78.05%下降到2004年的1.18%,个别地方甚至向零婚检逼近。

随着婚检率的直线下降,孕产妇性传播疾病患病率、妊娠并发症、出生缺陷发生率等都明显上升。这引起了有关部门的高度重视,并开始尝试开展免费婚检或补助婚检,经过多方不断努力,2006年我省的婚检率终于缓慢回升到了8.08%。

数据显示,2003年以后,我省出生缺陷发生率由2003年的0.97%升高到2006年的1.40%。全省每年有近5 000例肉眼可见的,尤其是神经管畸形等必须在婚前(孕前)加以干预的缺陷儿出生。同时,近年来全省孕产妇死亡监测显示,孕期内外科合并症死亡由原来的1/4~1/3上升到2/5以上,最高的达到1/2。

"认为2003年新《婚姻登记条例》中把'必须'变为'自愿',就是不需要婚检,这个观念是错的。"省委宣传部副部长马照南表示,要认真贯彻省政府召开的"全省倡导推行科学婚检,加强出生缺陷干预能力建设现场会"精神,实现《福建省妇女儿童发展纲要(2001—2010年)》中婚检率到2010年达到95%的目标。

拒绝婚检的理由:不愿花费时间、认为婚检没效果、对婚检过程恐惧、不想暴露隐私、觉得自己身体很好、怕相互间不信任、认为婚检费用过高、没必要在婚前考虑生育的事、常规体检可以替代婚检、婚检机构的服务态度和服务质量差十种。

支持婚检理由:几百元,比大办酒席、拍几千元的结婚照花得更值当;发现隐瞒病情者,减少畸形儿的数量。

(二)孕产期保健的法律规定

1. 定义 孕产期保健服务指从怀孕开始到产后42天内为孕产妇及胎儿、婴儿提供的医疗保健服务。医疗保健机构应当为育龄妇女和孕产妇提供孕产期保健服务。在孕产期保健工作中,医疗保健机构对患严重疾病或者接触致畸物质,妊娠可能危及孕妇生命安全或者可能严重影响孕妇健康和胎儿生长发育的,应当予以医学指导。

2. 内容

(1)母婴保健指导 如何孕育健康后代。

(2)孕产妇保健 如定期进行产前检查,为孕妇提供卫生、营养、心理等方面的医学指导和咨询、为孕产妇提供安全分娩技术服务等。

(3)胎儿保健 为胎儿生长发育提供监护,提供咨询和医学指导。

(4)新生儿保健 如开展新生儿先天性、遗传性代谢病筛查、诊断和监测,作好婴儿多发病、常见病防治等医疗保健服务。

3. 必要性 经产前诊断,有以下情况的能够向夫妻双方提出终止妊娠医学意见:①胎儿患有严重遗传性疾病;②胎儿有严重缺陷;③有严重疾病,继续妊娠可能危及孕妇生命或健康。在出具新生儿出生证明时,有产妇和婴儿死亡及新生儿有缺陷情况时,应向卫生部门报告。

目前,我国艾滋病和其他传染性疾病流行形势严峻,感染者和患者呈逐年上升趋势,母婴传播作为许多疾病的传播途径之一,应该引起我们的高度重视。

4. 严禁采用技术手段对胎儿进行性别鉴定 ①严禁利用超声技术和其他技术手段进行非医学需要的胎儿性别鉴定;严禁非医学需要的选择性别的人工终止妊娠。

②对怀疑胎儿可能为伴性遗传病,需要进行性别鉴定的,由省级卫生行政部门指定的医疗保健机构按规定进行。

5.**患有伴性遗传疾病的男性应选择胎儿性别** 本来生男生女都是一样的,但由于有男性患有伴性遗传疾病,所以妻子怀孕后需对胎儿的性别加以选择,以利于优生。

目前人类共有190多种伴性遗传隐性疾病,如白发病、色盲、肾性尿崩症等;有十多种伴性遗传显性疾病,如佝偻病、遗传性慢性肾炎等。隐性遗传多数是母传子,显性遗传全为父传女。因此,要根据男性所患遗传病的种类来决定胎儿的性别。例如血友病是伴性遗传隐性疾病,如果患病男性与正常女性结婚,则所生男孩正常,所生女孩为致病基因携带者,这样的夫妇应生男孩。与隐性遗传相反,患有遗传显性疾病的男性与正常的女性结婚,所生女孩有病,男孩正常。可见,伴性遗传病的遗传是有规律可循的,应在医生指导下慎重选择胎儿的性别,以避免新的遗传病儿出生。

五、母婴保健医学技术鉴定

1.**定义** 为了保障公民的合法权益,母婴法规定公民对婚前医学检查、遗传病诊断和产前诊断所提出的医学意见持有异议时所进行的医学技术鉴定。

2.**医学技术鉴定组织** 省、市、县级人民政府应当分别设立母婴保健医学技术鉴定组织,统称母婴保健医学技术鉴定委员会,分为省、市、县三级办事机构设在同级妇幼保健院内,负责其日常工作;其组成人员,由卫生行政部门提名,同级人民政府聘任,其名单应当报上级卫生行政部门备案;从事医学技术鉴定人员的条件是:①有临床经验;②有医学遗传学知识;③有主治医师以上的专业技术职务。

3.**医学技术鉴定的申请** 当事人对相关结果有异议需进一步确诊的,可以在接到检查或诊断结果之日起15天内向所在地县级或设区的市级母婴保健医学技术鉴定委员会提出书面鉴定申请,然后由5名以上相关专业医学技术鉴定委员会成员参加。

六、法律责任

1.**行政责任** 两种情形:一种是未取得国家颁发的有关合格证书的,有下列行为之一,县级以上地方人民政府卫生行政部门应当予以制止,并可以根据情节给予警告或者处以罚款:第一,从事婚前医前检查、遗传病诊断,产前诊断或者医学技术鉴定的;第二,施行终止妊娠手术的;第三,出具有关医学证明无效。另一种是经考核取得相应合格证书的,出具虚假医学证明文件的,依法给予行政处分;有下列情形之一的,撤销相应资格证书:第一,因延误诊治,造成严重后果的;第二,给当事人身心健康造成严重后果的;第三,造成其他严重后果的。

2.**民事责任** 母婴保健工作人员在诊疗护理过程中,因诊疗护理过失造成病员死亡、残废、组织器官损伤导致功能障碍的,应根据《医疗事故处理条例》及《中华人民共和国民法通则》有关规定承担相应的民事责任。

3.**刑事责任** 包括取得相应合格证书的从事母婴保健工作的工作人员的刑事责任;未取得《母婴保健法》规定的有关合格证书的人的刑事责任。

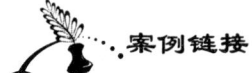

被告人王某,女,从医35年。系某工厂劳动服务公司退休医生,受聘于一小区门诊所行医。2005年12月6日上午,王某在该诊所为产妇刘某接生(自然分娩),胎儿出生时没有呼吸,为死胎。后产妇刘某称自己胸闷,经被告人王某等人抢救无效,于中午1时30分死亡。经法医学司法鉴定中心鉴定结论为:胎儿系因脐带绕颈及生产过程在母体宫颈口停留较长时间引起窒息死亡;产妇刘某系肺羊水栓塞引起呼吸、循环功能衰竭而死亡。2006年4月18日,某区人民检察院认为:被告人王某无《执业医师执业证》为孕妇接生,致母、婴死亡,随后以非法行医罪对被告人王某提起公诉。

第三节 人口与计划生育法

一、概述

人口与计划生育法是指调整实现人口与经济、社会、资源、环境的协调发展,保障公民计划生育的合法权益,促进家庭幸福、民族团结与社会进步活动中产生的各种社会关系的法律规范的总称。

20世纪50年代起,党和国家就开始提倡计划生育。1982年9月控制人口数量,提高人口素质是我国的一项基本国策。1991年提倡晚婚晚育,少生优生,提倡一对夫妻只生育一个孩子。2001年12月29日会议通过了《中华人民共和国人口与计划生育法》(以下简称《人口与计划生育法》),国务院修订颁发《计划生育技术服务管理条例》2002年9月1日起实施。

(一)人口与计划生育法的主要内容

生育政策是《人口与计划生育法》的核心内容。

《人口与计划生育法》中对生育政策所做的规定:一是规定了国家稳定现行生育政策,国家立法对现行基本生育政策既没有收紧,也没有放宽;二是授权各省、自治区、直辖市人民代表大会或者其常务委员会,依据国家的生育政策,结合当地实际,对本省、自治区、直辖市的具体生育政策,包括少数民族的生育政策,根据本地实际作出规定,使地方法规与《人口与计划生育法》相衔接。对于公民来说,现行的生育政策并没有改变。在生育政策的执行上,仍应遵守所在省、自治区、直辖市计划生育条例的具体规定,这一点与《人口与计划生育法》颁布前没有改变。

《人口与计划生育法》规定:不符合本法第十八条规定生育子女的公民,应当依法缴纳社会抚养费。这一规定,一是界定了不符合规定的生育行为是违法行为;二是界定了公民不履行计划生育义务、违法生育后必须承担法律责任,而不是缴纳社会抚养费就可以违法生育。因此,一些群众在信访中所提的"缴纳了社会抚养费就可以合法地生育第二个子女"的说法是不正确的。

20世纪90年代,对公民违反法规规定的生育行为征收计划外生育费,其性质属于补偿性的行政收费。2000年3月,《中共中央、国务院关于进一步加强人口与计划生育工作,稳定低生育水平的决定》中明确规定:在现阶段,对违反计划生育政策的家庭征收社会抚养费,给予必要的经济制约。据此,财政部、国家计生委已联合下发文件,要求各地将计划外生育费更名为社会抚养费。设置社会抚养费的目的在于运用经济制约手段和措施,达到抑制人口过快增长,有计划开发、利用社会资源的调节作用,最终减轻人口对经济、社会发展、资源利用和环境保护的压力。依照《宪法》和有关法律、法规,实行计划生育是公民应履行的义务。公民不履行法律规定的义务将被追究相应的法律责任。

《人口与计划生育法》不仅对征收社会抚养费作出了具体规定,而且对未在规定期限内足额缴纳社会抚养费的,又作出了加收滞纳金的规定。对仍不缴纳的,还作出了关于由法院强制执行的规定。并规定了发生违法生育、按照规定缴纳了社会抚养费的人员,是国家工作人员的,依法给予行政处分(包括警告、记过、记大过、降级、撤职、开除等);是其他人员的,由其所在单位或者组织给予纪律处分。不履行协助计划生育管理义务的社会团体、企业事业组织和公民,由上级或本级行政部门、国家机关、社会团体、企业事业组织等,对其直接负责的主管人员和其他直接负责人员依法给予行政处分。此外,对于违法生育的党员,按照组织部门的规定给予党纪处分。这些规定足以说明,征收社会抚养费决不意味有钱就可以多生孩子。

《人口与计划生育法》授权国务院制定社会抚养费的征收管理办法。在社会抚养费的征收管理办法颁布并施行之前,各地仍按照本省、自治区、直辖市现行的《计划生育条例》和有关规定中的规定,对违法生育者征收计划外生育费或者社会抚养费。

(二)流动人口计划生育工作管理规定

《流动人口计划生育工作管理办法》(1998年9月22日国家计划生育委员会第1号令发布,已废止)是为了加强流动人口计划生育管理工作,维护流动人口的合法权益,有效地控制人口增长而制定的办法。流动人口是在中国户籍制度条件下的一个概念,指离开了户籍所在地到其他地方居住的人口,但目前尚无明确、准确和统一的定义。国际上,类似的群体被称为"国内移民"。人口流动主要是由农村流向城市,由经济欠发达地区流向经济发达地区,由中西部地区流向东部沿海地区。

为了加强流动人口计划生育管理工作,维护流动人口的合法权益,有效地控制人口增长,国家制定了《流动人口计划生育工作管理办法》。这个办法适用于现居住地不是户籍所在地,异地从事务工、经商等活动或者以生育为目的异地居住,可能生育子女的已婚育龄人员(以下简称已婚育龄流动人口)。地方各级人民政府统一领导本行政区域内流动人口计划生育管理工作,组织、协调有关部门对流动人口计划生育工作实行综合管理并提供必要的保障。

地方各级人民政府应当将流动人口计划生育管理纳入本行政区域内人口和计划生育工作目标管理责任制。国务院计划生育行政管理部门负责全国的流动人口计划生育管理工作。县级以上地方各级人民政府计划生育行政管理部门负责本行政区域内流动人口计划生育管理工作。县级以上人民政府公安、工商行政管理、劳动就业、卫生、房产管理等行政部门应当配合同级计划生育行政管理部门,在各自的职责范围内做好流动人口计划生育管理和服务工作。流动人口的计划生育工作由其户籍所在地和现居住地的地方人民政府共同管理,以现居住地管理为主。流动人口现居住地的地方人民政府负责对流动人口计划生育工作的日常管理,并将流动人口计划生育工作纳入当地计划生育管理。成年流动人口在离开户籍所在地前,应当凭合法的婚姻、身份证件,到当地县级人民政府计划生育行政管理部门或者乡(镇)人民政府、街道办事处办理婚育证明。

婚育证明的内容应当包括姓名、性别、年龄、婚姻状况、居民身份证号码、生育状况、落实节育措施状况、计划生育奖罚情况等。成年流动人口到现居住地后,应当向现居住地的乡(镇)人民政府或者街道办事处交验婚育证明。现居住地的乡(镇)人民政府或者街道办事处查验婚育证明后,应当依照本办法第二条的规定,对已婚育龄流动人口予以登记,并告知其接受当地乡(镇)人民政府或者街道办事处的管理;婚育证明不完备的,应当要求补办。

流动人口现居住地的乡(镇)人民政府或者街道办事处应当向其中的已婚育龄流动人口进行人口与计划生育宣传,并组织有关单位向育龄夫妻提供避孕节育措施服务。有关部门审批成年流动人口的暂住证、营业执照、务工许可证等证件时,应当核查其现居住地的乡(镇)人民政府或者街道办事处查验过的婚育证明,并将审批结果通报其现居住地的乡(镇)人民政府或者街道办事处;没有婚育证明的,不得批准。

与已婚育龄流动人口形成劳动关系的用人单位和个人应当负责被招用的已婚育龄流动人口的计划生育管理工作,并接受其现居住地的乡(镇)人民政府或者街道办事处和县级以上地方人民政府计划生育行政管理部门监督检查。向已婚育龄流动人口出租或者出借房屋的房主,应当配合其现居住地的乡(镇)人民政府或者街道办事处做好已婚育龄流动人口计划生育管理工作。已婚育龄流动人口申请在现居住地生育子女的,应当在其户籍所在地的县级人民政府计划生育行政管理部门或者乡(镇)人民政府、街道办事处按照当地有关规定办理生育证明材料。已婚育龄流动人口可以凭其户籍所在地的县级人民政府计划生育行政管理部门或者乡(镇)人民政府、街道办事处出具的生育证明材料,在现居住地生育子女。已婚育龄流动人口现居住地的乡(镇)人民政府或者街道办事处应当与其户籍所在地的乡(镇)人民政府或者街道办事处建立联系,并将已婚育龄流动人口的避孕节育情况向其户籍所在地的乡(镇)人民政府或者街道办事处通报。已婚育龄流动人口也可以自行将其现居住地的乡(镇)人民政府或者街道办事处出具的避孕节育情况证明寄回其户籍所在地的乡(镇)人民政府或者街道办事处。已婚育龄流动人口户籍所在地的乡(镇)人民政府或者街道办事处在了解已婚育龄流动人口避孕节育情况后,不得再要求其回户籍所在地接受避孕节育情况检查。

对已婚育龄流动人口中独生子女的父母的奖励,由其户籍所在地的乡(镇)人民政府或者街道办事处按照本省、自治区、直辖市的有关规定办理。已婚育龄流动人口计划生育情况统计,按照国家有关规定办理。已婚育龄流动人口的节育手术费,有用工单位的,由用工单位负担;无用工单位的,先由本人支付,凭其现居住地的乡(镇)人民政府或者街道办事处证明,由本人在其户籍所在地的乡(镇)人民政府或者街道办事处报销。在已婚育龄流动人口计划生育管理工作中做出显著成绩的单位和个人,由当地人民政府和计划生育行政管理部门给予奖励。

对已婚育龄流动人口计划生育工作不负责任，未达到计划生育工作目标的单位和个人，由当地人民政府和有关部门按照本省、自治区、直辖市有关规定予以处理。已婚育龄流动人口违反计划生育规定的，由其现居住地或者户籍所在地的乡（镇）人民政府、街道办事处或者计划生育行政管理部门按照本省、自治区、直辖市的有关规定予以处理。已婚育龄流动人口因违反计划生育规定在一地受到处理的，在另一地不因同一事实再次受到处理。

伪造、出卖或者骗取婚育证明的，由县级以上地方人民政府计划生育行政管理部门给予警告，可以并处 1 000 元以下罚款；有违法所得的，没收违法所得，可以并处违法所得 3 倍以下的罚款；构成犯罪的，依法追究刑事责任。不按照规定办理婚育证明，经其现居住地的计划生育行政管理部门通知后，逾期仍拒不补办或者拒不交验婚育证明的，由其现居住地的县级以上地方人民政府计划生育行政管理部门给予警告，可以并处 500 元以下的罚款。拒绝为成年流动人口办理婚育证明或者为其出具假证明的，由当地县级以上地方人民政府计划生育行政管理部门责令改正，并可以建议有关部门对直接责任人员依法给予行政处分。

县级以上地方人民政府公安、工商行政管理、劳动就业、卫生、房产管理等行政部门工作人员审批成年流动人口有关证件时，不查验婚育证明或者明知无婚育证明而予以批准的，依法给予行政处分。

与已婚育龄流动人口形成劳动关系的用人单位和个人拒不履行流动人口计划生育管理职责的，由当地县级以上地方人民政府计划生育行政管理部门给予警告，可以并处 1 000 元以下的罚款。

本办法规定的已婚育龄流动人口婚育证明格式，由国务院计划生育行政管理部门统一规定。

本办法自 1999 年 1 月 1 日起施行。1991 年 12 月 26 日国务院批准，国家计划生育委员会发布的《流动人口计划生育管理办法》同时废止。

（三）对实行计划生育夫妻奖励措施的规定

《人口与计划生育法》规定，国家对实行计划生育的夫妻，按照规定给予奖励。自愿终生只生育一个子女的夫妻可以享受国家规定的休假，同时，地方人民政府给予奖励。

（四）对计划外生育子女的公民实行经济限制的规定

社会抚养费是指为调节自然资源的利用和保护环境，适当补偿政府的社会事业公共投入的经费，而对不符合法定条件生育子女的公民征收的费用。社会抚养费属于行政性收费，具有补偿性和强制性的特点。2002 年，在国务院颁布的《社会抚养费征收管理办法》中，对征收社会抚养费问题作出了规定，授权省级政府确定社会抚养费的征收标准，并把直接征收社会抚养费的权力下放至乡（镇）人民政府或街道办事处。截至 2013 年 12 月底，已有 24 省份公开了 2012 年社会抚养费征收额，总计超过 200 亿元。2014 年 11 月 27 日第 12 届全国人大代表、惠州市旅游局局长黄细花等 6 名全国人大代表联名向全国人民代表大会发出建议书，建议取消征收社会抚养费。

二、法律责任

违反《人口与计划生育法》的规定，有下列行为之一的，由计划生育行政部门或者卫生行政部门依据职权责令改正,给予警告,没收违法所得;违法所得10 000元以上的,处违法所得2倍以上6倍以下的罚款;没有违法所得或者违法所得不足10 000元的,处10 000元以上30 000元以下的罚款;情节严重的,由原发证机关吊销执业证书;构成犯罪的,依法追究刑事责任:①非法为他人施行计划生育手术的;②利用超声技术和其他技术手段为他人进行非医学需要的胎儿性别鉴定或者选择性别的人工终止妊娠的;③实施假节育手术、进行假医学鉴定、出具假计划生育证明的。

第三十七条规定:伪造、变造、买卖计划生育证明,由计划生育行政部门没收违法所得,违法所得5 000元以上的,处违法所得2倍以上10倍以下的罚款;没有违法所得或者违法所得不足5 000元的,处5 000元以上20 000元以下的罚款;构成犯罪的,依法追究刑事责任。

以不正当手段取得计划生育证明的,由计划生育行政部门取消其计划生育证明;出具证明的单位有过错的,对直接负责的主管人员和其他直接责任人员依法给予行政处分。

第四节　疫苗接种的法律规定

一、预防接种的概述

预防接种是把疫苗(用人工培育并经过处理的病菌、病毒等)接种在健康人的身体内,使人在不发病的情况下产生抗体,获得特异性免疫。例如,接种卡介苗预防肺结核,种痘预防天花等。

目的:根据疾病预防控制规划,按照国家和省级规定的免疫程序,由合格的接种单位和接种人员给适宜的接种对象进行接种疫苗,以提高人群免疫水平,达到预防和控制针对传染病发生和流行的目的。

季节性:有些疫苗的接种时间与当地发病季节有关,比如流脑、乙脑、流感在南方和北方有明显的流行病学的差异。根据疫苗接种后一般1个月左右就可以有足够的抗体产生,所以接种时间往往定在可能流行的前1~2个月。

作用:只有严格按照合理程序实施接种,才能充分发挥疫苗的免疫效果,才能使接种者获得和维持高度免疫水平,逐渐建立完善的免疫屏障,有效控制相应传染病的流行。

1.疫苗分类管理制度

(1)疫苗使用要有计划性,根据每月接种日安排,准确合理地制定用苗计划。

(2)疫苗使用应遵循"足量、适量"的原则,既不能紧缺也不能浪费。

(3)疫苗领发手续要完备,使用要有详细登记,包括名称、规格、批号、效期、产地、领苗日期及数量等,账目要清楚,账物要相符。

(4)疫苗领用一般每月1次,接种门诊用苗有剩余时,如冷藏条件具备,在有效期内转下次使用。

(5)疫苗使用应严格执行有关规定,活疫苗开启半小时,灭活疫苗开启1小时,即应废弃。

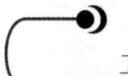

(6)疫苗应按规定的温度贮存和运输。

(7)疫苗应由专人管理,按品名、批号效期,分类整齐存放,短效期先用,长效期后用。

(8)接种现场要求一苗一冷藏,即一个冷藏包只冷藏一种疫苗及其稀释液。

疫苗管理人员应掌握疫苗管理相关法律、法规和贮藏、养护等方面知识,并经过相关培训方可上岗。

2.疫苗采购计划　单位应当根据预防接种工作的需要,制定第二类疫苗的购买计划,计划应包括疫苗的品种、数量、供应渠道与供应方式等内容,提前1个月上报。

3.疫苗采购

(1)必须从市疾病预防控制中心采购疫苗。

(2)接收或购进的疫苗应有法定的批准文号、批签发检验报告书、生产批号、有效期和生产日期;购进进口疫苗的,还应当提供进口药品通关单复印件,并加盖企业印章的证明文件,并保存至超过疫苗有效期2年备查。

(3)接收疫苗或购进疫苗时,应查看疫苗的冷藏条件。在规定的冷链要求下运输的疫苗,方可接收。

(4)认真做好疫苗购进验收记录,切实做到票、账、货相符。购进数量、供货单位、购货日期、质量情况(温度)及验收人签名等。购进验收记录的填写,必须真实、完整,不可漏项,并妥善保存2年备查。

4.疫苗贮藏与运输

(1)应设有独立的疫苗贮藏室,与生活等区域分开;环境应卫生、整洁、明亮;设有相应的冷藏、防潮、防辐射、防鼠、防盗等设施设备,并达到疫苗贮藏规定的温度。

(2)拆零疫苗应保留原包装及标签,不得同其他拆零疫苗混放。

(3)疫苗应按品种、批号分类码放,并按照失效期长短、进库先后,有计划地分发,分发时应按规定填写出库记录。

(4)报废疫苗需分开存放,并设明显标志。

(5)发现假劣疫苗或质量可疑的疫苗,应当及时报当地药监部门,不得继续销售、使用或做退、换货和销毁处理。

二、接种单位的管理制度

接种单位应当具备下列条件:①具有医疗机构执业许可证件;②具有经过县级人民政府卫生主管部门组织的预防接种专业培训并考核合格的执业医师、执业助理医师、护士或者乡村医生;③具有符合疫苗储存、整理运输管理规范的冷藏设施、设备和冷藏保管制度;④承担预防接种工作的城镇医疗卫生机构,应当设立预防接种门诊。

三、儿童预防接种证制度

儿童预防接种证管理制度:

1.国家对儿童实行预防接种证制度。在儿童出生后1个月内,其监护人应当到儿童居住地预防接种门诊办理预防接种证。

2.全县各预防接种门诊统一使用哈尔滨市卫生局印制的"哈尔滨市儿童预防接

种证",其他任何单位和个人不得擅自印制或使用其他版式接种证。

3. 预防接种证按照受种者的居住地实行属地化管理。设有产科接种点的医疗卫生单位,要告知新生儿监护人及时到居住地预防接种门诊建立预防接种证。

4. 预防接种门诊必须按规定为适龄儿童建立预防接种证,作为儿童预防接种的凭证、记录和证明;同时,做好其他适龄人群预防接种的记录工作。

5. 户籍在外地的 7 岁及以下儿童居住本地时间在 3 个月及以上,由居住地的预防接种门诊及时建立预防接种卡(簿),无预防接种证者需同时建立预防接种证。

6. 接种单位对适龄儿童实施预防接种时,应当查验预防接种证,并按规定做好记录。

7. 预防接种证由实施接种工作的人员填写。书写工整、文字规范、填写准确、齐全,时间(日期)栏(项)填写均以公历为准。

8. 预防接种门诊在儿童入托、入学时,应配合托幼机构、学校查验预防接种证。未按时建立预防接种证或预防接种证遗失者应给予及时补办。

9. 预防接种证由儿童家长或其监护人保管,接种单位应在接种证上加盖公章。

10. 应及时录入儿童预防接种信息,并按照规定,将完成基础免疫信息库中的接种资料以书面形式进行备份。

四、预防接种异常反应的处理

1. 一般反应和加重反应　这是由于制品本身的特性引起的反应,其性质和强度随制品而异。最常见的是发热反应、局部的红肿反应或种痘后的发痘反应等。加重反应只是一般反应的加重或发生的比例略多一些,均属正常反应。

2. 异常反应　指同一批制品同时接种很多人,只在极个别人中发生的一类反应。其特点为:①与制品的种类有一定联系,但只发生于个别人(与受种者体质有关);②反应性质、临床表现与一般反应不同;③反应程度比较严重,必须及时就医诊治。

五、处理办法

1. 偶合事故　虽不属于反应,但在大规模接种工作中偶尔也会遇到。本办法着重于异常反应和事故的处理。

2. 建立诊断小组　在省、市、自治区卫生计生监督委员会领导和组织下建立预防接种反应诊断小组,由各省、市、自治区卫生防疫站、有关医院和制品的生产单位组成,对于难以确诊或病情严重的病例进行讨论和鉴定。地、县也可组织类似小组。

3. 处理程序

(1)接种单位于每次预防接种后应及时了解接种反应和事故的发生,一旦发现接种后异常反应和事故,接种单位应及时做登记逐级上报。如为一般的异常反应(如晕厥、荨麻疹等)可在基层医疗机构或县级医院就诊并报告卫生防疫站。

(2)各级医疗单位在诊治过程中凡遇与预防接种有关的病例,诊断必须慎重,必要时可进行病历讨论或会诊。如认为可能是预防接种反应,应先和当地卫生防疫站联系,共同研究分析反应情况或通过预防接种诊断小组诊断后,再向家属说明,在未明确之前,不在口头上或病史上向家属说明是接种反应。

(3)凡属预防接种后异常反应或事故,各级医疗防疫部门必须及时诊治或立即组织抢救,并上报县、市卫生防疫站认真进行调查分析,以确定性质后加以妥善处理。

(4)凡是严重的异常反应或同时发生多起的异常反应,必须经当地县、市级以上医疗、防疫部门共同讨论确诊。如难以确诊,病情又在继续发展,可由当地卫生主管部门报请上一级卫生主管部门会同有关医疗、防疫和生产部门组织会诊或通过预防接种反应诊断小组作出鉴定。

(5)如发生严重的接种事故或同时发生多起,当地卫生行政部门应组织医疗、防疫、生产等有关单位迅速进行观察治疗和组织调查并将事故详细经过及使用的制品名称批号迅速逐级上报上一级防疫部门和向当地党政领导汇报。根据事故性质和不同情节对造成事故的单位和个人应追究责任,严肃处理。

(6)接种后发生原因不明的死亡病例,应立即报请当地卫生行政部门,组织各有关单位进行调查研究,应进行尸体解剖查明死亡原因,予以处理。

4.经费

(1)异常反应 经会诊或鉴定后如确属预防接种引起的异常反应,所需医药费用除公费、劳保报销外,剩余部分可酌情在当地卫生事业经费内开支。

(2)加重原有疾病或急性发作 原有慢性心、肝、肾等疾病,如确因接种后引起症状加重或急性发作者,其医药费用除公费、劳保报销外可在当地卫生事业经费内做一次性报销至症状缓解时止。

(3)接种事故 由于生物制品质量和预防接种使用时的差错或污染所造成的事故,其医药费用由造成事故的单位负责,如街道(里、弄)卫生站或大队合作医疗室确有困难,经县、市卫生防疫部门核实后可酌情在当地卫生事业经费内开支。

5.偶合其他疾病 如经会诊或预防接种反应鉴定委员会鉴定后,不属于预防接种反应的偶合病例,由诊治的医疗单位负责向患者及其亲属说明原因进行解释。如患者或其亲属无理取闹时,其所在单位组织应配合进行说服教育,经再三劝告不听并造成严重后果者,可报请当地司法机关处理。

6.发现接种后异常反应和事故 各级卫生防疫部门必须做好登记和统计工作。县、市卫生防疫站应及时进行调查并填写预防接种异常反应和事故调查表,于每种疫苗接种工作结束后上报省、市、自治区卫生防疫站,省、市、自治区卫生防疫站将严重反应上报卫生部并抄送制造该生物制品的单位和卫生部生物制品检定所。

六、法律责任

1.法律责任 因疫苗的预防接种损害而产生的法律责任,可分为两类,一类是赔偿责任,系指疫苗产品不合格或疫苗生产者、经营者、接种者存在过失而引起的人身损害,实行谁有过失,谁赔偿的原则,但对于疫苗产品不合格而引起的赔偿责任,可由经营者、接种者先行赔偿,然后向不合格疫苗之生产者进行追偿;另一类是指补偿责任,系指生产者、经营者、接种者、受害人等各方均无过失,而由疫苗的自身理化生物特性而引起的人身损害,此类损害法律称之为预防接种异常反应,对预防接种引起的异常反应,区分一类疫苗即国家计划内疫苗和二类疫苗即公民自愿自费接种疫苗,前者由国家财政负担补偿,后者由疫苗生产企业负担补偿。

2.赔偿原则 对于赔偿责任,国家实行全面补偿原则,即受害人在法律上有多少损失,侵害人就承担多大赔偿责任,赔偿依据包括《侵权责任法》和相关的人身损害司法解释,赔偿项目包括医疗费、死亡赔偿金、残疾赔偿金、住院伙食补助费、交通费、营养费、精神损失费等;对于补偿责任,国家实行限制补偿原则,包括最高额限制和赔偿项目限制,具体的补偿标准和项目,由《疫苗流通和预防接种管理条例》授权各省级政府自行制定。

3. 各省市赔偿标准 综观全国各省级政府截至目前制定的补偿办法,除了均无精神损害抚慰金外,其余标准和项目亦相差甚大。以预防接种异常反应引起的死亡为例:北京市规定,死亡补偿费按发生异常反应的上一年度的人均可支配收入乘以20年为基准,与《侵权责任法》相同。而上海市则规定,受种者不满6周岁的,死亡补偿金按人均可支配收入6倍计算;四川省规定,3周岁以下,死亡补偿金为5年。关于最高额限制,各地也是五花八门,如上海市规定,造成一级残疾的,补偿最高额不超过人均可支配收入的25倍;而湖南省则规定,造成一级残疾的,补偿最高额不超过25万元。

练习题

案例分析:

1. 2005年7月13日,法制晚报记者举报:"Y医院超范围经营,部分医生没有注册。"7月14日,5名监督员到Y医院进行现场调查并进行录象。经查:该医院未取得《母婴保健技术服务执业许可证》,自2005年4月妇科擅自从事终止妊娠手术。证实曾对周、齐、张、韩、兰、梁、李和魏8人行剖宫产,对商、魏和李3人接生。妇科门诊和病房有人流电动吸引器、检查床和人流器械;坐诊妇科医生王某有资格证书无执业证书。

处理:该单位未取得《母婴保健技术服务执业许可证》擅自从事终止妊娠手术的行为,违法了《母婴保健法》第三十二条第一款和《母婴保健法实施办法》第三十五条第三款的规定,依据《母婴保健法》第三十五条第一款第二项和《母婴保健法实施办法》第四十条的规定给予该单位:

(1)警告;

(2)没收违法所得四千零壹元柒角;

(3)罚款人民币五千元整。

2. 钱某参加工作后一直在医院从事妇产工作,1997年6月取得妇产科医士资格,1998年经考试合格,由当地卫生行政部门在整顿期间颁发《母婴保健技术考核合格证书》。

1998年8月,办理内部退养手续。10月,经批准,开办私人诊所,并取得了《医疗机构执业许可证》。

2000年6月,在整顿期间,将执业许可证收回,但并未作出停业、注销、吊销的行政决定,也未告知钱某在整顿期间不得行医。

2000年12月,该省卫生厅签发了钱某的医师资格证书。

2002年3月,钱某为产妇云某做产前检查,认为即将分娩,并做了接生的准备工作。

云某于当日下午产下一男婴。产后,云某感到不舒服,钱某为云某缝扎并注射缩宫素和使用止血药后仍不能有效止血。

钱某和云某家属将其送往当地医院抢救。云某经抢救无效死亡。

在尸检过程中发现云某会阴部阴道口正下方有一5 cm皮肤撕裂口,已用羊肠线缝合3针(2针已脱落)。

检查结论为产后大出血、失血性休克死亡。

争议焦点:具备行医资质但尚未取得执业医师资格的人从事医疗行为的,是否构成非法行医罪?一种意见:钱某未取得医师执业资格,私自为她人接生,造成了被害人云某死亡的严重后果,其行为构成非法行医罪。另一种意见:钱某具备行医资质,其上述行医行为在主、客观方面均不具备非法行医罪的构成要件。钱某的接生行为是法律允许的。云某的死亡与钱某的接生行为没有刑法上的因果关系。

评析:非法行医罪——指未取得执业医师资格的人,为牟利而未经卫生行政主管部门的批准私自行医的行为。客观方面:未经批准而私设诊所或私自挂牌行医;主观方面:故意犯罪,即行为人明知自己没有取得执业资格仍开业行医。钱某在《中华人民共和国执业医师法》实施前,经批准开设了诊所,实施后,在整顿医疗机构时,《医疗机构执业许可证》被收回,但并未作出停业或注(吊)销的行政行为,亦未告知其在整顿期间不得行医,且在整顿期间某省卫生厅已发给钱某医师资格证书,钱某具备《执业医师法》第十三条规定的申请医师执业证书的资质。因此,在本案中,钱某开设诊所行医的行为,从主、客观方面看均不具备非法行医罪的构成要件,不应构成非法行医罪。

《中华人民共和国执业医师法》:行医必须取得医师资格后向当地卫生行政部门申请注册,取得医师执业证书,否则属非法行医。

《母婴保健法》:"从事家庭接生人员必须经过县级人民政府卫生行政部门的考核,并取得相应的合格证书。"

"特别法优于普通法。"

钱某1998年经考试合格取得《母婴保健技术考核合格证书》,其进行助产接生符合《母婴保健法》规定。本案中,钱某在为产妇云某助产接生过程中是否存在违反规章制度和助产接生常规等严重不负责任的行为,尚无足够证据证实。综上所述,本案可以认定钱某不构成非法行医罪。

3. 余先生与韩小姐婚后,长期未育。去年,韩小姐发现怀孕了,夫妻俩惊喜,经常到市某医院做孕情检查,从未发现问题。2月,韩小姐生育了一子"小遗憾",是头脑先天性畸形。

夫妻俩在伤心之余,对"小遗憾"做了医学鉴定:若孕检时能够发现问题,处理掉还来得及。

按照政策规定,可申请生育二胎,准生手续也已办好。夫妻俩烦心:多生一胎,要多花钱,且"小遗憾"以后的生活。经某律师建议,余先生和韩小姐将医院告上法院,请求根据《母婴保护法》规定,判决确认被告"侵犯知情权",赔偿原告因医院过错而生育导致的抚养费50万元。医院觉得非常无辜。经过法院委托鉴定,发现"小遗憾"确实是先天发育不良。

法理评析:本案提起侵权之诉的理由,被告侵犯了原告作为患者的知情权。关于患者的知情权的法律依据。

第一:如果把患者与医院之间的关系认定为是消费者与经营者之间的关系,那么患者的知情权就是消费者的知情权了。《中华人民共和国消费者权益保护法》第八条规定,"消费者享有知悉其购买、使用的商品或者接受的服务的真实情况的权利",若原告以"被告侵犯其作为消费者所享有的知情权"为由向法院起诉,那么,所能够援引的经营者民事责任条款是第四十条"经营者提供商品或者服务有下列情况之一的,除本法另有规定外,应当依照《中华人民共和国产品质量法》和其他有关法律、法规的规定,承担民事责任:(七)服务的内容和费用违反约定的……"。

第四十一条:"经营者提供商品或者服务,造成消费者或者其他受害人人身伤害的,应当支付医疗费、治疗期间的护理费、因误工减少的收入等费用,造成残疾的,还应当支付残疾者生活自助具费、生活补助费、残疾赔偿金及由其扶养的人所必需的生活费等费用……";第四十九条:"经营者提供商品或者服务有欺诈行为的,应当按照消费者的要求增加赔偿其受到的损失,增加赔偿的金额为消费者购买商品的价款或者接受服务的费用的一倍。"

(1)原、被告间事先并没有对服务的内容和费用进行约定,因而不适用第四十条。

(2)经法院委托鉴定,发现"小遗憾"确实是先天发育不良,因此,被告方并不存在"造成消费者或者其他受害人人身伤害"这种情形,故不适用第四十一条。

(3)被告在孕检时未能发现胎儿有严重缺陷问题,可能因:①技术水平所限(主观上无过错);②业务知识不精、疏忽大意等(主观上存在过失)但是被告不可能是明知问题的存在而对原告有所隐瞒,因此被告对原告不存在欺诈,故不适用四十九条。

第二:若把患者与医院的关系看成是一种特殊的服务合同关系,合同成立以患者挂号行为的完成为标志的话,那么作为调整规范的就不是《消费者权益保障法》,而是《母婴保健法》《医疗事故处理条例》等。《母婴保障法》第十八条:"经产前诊断,有下列情形之一的,医师应当向夫妻双方说明情况,并提出终止妊娠的医学意见:(二)胎儿有严重缺陷的……"。

《医疗事故处理条例》第五十六条:"医疗机构违反本条例的规定,有下列情形之一的,由卫生行政部门责令改正;情节严重的,对负有责任的主管人员和其他直接责任人员依法给予行政处分或者纪律处分:(一)未如实告知患者病情、医疗措施和医疗风险的……"。

虽两者都规定患者知情权,但在《母婴保健法》第六章的法律责任部分《医疗事故处理条例》第六章的罚则部分中找不到当患者的知情权受到侵犯时医院所应承担民事责任的相关规定。二者所规定的责任方式大多是行政责任,它们应当属于行政法律规范之范畴。

问题:公法规范(如行政法规范)能否成为私法救济的法律根据?在一般情况下,公法规范不会对当事人之间民事责任问题做出直接的规定,毕竟公法与私法规范在功能上与所调整的社会关系存在着明显的差别,因此公法上有关法律责任的规定是不能直接作为私法救济的法律依据。但尽管如此,公法却可以在相关条文中对当事人之间的权利、义务做出规定,当事人可以对这些规定进行援引,从而成为主张相关民事权利的法律依据。病患者知情权须依赖医院告知,否则其平等主体关系就会成为空中楼阁。因而,患者的这种知情权与医院的告知义务是相对,医院的告知则是基于民事活动的诚实信用原则而产生的法定义务。根据相关法律规定,医方履行告知义务的内容主要包括以下4个方面:

(1)病情告知:疾病名称、现状、程度、发展趋势和可能发生的危害健康的后果等诊断结论;但对患者本人的迟延告知为例外(为防止病情急剧恶化、避免对患者可能或必然造成不利后果的善意考虑)。

(2)治疗告知:将采取的治疗方案、治疗措施、为避免危险所采取的预防措施。采取手术治疗时,应当由患者及其家属签字同意。

(3)风险告知:治疗措施可能或必然产生的危险,或因患者体质特异可能发生的过敏、排异、恶化和并发症等其他损害后果。

(4)费用告知:应当承担的费用及其计费依据。

在本案中,原告可以援引《母婴保健法》第十八条或者《医疗事故处理条例》第五十六条来主张其享有知情权。在性质上,知情权应当属于人身权中的身份权,因为权利人只有具有消费者、病患者等身份才能享有知情权。但如果原告要证明被告侵犯了他们的知情权,并要求被告承担相应的民事责任的话,还是得以侵权法上的相关规定作为其法律依据。《民法通则》第一百零六条第二款"公民、法人由于过错侵害国家的、集体的财产,侵害他人财产、人身的,应当承担民事责任"、《最高人民法院关于民事诉讼证据的若干规定》第四条第一款第八项"因医疗行为引起的侵权诉讼,由医疗机构就医疗行为与损害结果之间不存在因果关系及不存在医疗过错承担举证责任"的规定,原告必须举证医疗行为与损害事实的存在,才能要求被告承担相应的民事责任。与此同时,被告可以以"医疗行为与损害结果之间不存在因果关系及不存在医疗过错"作为免责事由。

在本案中,原告证明医疗行为的存在是不成问题的,然而,原告要证明人身损害事实是比较困难的,原因在于经过法院委托鉴定,发现"小遗憾"确实是先天发育不良,既然这种损害是先天性的,就不存在说小孩受到了人身损害。那么,原告是否可以以多抚养一子产生的抚养费用作为主张损害赔偿请求的事实根据呢?但《中华人民共和国婚姻法》规定:父母对子女负有法律上的抚养义务,这种责任是不可推卸的。原告应当以被告侵犯其知情权,导致对小孩抚养费用的增加作为主张损害赔偿请求的事实根据。

(洛阳职业技术学院 宫鲜静)

参考文献

[1] 张炳盛,黄理安.护理伦理与法规[M].上海:同济大学出版社,2016.
[2] 田侃.卫生法规[M].北京:人民出版社,2010.
[3] 肖卫华,刘平娥.卫生法规[M].2版.长沙:湖南科学技术出版社,2012.
[4] 肖卫华.应用卫生法[M],北京:人民卫生出版社,2010.
[5] 黄丁全.医疗、法律与生命伦理[M].北京:法律出版社,2004.
[6] 丁巍.中华人民共和国药品管理法释义及实用指南[M],北京:中国民主法制出版社,2001.
[7] 曹康泰.突发公共卫生事件应急条例释义[M].北京:中国法制出版社,2003.

小事拾遗： _____
_____
_____
_____
_____
_____
_____

学习感想： _____
_____
_____
_____
_____
_____

　　学习的过程是知识积累的过程，也是提升能力、稳步成长的阶梯，大家的注释、理解汇集成无限的缘分、友情和牵挂，请简单手记这一过程中的某些"小事"，再回首时定会有所发现、有所感悟！

学习的记忆

姓名：_____

本人于20____年____月至20____年____月参加了本课程的学习

此处粘贴照片

任课老师：_____　　　班主任：_____

班长或学生干部：_____　_____　_____

我的教室（请手写同学的名字，标记我的座位以及前后左右相邻同学的座位）